Maria Lazar

Die Eingeborenen von Maria Blut

Maria Lazar

Die Eingeborenen von Maria Blut

Roman

Mit einem Nachwort
herausgegeben von
Johann Sonnleitner

das vergessene buch

Die Erstausgabe erschien 1958 unter dem Pseudonym Esther Grenen im Greifen Verlag, Rudolstadt.

3., durchgesehene, aktualisierte
und erweiterte Auflage

Das vergessene Buch | www.dvb-verlag.at

Printed in Germany

FSC www.fsc.org
MIX
Papier | Fördert
gute Waldnutzung
FSC® C083411

Umschlaggestaltung: Gianluca Coscarelli, Hamburg
Druck und Bindung: CPI books, Ulm

ISBN 978-3-903244-39-9

Inhalt

Maria Lazar

Die Eingeborenen von Maria Blut (1935) 7

Made in Austria (1945) 269

Johann Sonnleitner

Provinzfaschismus „made in Austria“.
Zu Maria Lazars *Die Eingeborenen von Maria Blut* 279

I.

Da rennt er, der Doktor, was ist er denn so aufgeregt, und das Hemd hat er offen, gehört sich das, und die Lederhosen an einem Sonntag –"

„Ja wissens denn nicht, den Herrn Pfarrer, den Pater Lambert, der Schlag hat ihn getroffen oder so was, bei der Hitz."

„Um Gottes willen!"

„Im Refektorium ist er gelegen, ganz so wie tot. War aber auch eine große Hochzeit mit Champagner und so, bei der Hitz."

„Daß aber da den Lohmann holen?"

„Der Primarius war nicht zuhaus und der Brunnbacher auf einer Autotour, da ist der Kirchendiener halt weitergelaufen, was hätt er sonst auch tun sollen."

„Nein, nein, das gehört sich nicht, daß sie den Lohmann holen. Den Lohmann zum Pfarrer. Der wird ihm nicht helfen. Und überhaupt, habens gesehen: mit einem offenen Hemd."

Der Doktor, Doktor Gustav Lohmann nämlich, prallt an der Ecke gegen einen Bauch mit silberner Kette. Oh Entschuldigung! Er hält seine Tasche fest, alle Spritzen sind drin, verfluchte Geschichte. Eben erst ist er von seinem Pfahlbau nachhaus gekommen, hungrig, müde, verschwitzt, ein bißchen Stromeskälte in allen Knochen, und nun muß es auch noch der Pfarrer sein. Die Mauern blenden, der Himmel ist blau, hängt in die Häuser hinein, oder ist das Dunst, grauer Gewitterdunst? Na, ist ja gleich. Alle Fenster stehen offen, es riecht nach Schweinsbraten und Krautsalat, dort liegen sogar noch die Betten draußen.

Nun noch mit ein paar Sprüngen über den Kirchplatz hinüber. Neben dem Brunnen, dem Brunnen der Gottesmutter von Maria Blut, lehnt an dem Sockel der Statue ein verwischtes Gesicht, ein verstaubtes Gesicht, eine Hand streckt sich vor, nein, nein, jetzt nicht, keine Zeit, kein Kleingeld, und überhaupt, die Pflicht kommt zuerst, trotzdem es der Pfarrer ist, nein, eben deshalb.

Und der Doktor verschwindet im Säulengang des Stifts.

Der Herr Zimmerl, der Bäckermeister, sieht ihm nach. Eben ist er vor sein Haustor getreten, um Luft zu schnappen. Was macht denn der Doktor im Stift und drängt ganz einfach vorbei an dem armen Teufel, dem Bettler? Ja, ja, so sind sie, diese Roten. Immer nur das Maul aufreißen und was verlangen für die Arbeitslosen, wenn es auf Kosten der andern geht. Der Herr Zimmerl ist kein schlechter Mensch. Er holt zwei Semmeln (sind schon recht hart) und geht mit ihnen um den Marktplatz herum (er soll sich nach dem Mittagessen Bewegung machen) und wirft sie dem Bettler in den Hut auf dem Brunnenrand. Es ist nämlich besser, solchen Leuten kein Geld zu geben, weil sie das ohnehin nur versaufen.

In den Gängen des Stifts ist es kühl. Und riecht nach Weihrauch und blassem Gestein.

„Na, was ist denn, Hochwürden, schlecht geworden?“

Der Herr Pfarrer sitzt zwischen zwei Laienbrüdern am offenen Fenster. Die Luft draußen ist grau. Er sitzt in einem riesigen Lehnstuhl, die Säcke unter den Augen zittern und die schwere Wamme am Hals. Etwas blaß ist er, etwas erschrocken, der Fuß liegt auf einem Schemel. Aber von einem Schlag kann doch nicht die Rede sein. Der Puls ist ganz gut.

Der Pfarrer nickt: „Schau, schau, also Sie sinds!“ (Kann ja auch wieder gehn, du Fettwanst, du alter.)

Ausgerutscht im Refektorium, sagen die Laienbrüder. Und der Fuß, ja der Fuß, der ist gebrochen oder verstaucht.

„Werden schon sehen.“ (Ausgerutscht. Wird wohl wieder einmal einen sitzen gehabt haben, der hochwürdige Pater. Überhaupt nach der Hochzeit. Es stinkt wie in einem Wirtshaus, abgesehen vom Weihrauch und den zwei schmutzigen Lilien auf dem Fensterbrett.) „Ist nicht mehr Wasser da?“

Der Pfarrer nickt. Das hab ich schon gefressen. Wasser, Wasser. Wenn die Herren Doktoren kommen, kanns gar nicht genug Wasser geben. Und die Handtücher fliegen. Da krempelt er die Ärmel auf, dieser Lohmann, braune Arme hat er mit ganz hellen Haaren darauf, auch die Brust ist braun, beinah wie ein Wilder, das Hemd braucht er doch nicht offen zu haben.

„Tuts weh, Herr Pfarrer?“

„Nein, nicht arg.“

Bei den Ohren sollt man ihn nehmen, den Kerl da. Er hat ohnehin Ohren wie ein Bub, lang und neugierig, aber nicht abstehend. Was zerrt er so herum? Und das kalte Wasser. Mir scheint, jetzt wascht er auch noch den Knöchel. Wie er ihn hebt. Sie Herr, das ist mein Fuß, der gehört mir, ja, schaun Sie mich nur an, der Fuß allein, das gibts nicht, da müssen Sie sich schon auch für mich interessieren, mein Fuß, der ist kein Präparat, wie ihr es in euern Seziersälen habt.

„Au weh!“

„Nur leicht verstaucht.“

Und jetzt wascht er sich wieder die Hände, daß die Seife nur so spritzt, die gekalkte Wand kriegt lauter Flecken, und noch ein Handtuch, natürlich ein frisches.

„Schön, daß kommen sind, Herr Doktor.“

„Meine Pflicht, Hochwürden.“

Draußen ist er. Ob das jetzt eine Gemeinheit war? Eine Anspielung? Denn die Pflicht des Seelsorgers war es ja auch gewesen, der armen Johanna die Letzte Ölung zu erteilen. Und einen dann so hinauszuwerfen, bei der Tür hinauszuwerfen, die Kinder schauen zu, während die sterbende Mutter im Nebenzimmer liegt. Wenn einer schon ein Heide ist und ein Gottloser, so kann die Frau doch in den Himmel kommen, man braucht ihr den geistlichen Zuspruch nicht abzuhalten. Und überhaupt, wenn es der Pater Lambert ist, der noch keinen Kranken jemals erschreckt hat, sind viele sogar gesund geworden durch ihn. Er meints doch nicht bös. Nun liegt die arme Johanna schon lang in der Erd. Sechs oder acht Wochen. Und der rennt herum mit einem offenen Hemd, hat nicht einmal einen Trauerflor. Ob er wirklich zuviel Morphium gegeben hat?

Auf dem Marktplatz steht der Bettler noch immer. Aber er streckt die Hand nicht mehr aus. Der Himmel über ihm, über der Mariensäule, ist blauschwarz, eine Wand von Gewitter. Und die Linden weichen zurück wie Schatten. Den Kopf hat er gesenkt, schüttere Strähnen hängen ihm in die Stirn. Wenn man nur Kleingeld hätte, ein bißchen Kleingeld. Lohmann wühlt in seinen Hosentaschen. Unter dem Taschentuch sind zwanzig Schilling, sonst nichts. Man kann einem Bettler doch keine zwanzig Schilling geben. Langsam geht er weiter. Der Mann hat ihn nicht bemerkt. In seinem Hut lagen zwei Semmeln. Es blitzt.

Vielleicht war dem Menschen schlecht. Seine Haltung war so merkwürdig, so zerbrochen in jedem einzelnen Glied. Ob man umkehren sollte? Zwanzig Schilling sind viel Geld. Verrückt. Und es regnet auch schon, ein paar fette Tropfen fallen auf das Pflaster. Der Vagabund kann sich ja unterstellen. Ein Blick nach rückwärts. Unbeweglich lehnt er an der Säule. Sei kein Esel, Gustl, schau, daß du nachhause kommst, hast keinen Rock, wirst naß bis auf die Haut, wenn es jetzt auch erst ein paar Tropfen sind.

Ists wahr? War er wirklich dort?" – „Aber natürlich. Da geht er. Sehns ihn denn nicht mit seiner Tasche."

„Jessas nein, der käm mir nicht an den Leib."

„Machens die Fenster zu, Frau Nani, es gibt ein Wetter."

„Und wissens, was mir gestern erst die Reindl erzählt hat –"

Lohmann geht sehr langsam, obwohl es schon ganz richtig regnet. Die Eingeborenen sehen ihm nach. Er spürt es durch das dünne Hemd, er würde es spüren, auch wenn er seine Lederjacke trüge. Sie werfen sich Worte zu, nur ein paar, sie verstehen einander. Ihm ist es gleich, ihnen zulieb wird er nicht rennen, obwohl er hungrig ist und es regnet. Die Kinder werden schon gegessen haben und die Votruba fuhrwerkt in der Küche herum, weil sie nicht fort kann, ganz wütend ist sie, und dabei hat er ihr schon hundertmal gesagt, daß sie nicht auf ihn zu warten braucht. Der Pfiff da, das ist der Zug, mit dem hätte er nach Wien fahren können. Wenn er nur schon morgens gefahren wäre, er wäre alles los gewesen, die dumme Geschichte mit dem Pfarrer, was braucht gerade er Hochwürden den Fuß zu behandeln, warum läuft er denn nicht zur Gottesmutter von Maria Blut mit einem Knöchel aus Wachs, er hats ja nicht weit, gleich nebenan, na ja, mit einem verstauchten Fuß kann man nicht laufen und das alte Schwein glaubt selber nichts und jetzt regnet es aber schon ordentlich. Das hört nicht so bald auf. Er möcht es eigentlich auch ganz gern. Was soll er denn tun? Wenn er nur nach Wien gefahren wäre. Immer will er sonntags nach Wien. Aber die verfluchten Bummelzüge. An einer Schnellzugsstation sollte man wohnen, an einer Station, an der sogar der Orientexpreß hält. Meinethalben an einer Umsteigstation. Hier aber fahren die Züge nur immer vorbei, pfeifen schrill, niemand merkt es mehr, nicht einmal die Hunde schrecken zusammen.

„Jessas, Herr Doktor, wie schaun denn Sie aus, zum Auswinden!“ Und die Votruba Toni hebt ihre dicken Arme (wie gebohnert mit weißem Wachs sind diese Arme). Ganz dunkel ist es im Speisezimmer, nur die Arme leuchten.

„Ein frisches Hemd, Toni, oder haben wir keines mehr?“

„Oh ja, wir werden schon noch eins haben, aber halt ohne Knöpf.“

„Dann ohne Knöpfe.“

Und während sie ihm die Suppe wärmt und er sich das frische Hemd über den Kopf zieht und es donnert, sieht von der Wand her das bekränzte Frauenbild auf ihn herab. Ja, ja, schon gut, ich hab nun einmal kein anderes Hemd und zerrissen ist es auch unter der Achsel. Meine

Schuld ists ja nicht – Herrgott, wenn er sich nur einmal abgewöhnen wollte, mit der Toten zu reden.

Die Votruba stellt die Suppe hin und sagt mit einem Blick auf das Bild: „Ich könnt ja auch zuhaus bleiben und die Knöpf annähen."

„Unsinn. Aber sagen Sie einmal, kommt denn die Reindl nicht mehr?"

„Die Reindl sagt, sie will keine Wäsche nicht flicken. Und sie hat es nur der Gnädigen zulieb getan. Weil sie doch eigentlich eine Schneiderin ist. Und sie näht jetzt bei der Exzellenz. Und sie kommt nicht mehr."

„So, sie kommt nicht mehr."

Er hört plötzlich auf, die Suppe zu essen, schiebt den Teller von sich.

„Bringen Sie gleich alles andere. Und dann gehen Sie schon. Heut ist doch Sonntag."

„Der Kalbsbraten fällt ganz auseinander. Und die Karotten sind bissel angebrannt."

„Macht nichts. Gehen Sie nur schon."

„Und was meine Schwester ist, der ist schon wieder jeden Tag schlecht, und sie sagt, wenns wieder was ist, sie halt das nicht aus, sie geht gleich ins Wasser. Wo der Wipplinger doch nur mehr die Kurzarbeit hat. Wenn ich jetzt hinkomm, ich muß ihr die Wäsch waschen von der Woche, aber wenn der Herr Doktor keine Knöpf nicht hat –"

„Jetzt schauen Sie aber, daß Sie weiter kommen. Und nehmen Sie das Stück Torte da mit."

So ist er. Erst schreit er und dann fallt ihm gleich was Nettes ein. Die Votruba wirft noch einen Blick auf das Bild. (Es liegt jetzt ein gelber Schimmer drauf.) Wie die nur herunterschaut. Als hätt er ihr eben was angetan. Als wüßte sie, was die Leut alle reden.

„Wo sind die Kinder?“

„Der Ferry ist auf einem Ausflug mit der Schule. Und die Hanni sitzt auf ihrem Zimmer und lernt. Mit der Notburga.“

„So, schon wieder mit der Notburga. Na, gehen Sie nur, da kann ja die Hanni nachher den Tisch abräumen.“

„Ists was Arges mit dem Pfarrer?“

„Ach, gar nichts. Der hat sich nur den Fuß verstaucht.“

„Na, wird er einmal den Madeln nicht nachsteigen können.“

Sie, Fräulein Toni, ists wahr, daß Ihr Herr Doktor beim Pfarrer war?“

„Was weiß denn ich.“

„Laufens nicht so, es regnet ja nimmer.“

„Ich hab keine Zeit.“

„Aber er ist doch grad erst nachhaus gekommen.“

„Krankenbesuch.“

„Na sehen Sie. Erst schmeißt er die Leut hinaus in einem, man kann sagen: heiligen Moment, und noch dazu den Herrn Pfarrer selbst, der wird schon gewußt haben, warum, waren Sie nicht auch dabei, er soll ja geschrien haben, bis zum Heberger hin hat mans gehört.“

„Wissens was, Frau Wurzer, leckens mich am Arsch.“

Und die Votruba, diese ordinäre Person, diese freche Böhmin, lauft einfach davon. Geschlitzte Augen hat sie und Haare aus Stroh und ein rotes Seidenkleid, eine Gestalt wie ein Faßl, aber hohe Stöckel dazu.

Eigentlich ist es merkwürdig, daß die Hanni jetzt gar nicht mehr schwimmen geht. Sie wird doch nicht allein baden. Dazu ist die Strömung zu stark. Und er hat es strengstens verboten. So viel väterliche Autorität hat er gerade noch. Obwohl er überhaupt nicht gern etwas verbietet. Da unten rast eben wieder ein D-Zug nach dem Westen. Von dem kleinen Mansardenfenster aus sieht man das regenverhangene Tal. Der Fluß ist grau, die Felder breit. Wenn nur der Schädl nicht wär, dieser kleine dicke behäbige Berg. Der schluckt die Bahnen, der Horizont schrumpft plötzlich ein und dann weiß man nichts mehr von der Welt, die jenseits liegt und in der die Sonne untergeht.

Eigentlich wäre es noch Zeit, mit dem Nachmittagszug nach Wien zu fahren. Das Land dehnt sich so offen nach Osten hin. Alice wäre froh. Sie ist immer zuhause, immer anzutreffen. Ob sie wohl jeden Sonntag denkt, daß er kommt? Eigentlich will er ja jeden Sonntag kommen. Nun kam er aber schon seit Wochen nicht. Auch heute nicht. Es regnet. Und das Hemd hat keine Knöpfe. Gustl, Gustl, sei doch nicht so faul. Aber diese Mansarde ist einsam, da merkt wirklich niemand, ob und wie lange man schläft. Deshalb ist er nach ihrem Tode heraufgezogen mit Büchern und Pfeifen. Eigentlich müßte er auch hier ein Bild von ihr an der Wand hängen haben. Er schließt die Augen.

Was soll er nur mit dem Pfarrer machen? Er wird die Behandlung morgen einem Kollegen übergeben. Heute haben die Eingeborenen wieder einmal was zu tratschen. Karten und Bier. Prosit, Herr Nachbar! Habens schon gehört? Arme Johanna. Den Pfarrer hat er nicht an sie herangelassen, als es zu Ende ging. Und in die Stadt hat er sie geschleppt, zu einem Juden noch dazu, anstatt sie zum Weilcis zu bringen oder vielleicht auch zur Gottesmutter von Maria Blut. Und der Jud hat sie operiert und daran ist sie gestorben. Amen.

Er wirft sich auf die Seite, daß das Sofa kracht. Verflucht noch einmal. Wär er doch nur nach Wien gefahren. Diese Eingeborenen. Eigentlich sollt er sich das alles nicht gefallen lassen. Er hat doch nichts getan. Er ist doch nicht schuldig. Schuldig. Tropfen klopfen an die Scheiben. Schuldig. Schuldig. Man muß ja nicht immer was tun, um schuldig zu sein. Schuldig. Schlaf nicht, Gustl, vielleicht versäumst du was.

Ich möcht jetzt gern wieder nachhaus." – „Ja warum denn? Wir haben doch eben erst angefangen."

Notburga antwortet nicht. Sie hebt den Kopf und schaut mit schwimmenden Augen gegen die Decke, als ob dort der Himmel wär mit allen seinen Heiligen. Da sieht Hanni nur in ihre französische Grammatik hinein: „Du bist eine Idiotin, Notburga."

Sie sagt das sehr oft. Und Notburga läßt es sich schweigend gefallen. Weil sie nämlich so demütig ist. Zuhause hört sie allerdings auch nicht viel anderes. Nun ist der Bruder, der Vinzenz, zwar fort, hat endlich einen Posten gefunden, ein Glück für das Mädel, der ließ sich ja bedienen von hinten nach vorn, sogar die Filzpantoffeln mußte sie ihm bringen. Aber weil sie so demütig ist, braucht sie nicht davonzulaufen, wenn sie den Vater oben in seiner Mansarde hört. Sicher hat er sich wieder auf das Sofa gelegt, es ist alt und wacklig und macht einen Krach, sooft er sich nur umdreht. Vormittag war er baden, hat selber den Pfahlbau geputzt und gekehrt und ist in der Sonne gelegen und geschwommen. Schwimmen können. Die Weiden glitzern. Leise und ziehend zischt der Strom. Eiskalt das Wasser. Schmeißt einen an die Steine, wenn man heraus will.

„Was machst denn, Notburga?"
„Nur bissel Ordnung."
Und wirklich, sie räumt Hannis Sachen weg, die Windjacke hängt sie in den Schrank, das angebissene Butterbrot bringt sie in die Küche, sie hebt Papierschnitzel vom Fußboden auf, zieht einen Kamm zwischen den Büchern hervor, und nun schichtet sie diese Bücher auch noch, ihre gelben Hände sind feucht, ihr Daumen hinterläßt einen Fleck auf dem Tisch.

Hanni steht langsam auf und öffnet das Fenster. Es regnet sanft, aber hinter dem Schädl ist ein großes Stück Himmel durchsichtig blau. Die Kleider kleben einem am Leib, auch das Hemd. Die Fingernägel sind schmutzig, das kommt von der Trauer. Alles Schwarze färbt ja ab in dieser Hitze. Schwimmen, schwimmen. Aber man kann doch nicht schwimmen im Fluß, wenn die Mutter eben erst im Grabe liegt. Und der Vater ist braun gebrannt und crawlt wie ein Bub. Nein, nein, nie mehr, oder vielleicht doch, in einem Jahr oder in zwei Jahren oder –

„Nun geh ich also. Grüß dich Gott, Hanni."
„Wo willst denn hin?" (Hanni dreht sich nicht um.)
„Nachhause. Ich möcht auch noch der Mutter helfen."
„So. Wie gehts denn deiner Mutter jetzt?"
„Oh danke. Viel besser."
„Ist es wahr, daß sie beim Weileis war?" (Hanni beugt sich zum Fenster hinaus.)
„Ja, das auch."
„Wieso denn, das auch?"
„Der Herr Weileis allein kann meiner Mutter nicht helfen."

Hanni dreht sich um, viereckig steht sie da, breit und bös: „Na wer denn noch? Du vielleicht?"

„Ja", sagt das dumme Ding, und die schwimmenden Augen leuchten, als hätte sie sich eben einen Heiligenschein aufgesetzt.

„Jetzt hör aber auf."

„Bei der heiligen Therese bin ich gewesen, vorige Woche, in Konnersreuth. Du glaubst es nicht. Wie ich sie nur gesehen hab und die Mauer berührt –"

„Schweig still!" schreit die Hanni.

Und obwohl sie weiß, daß das Mädel doch eine Idiotin ist, die glaubt ja alles, die glaubt auch, Asthma heilt man mit Beten oder mit einem Wunderstock, und obwohl sie selber sonst so vernünftig ist und überlegen und aufgeklärt, wirft sie sich, kaum daß die andre fort ist, über den Tisch und heult darauf los, in die französische Grammatik hinein. Es ist eben sehr heiß und sehr gewitterig, aber das geht doch nicht, das darf doch nicht sein, wenn die dicke Wirtin jetzt plötzlich nicht mehr so pfeift, wenn sie den Gästen das Essen bringt, daß alle meinen, es ist der Wind von einem Theater, so daß sie lieber gleich in der Küche bleibt, wenn die jetzt gesund wird, diese Person, diese gräßliche, fette, durch den Weileis, die Therese oder sonst eine Zauberei – nein, nein, nein –

Sie hebt den Kopf, die Sonne scheint breit durch das Fenster herein und im Spiegel gegenüber leuchten die Locken goldig über dem schwarzen Kleid –

Weil die Hermin also wirklich im Bett liegt – den ganzen Vormittag hat sie gekotzt – steht die Toni schon wieder in der Küche und wäscht die Kindersachen, die Mannsbilder können sichs ja schließlich selber machen, sie ist nicht nur für andre Leut auf der Welt und obendrein noch an einem Sonntag. Der Bettgeher, der Krowott, ist mit seinen Kokosbusserln beim Ringelspiel in der Au, der Wipplinger muß mit dem Karli spazieren gehn, das heißt, wenn er inzwischen nicht doch ganz woanders steckt. Nur der Pepi ist bei der Hermin, weil er noch so klein ist und hustet und einen Ausschlag hat am Kopf.

„Jesus, Maria und Josef – Toni, Toni, wie kommst du denn zu so was?"

Toni wischt sich den Schaum von den Armen, aber nicht spritzen, das rote Seidenkleid hängt daneben über einem Sessel, sie ist im Hemd, rosa ist es, Trikot, liegt eng an den festen Brüsten. Mit dem Fuß stößt sie die Tür auf. In dem Ehebett liegt die Hermin, grau das Kissen, grau das Gesicht. Die Mauer gegenüber blendet. Es regnet also gar nicht mehr.

„Was schreist denn so, Hermin?"

Die Schwester hält ihr etwas Kleines, Rotes hin. Oh verflucht! Der Saufratz, der Pepi, hat schon wieder in ihrer Tasche gekramt.

„Gib her, es beißt nicht."

„Ein Hakenkreuz. Wo hast denn das her?"

„Leg es in meine Tasche zurück, ich bin ja ganz naß. So was findet sich jetzt leicht." (Und sie steht wieder an der Rumpel, aber die Tür ist offen geblieben.)

„Fangt das jetzt bei euch auch schon an?"

„Am Abort hab ichs gfunden."

„Na hörst. Und wer hats denn verloren?"

„Der Adalbert kanns nicht gewesen sein, der war ja schon zwei Monate nicht zuhaus."

„Also der Ferry."

„Was weiß denn ich. Ist ein Kreuz mit den Buben."

„Du Toni, das mußt dem Herrn Doktor sagen."

„Ja freilich. Der hat schon genug auf seinem Buckel."

„Du Toni – hast ihm, hast ihm von mir was erzählt?"

Toni rumpelt, die Seife spritzt, ein dicker Patzen auf dem Seidenkleid.

„Du Toni –"

„Er hat nichts gesagt."

„Es ist ganz gewiß, da gibt es jetzt keinen Zweifel mehr."

„Was wirst denn machen?" (Toni steht in der Tür, nun ist auch die Mauer drüben grau.)

„Der Wipplinger sagt, es ist bald aus mit der Kurzarbeit. Die arbeiten überhaupt nicht mehr. Aber wenn beim Kapeller drüben die Urkraft draußen ist oder wie das heißt, dann will der Schellbach keine Konserven mehr machen, sondern ein Filiale oder wie das heißt. Dann regnets Millionen. Pepi, gib Ruh und geh herunter, gleich liegst wieder da."

„Was wirst machen?"

„Ja mein. Ich weiß nicht." Und die Hermin legt den Kopf auf die Seite, schließt die Augen, wie eine Tote schaut sie aus.

Toni zuckt die Achseln. Also alleweil warten die noch auf Wunder. Millionen solls regnen. Ja, Schnecken. Sie spült die Wäsche, sie windet sie aus. Es wird schon dunkel. Der kleine Pepi weint nebenan.

Sie wird den Ferry fragen, den Lausbuben, ob er das Hakenkreuz verloren hat. Vom Großen, vom Adalbert, weiß sies schon lange. Der arme Herr Doktor. Erst sagens ihm nach, er hat die Frau umgebracht, mit einer giftigen Medizin, dann bringen ihm die Buben das Dreckzeug ins

Haus. Ist immer so ein guter Mensch gewesen, hat keinem was zuleid getan. Und die Frau, die hat den Krebs gehabt, den hätt der Weileis auch nicht weggezaubert. Die Hermin, die meint, da kommt einer, erfindet die Urkraft oder wie der Schwindel heißt, und alles ist gut. Wo ist denn nur die Waschleine? Im Hof wird man bald gar nichts mehr sehen. Und es stinkt schon wieder nach faulen Eiern. Das ist diese Konservenfabrik. Der Kapeller wird das Kraut auch nicht fett machen. Überhaupt, die Leut sind jetzt alle verrückt. Wollen den Doktor erst in ihre Kirchen jagen, ehe er ihnen in ihren Hals schauen darf. Das hats doch früher gar nicht gegeben. Ja früher. Die schlechten Zeiten sind an allem schuld.

„Toni, wo gehst denn hin?"

„In den Hof hinunter. Wäsch aufhängen."

„Aber nein, nicht möglich, das glaubt doch kein Mensch."

„Und ich sags, wies ist, ich habs selber gehört. Der ganze Ort spricht ja davon. Und was dem Herrn Zimmerl, dem Bäckermeister, seine Schwester ist, sie sagt, der Zimmerl hat ihn gesehen, mit eigenen Augen, über den Marktplatz ist er gelaufen, geradewegs ins Stift hinein. Ist ein Bettler am Brunnen gestanden, glaubens, er hat ihm was gegeben, ja freilich, nicht fünf Groschen, nicht zwei und nicht einen. Der Zimmerl hat ganz recht, so sind diese Roten. Immer nurs Maul aufreißen, wenn man den andern was abzwacken kann. Aber selber – und der Pfarrer hat ihn nicht einmal rausgeschmissen. Sie wissen ja, wie der Pater Lambert ist, der nimmts nicht genau, der ist imstand und ist noch nett zu so einem Menschen. Die Kirche braucht eigentlich andere Leute. Und schließlich, ein verstauchter Fuß, was ist da schon dabei. Da holt man doch nicht gleich den nächsten Arzt. Mein Mann war selbstverständlich gleich nachmittag drüben, wir sind früh nachhaus gekommen bei diesem Regen, und mein Mann meint –"

Doktor Brunnbacher fährt herum. Da hat er den Skis und den Pagat und spielt mit dem Bürgermeister (ich bitte, mit dem Bürgermeister) und dem Primarius und noch einem vierten sein Tarock im Extrazimmer vom Stiftskeller, aber die Weiber geben ja keine Ruhe nicht.

„Was ist denn, Franzi?" (Wie bös er schaut.)

„Weißt, Lina, ich möcht noch ein Bier."

Und sie muß ihm ein Krügl bestellen, obwohl sie ganz dagegen ist, aber sie kann doch nicht streiten vor den Herren. Im Gastzimmer nebenan sieht man fast nichts vor lauter Rauch, ein Pikkolo tritt ihr auf die Hühneraugen, es riecht nach Kraut, nach Bratensauce, nach verschüttetem Bier. Die Kellner laufen durcheinander mit schwitzenden Schläfen und alle Leute reden so laut. Aber was ist denn das? Jeder dreht sich um, Stühle rücken und auf einmal wird es still, ganz still wie in der Kirche, wenn der Ministrant läutet und es soll jetzt die Wandlung kommen.

Die Heberger, die Wirtin, die Frau Therese, die schon lang überhaupt niemand mehr gesehen hat, sie ist nur noch im Bett gelegen und hat gesagt, sie überlebt es nicht und sie erstickt, beim nächsten Anfall erstickt sie bestimmt, die Heberger geht, nein, schreitet mit einem riesigen Tablett über dem riesigen Busen langsam zwischen den Tischen durch, die teilt die Schüsseln aus, nickt den Gästen zu, alle lauschen sie, kein Pfeifen ist zu hören, aber wo, und wenn einer schnauft, so ist es der dicke Inspektor am Nebentisch. Frau Therese Heberger, geborene

Krückelhuber, seit Jahren leidend an unheilbarem Asthma, ist gesund. Das hat der Weileis gemacht.

„Wo ist denn mein Bier, Lina?“

„Nicht bös sein, Franzi, das hab ich vergessen. Aber wißt ihr schon das Neueste –“

Nein, die Herren haben nur ihre Karten im Kopf und vielleicht auch noch die Politik. Keiner hört ihr richtig zu, ihr Mann ist nur bös, daß er sein Bier nicht hat.

Man kann sagen, was man will, aber so ein Weileis bringt viel Geld ins Land.“ (Der Bürgermeister leckt sich die glatten Lippen über dem schneeweißen, seidigen Spitzbart.)

„Wir in Österreich können ganz gut ein paar Wunder brauchen.“ (Der Primarius verzieht keine Miene. Man weiß nie, ob er es ernst meint oder nicht. Dafür hat er auch einen interessanten Kopf.)

„Und wir haben ja auch noch den Kapeller.“ (Der vierte ist ein ganz kleiner Beamter, der redet nur mit.)

Doktor Brunnbacher trinkt sein Bier. Er ist ein aufrichtiger Mensch, ein gradliniger, bitte, er sagt, was er sich denkt, besonders wenns um seine Heimat geht. „Heut erst hab ich es in der Zeitung gelesen, in Genf, da reden sie überhaupt nur mehr von uns und auch in London und in Paris. Wir sind eben ein Brennpunkt des europäischen Gleichgewichtes.“

„Ein Gleichgewicht hat keinen Brennpunkt.“ (Der vierte wird langsam unverschämt, wenn er auch noch so sanft und bescheiden spricht.)

„Und wenn sie uns keine Kredite geben, dann sind sie eben selber lackiert.“ (Doktor Brunnbacher antwortet dem vierten gar nicht.)

Der Bürgermeister teilt langsam mit sehr weichen weißen Händen die Karten aus. „Es geht jetzt aufwärts, meine Herren. Ob Sie mirs glauben oder nicht. Neue Kräfte regen sich. Man spürt es besonders hier auf dem Lande. Die Roten haben bald ausgespielt."

„Recht haben Sie, Herr Bürgermeister. Noch ein Bier, Lina! Und unsre Naturschönheiten und die Kunst und der Fremdenverkehr. Und wo wir doch so sympathisch sind."

Der vierte wird ganz klein, so wild schaut der Brunnbacher auf ihn aus wasserhellen Augen. Mein Gott, er hat es doch nicht bös gemeint, das mit dem Brennpunkt und dem Gleichgewicht. Oder ist der Doktor vielleicht besoffen? Er nickt ihm halt auf jeden Fall zu. „Gewiß, Herr Doktor, ganz gewiß, neue Kräfte regen sich hier auf dem Lande. Die werden noch schauen, die Herrschaften in Wien."

In der Schwemme unten aber kreischt die Reindl. Sie hat einen Schwips, einen kleinen Schwips, mein Gott, so ein Schwips an einem Sommersonntag ist doch keine Sünde, der steht einem Mädchen so halbwegs, wenn es noch jung ist und Temperament hat und ein neues Kleid aus rosa Tüll. Sie liegt zurückgelehnt in ihrem Sessel, die Haarnadeln fallen aus der Gretchenfrisur, bald werden die Zöpfe über die Schultern hängen.

Alle schauen sie an. So eine lächerliche Person. Jeden Sonntag dieselbe Komödie. Wo ist denn ihr Bruder, der Oberlehrer, damit er sie nachhause bringt. Den Mund hat sie offen, zwischen je zwei Zähnen hätte ein dritter Platz und grünlich schimmern sie, diese Zähne. Und was sie spricht. An keinem läßt sie ein gutes Haar. Sogar über den

Pfarrer zieht sie los, obwohl ihn doch gerade heute beinah der Schlag getroffen hätte.

„Ja wo, der Schlag. Der ist pumperlgsund. Und holt sich einen Gottlosen als Arzt. Eine Schande ist das für unsern ganzen Ort. Wir sollten uns bei der Diözese beschweren. Erst schickt man uns so einen Menschen, so einen Lüstling –"

„Aber Fräulein Mitzi!"

Die Reindl ist plötzlich ganz ernst. Vielleicht hat die gar keinen Schwips, sondern tut nur so. Sie beugt sich vor, stützt sich mit beiden Ellenbogen auf den Tisch und starrt hinein in ihr leeres Weinglas.

„Ich weiß genau, warum wir ihn bekommen haben. Aber ich red nichts. Ich werde mir nicht die Zunge verbrennen."

Ganz still wird es. Alle wissen, was sie meint. Der Pater Lambert war früher einmal ein großer Mann in der Stadt, der hätte vielleicht sogar noch Erzbischof werden können, aber da war so eine Geschichte mit einer Hochzeit und einer Braut, einer sehr jungen und gräflichen, und diese Braut hat er in den Popo gezwickt, wenns wahr ist, mein Gott, was die Menschen immer reden, und Genaues hat keiner noch darüber erfahren.

„Fräulein Reindl, Sie sollten sich schämen."

„Ich mich schämen, Sie alter Gamsbock, Sie. Warum sollte denn ich mich auf einmal schämen. Ich hab ja nichts gesagt, oder hab ich vielleicht was gesagt? Wenn ich sag, daß es eine Schande ist, daß unser Pfarrer keinen anständigen Doktor nicht hat –"

„Aber Fräulein Mitzi, es war doch kein anderer da."

„So. Kein anderer war da. Und wissen Sie, was ich getan hätt. Ich wär zum Telefon gegangen, kein zehn Roß hätten mich zurückgehalten, ich hätte dem Weileis telefoniert."

Ja, ja, so ist sie eben, diese Reindl Mitzi. Immer will sie gleich ganz hoch hinaus – –

„Aber was ist denn das? Wer kommt denn da herein? Hallo! Ober! Ober! Schauns Ihnen das Gstell da an."

„Seit wann laßt ihr denn jeden Vagabunden in euer Lokal?"

„Man sitzt ja schließlich im Keller des Stifts, und zwar des Stifts von Maria Blut."

„Wie der nur ausschaut."

„Geh hörst, ich fürcht mich."

„Na, Gott sei Dank, der Ober schmeißt ihn raus."

„Er will aber nicht."

„Da werden wir gleich helfen."

„So laßt ihn doch, hier sind ja Kellner genug."

„Nicht einmal ein Hemd hat der Kerl am Leib. Die Haare hängen ihm in die Augen –"

„Was will er? Was? Was hat er gesagt?"

„Ein Viertel Wein will er zahlen."

„Also so was."

„Ein Gast ist er, hat er gesagt."

„Da hat mans. Man soll nie einem Bettler was geben."

„Hast gesehen. Hast gesehen. Jetzt hat er den Ober gehaut."

„Also so was."

„Jetzt habens ihn aber. Stell dich nur auf den Sessel, Pupperl, da siehst es genau. Schmeißt ihn raus. So schmeißt ihn doch schon endlich raus."

„Na also, jetzt gehts. Da ist aber auch der Gendarm."

Weil es so heiß war im Haus und das Nachtmahl nicht schmecken wollte (er hat aber auch geschlafen bis halb sechs) und weil die Hanni verweinte Augen hatte und der Ferry wieder einmal verbockt war und keine Antwort gab, daß er an den frechen Brief von Adalbert denken mußte (seit zehn Tagen in der Brieftasche und nur einmal gelesen) und weil die Johanna von der Wand aus ihrem schwarzen Rahmen auf ihn herabsah mit vorwurfsvollem Blick, rennt er jetzt noch herum in den Straßen. Am Himmel große, sehr klare Sterne. Man könnte sehen, ob der alte Meyer-Löw nicht zuhause ist, vielleicht hat er Lust auf eine Partie Schach. Aber nein, alle Fenster sind dunkel, da ist er also nach Wien gefahren. Ach, wenn er doch nur auch gefahren wäre. Der Holunder, wohl noch naß, duftet betäubend, Kirchenglocken, halb zehn, paar Schritte klatschen auf das Pflaster, unter dem Haustor quietscht ein Mädel. Es bleibt nichts übrig, als nachhaus zurückzukehren (armer Gustl) und mit einem Schmöker ins Bett zu gehen (fauler Gustl), morgen gibt es wieder Ärger mit dem Direktor der Krankenkasse und irgendwas mit den verfluchten Zetteln stimmt nicht ganz (dummer Gustl). Er wird den Herrschaften hier den ganzen Krempel hinschmeißen, ich habe die Ehre und auf Wiedersehen, er wird Schiffsarzt, er fährt hinaus in die Welt. Eingeborene gibt es auch woanders, die Fremden kennt man nicht, die gehen einen nichts an.

Auf der andern Seite der Straße, eben an der Laterne vorbei, treibt der Gendarm einen Mann wie ein Stück Vieh. Dem hängen die Haare über das Gesicht.

Ein Griff in die Tasche, unter dem Taschentuch noch immer die zwanzig Schilling. Kein Kleingeld (pfui Gustl). Aber der Vagabund ist ja auch schon um die nächste Ecke getrieben worden. Und überdies, dem Mann ist nicht zu helfen, den hat die Gendarmerie, die hohe Obrigkeit, den gibt sie nicht mehr her. Da kann man nichts machen (aber Gustl?).

II.

Was war das? Ein Pfeifen? Ein Pfiff? Eine Lokomotive?

Notburga fährt auf. Nein, sie hat sich nicht geirrt. Das kann nicht die Mutter gewesen sein. Heilige Maria! Durch die Tür dringt aus dem Nebenzimmer das langsame Schnarchen des Vaters. Die Mutter war es nicht. Notburga faltet die Hände. Heilige Therese! So ist ihr Bittgang nicht umsonst gewesen. Und sie legt sich wieder zurück.

Die Arme gekreuzt über der Decke. Das hat sie der Mutter versprechen müssen, als sie noch klein war. Anders ist es nämlich eine Sünde. Immer wieder kriechen diese Arme im Schlaf unter die Decke, denn sie frieren, diese Arme unter den langen Nachthemdärmeln. Obwohl das Fenster geschlossen ist. Hanni sagt, das ist ungebildet, und Kulturmenschen schlafen bei offenen Fenstern, sogar im Winter. Kulturmenschen baden aber auch nackt oder beinahe wie nackt im Fluß. Notburga faltet wieder die Hände. Sie muß an den Doktor denken, der seiner Frau die Letzte Ölung verwehrt hat, der seine Kinder nicht zur Kirche läßt und zur Hölle erzieht. Wenn er ihr einfällt mit seinem breiten braunen Gesicht, seinen viereckigen Zähnen, dann denkt sie immer weiter an ihn, viel zu lang, viel zu viel, sie hat sich doch eigentlich nur entschlossen, der Hanni beizustehen, weil die jetzt leider ohne Mutter ist und ganz ausgeliefert so einem Vater. Im Nebenzimmer knarrt das Ehebett, die Luft ist dick und dunstig. Der Vater schnarcht. Natürlich schnarcht er nur.

Er wirft sich herum in seinem Bett. Er hat eben so einen unruhigen Schlaf.

Man könnte auch ein Vaterunser beten. Oder den Englischen Gruß. Der Engel des Herrn brachte Maria die Botschaft und sie empfing von dem Heiligen Geiste. Der Fensterrahmen ist ein schwarzes Kreuz. Gegrüßet seist du Maria, du bist voll der Gnade. Bitt für uns. Arme Sünder.

Wenn der Vinzenz nicht wiederkommt, wenn er diesmal in seiner Stellung bleibt in dem großen Restaurant mit den vielen Spiegeln und falschen Blumen an der Umsteigstation, wenn der Vinzenz endlich durchhält und ein braver und anständiger Kellner wird (er meint es ja gut, nur hat er immer so eigene Ideen), so behält sie sein Zimmer, und wenn sie erst ein paar Monate hier geschlafen hat und nie mehr bei den Eltern drin, so gewöhnt sie sich daran durchzuschlafen, die ganze Nacht durchzuschlafen, ohne aufzuwachen, was ja nur eine schlechte und häßliche Gewohnheit ist. Vergib uns unsre Schulden. Die Mutter keucht. Ihr Atem pfeift. Ja, ja, ja, das ist es wieder, trotzdem der Weileis ihr geholfen hat und die heilige Therese noch dazu. Den Kopf möchte Notburga unter die Decke stecken. Aber das darf man nicht. Sie schließt die Augen, sehnt sich nach kalten Kirchenfliesen.

Also, ich sags wies ist, ich war heut bei der Heberger drüben, die ganze Stadt redet ja schon davon, und, ob Sies glauben oder nicht, die Frau ist gesund, ich sags, wies ist, da hört keiner mehr was, nicht einmal wie bei einem Schnupfen."

„Ein Puri, ein Petersil und die gelben Rüben dort."

„Ja, ja, Fräulein Anna, so wartens doch, Sie sehn ja, ich

bedien erst hier, und ich red halt so mit der Heberger, auch vom Buben, vom Vinzenz, haben wir gesprochen –"

„Und eine Sellerie, aber nur ein Stückel."

„– der hat jetzt eine Stelle, also das glaubt man nicht. Der Mensch ist gemacht. Ich bitt Sie, das ist eine große Station, dort steigen die feinsten Herrschaften um, sogar Engländer und Leut aus Amerika."

„Frau Birnstingel, ich brauch noch zwei Paradeiser."

„So nehmen Sies doch, suchens Ihnen aus, was Sie wollen, Sie sehen ja, ich bedien hier noch."

Und die ungeduldige Person, die Neunteufel, die immer tut, als ging es sie nichts an, was man so redet im Gemüseladen, klaubt sich selber ihr Grünzeug zusammen. Die Exzellenz ist aber auch heikel, die hat die Neunteufel schon seit zehn Jahren im Haus, die hat sie abgerichtet, wie Damen eben abrichten können, die Neunteufel wird kein Büschel Grünzeug nehmen, die sucht es sich aus, Stück für Stück, die paßt nicht auf, was die Leute reden, mich gehts nichts an, ja was geht sie denn nachher was an, und ob sie selber von den großartigen Suppen kriegt? Mager ist sie wie der leibhaftige Suppenkasper.

Exzellenz staubt heute schon zum zweitenmal das Silber ab auf der Kredenz. Was soll sie auch machen, wenn die Neunteufel ewig nicht vom Einkaufen nachhause kommt? Sicher tratscht sie wieder in der Gemüsehandlung, die Birnstingel läßt ja die Mädeln gar nicht mehr weg. Und Exzellenz ist heut schlecht gelaunt. Der Tassi hat viermal gehustet in der Nacht, sie hätt ihn nicht sollen in die Schule lassen, aber sie hat verschlafen. Und überhaupt, der Bub macht ihr Sorgen, so zart, wie er ist, und dann noch alle die Dummheiten. Einen Vater tät er brauchen und nicht eine alte Großmutter, die schon gar nicht mehr in diese Welt gehört, überhaupt, was ist das für eine Welt, heutzutag. Und man solls nicht ernst nehmen, was die Kinder machen, aber was sich nicht gehört, das gehört sich nicht, Himmelkreuzdonnerwetter, was ist denn das, hat der silberne Elefant mit der Obstschüssel richtig wieder das eine Bein nicht fest, der Haxen wackelt, ja, ja, der wackelt, und war doch eben erst beim Silberschmied gewesen, das Viech, und der Bub, ja, der Bub, wie kommt ein Materni, Tassilo von Materni, zu einem Hakenkreuz, wenns auch nur in einem Schulheft gemalt war, das gehört sich nicht, alles dieser moderne Unfug, das kommt, wenn die Gesellschaft keinen Halt mehr hat, erst das Unglück mit der Lilli, der eigenen Tochter, ganz wirr wird man, wenn man so dran denkt, beinah noch schlimmer, als daß dem armen Tassi sein Vater gefallen ist, ganz wirr wird man, der Elefant soll heut noch zum Silberschmied kommen, das braucht eben eine starke Hand, die Jugend und die Gesellschaft nämlich, eine Ordnung braucht das und eine Disziplin, und soll denn heut nicht die Reindl kommen, es ist doch Mittwoch, der Tassi hat keine ganzen Socken mehr – und die drei neuen Hemden, sie vergißt aber auch jetzt schon alles, konfus, konfus, hat der Exzellenzherr immer gesagt, ein braver Mann, Gott hab ihn selig, der tät den Buben jetzt bei den Ohren nehmen.

Also, da ist sie ja endlich, die Neunteufel, und hinter ihr steht auch schon die Reindl.

Nicht bös sein, Exzellenz, ich hab mich verspätet, Exzellenz, ich bleib bissel länger, Exzellenz, ich hab nämlich einen Auftrag gehabt, Exzellenz, vom Erzherzog."

Exzellenz betrachtet die Reindl durch das Lorgnon. Ja, sie trägt ein schwarzes Seidenkleid unter dem speckigen Mantel. Beim Erzherzog war sie. Nun, mit Domestiken spricht man nicht und natürlich auch nicht mit Hausnäherinnen. „Schon gut, Fräulein Mitzi."

Exzellenz geht in die Küche und schimpft mit der Neunteufel, weil das Grünzeug nicht frisch genug ist. Und gestern, die Gerösteten, da war schon wieder Abschöpffett dabei. (Schimpf du nur, ich hör gar nicht hin.) Und ob der Tassi sein Butterbrot mitgenommen hat? Und wie er gehustet hat, heut in der Nacht.

„Die Birnstingel sagt, was die Heberger ist, die war wirklich beim Weileis."

„So, also mit der Birnstingel habens wieder getratscht."

Die Anna bindet sich die Küchenschürze um. So sind sie eben, diese Gnädigen. Das kennt sie schon seit dreißig Jahren. Gar nicht hinhören.

Da steht aber auch schon die Reindl Mitzi in der Küche, weil sie den 80er Zwirn nämlich nicht finden kann. Oh ja. Und von der Heberger, das weiß man schon. So wie die ist, die ist imstand und fangt sich auch mit dem Weileis was an, die tut ja alleweil nur so fromm, gerade weil sie so verrückt ist und mannstoll dazu, nur ihren Alten, den kann sie nicht ausstehen, da geht ihr gleich die Luft aus, wenn der ihr nur in die Nähe kommt –.

„Aber Fräulein Mitzi!"

„Bitte sehr, Exzellenz, ich will gewiß nichts gesagt haben. Der Mann ist nur so dick und häufig etwas angeheitert, aber der Weileis, das ist ein Schenie, das weiß ein jeder, geht doch sogar der Erzherzog zu ihm."

„Der Erzherzog!" – Exzellenz setzt sich auf einen Stuhl. Nein, nein, nein, mit Dienstboten soll man nicht reden und schon gar nicht mit Hausnäherinnen. „Der Erzherzog? Also, wer hat denn das wieder erzählt?“

„Ich habs vom Liebold, vom Kammerdiener. Wie ich heut dem Erzherzog die Hemden bring, feinste Seide, blauweiß gestreift, aber schon sehr zerflickt, wenn ich denk, wie das ist, zu diesen Zeiten, und bei den allerhöchsten Herrschaften –“

„Fräulein Reindl, die Hemden des Barons interessieren mich nicht“, und hinaus rauscht sie, die Exzellenz, durch die schmale Küchentür. Denn wenn er, der Erzherzog, wie sie hier alle sagen, auch wirklich ein Sohn vom seligen Erzherzog Otto ist und daher kaiserliches Blut hat und mit Goldradeln herumkutschieren sollte, so geht das die Domestiken nichts an, die haben ihn zu nennen, wie er sich nennt, einfach Baron, Herr Baron vielmehr, alles andere ist eine Unverschämtheit. Wenn sie nur wüßte, ob er es war, mit dem sie einmal einen Walzer getanzt hat in Laibach, Ljubljana heißt es heute in der Saurepublik und den Serben gehört es noch obendrein. Ein schöner Mensch war er gewesen, ganz wie sein Vater, wenn es nur wirklich derselbe war, sie hat eben seit jeher so ein schlechtes Gedächtnis.

Schau Anselm, iß, so ein guter Krautstrudel. Hast ihn doch sonst immer so gern.“

„Laß ihn, Papa, wenn er nun einmal keinen Hunger hat.“

„War was los? Hast dich in der Schule geärgert? Sag es mir, Anselm. Da läßt du deinen Krautstrudel stehen und schluckst den ganzen Ärger hinunter. Spuck den Ärger aus und iß ein paar Bissen.“

Daniel Meyer faltet seine Serviette zusammen. Er hätte zwar gerne selbst noch ein Stück Krautstrudel gegessen, aber der Alte ist wieder einmal unmöglich. Wenn ein Kind nicht essen will, soll man es in Ruhe lassen. Ärger in der Schule. Lächerlich. Was hat ein achtjähriges Kind schon für Ärger.

„Na also, jetzt rutscht er. Und heut abend gehen wir beide ins Kino. Ein Indianerfilm."

Daniel Meyer schiebt den Stuhl vom Tisch und zündet seine Zigarre an. Der Bub vor ihm hat einen roten Kopf und Tränen in den Augen. Kommt sich wichtig vor, weil der Großvater solche Geschichten mit ihm macht, anstatt zu sagen: jetzt iß, oder laß es. Er, der Vater, hat ja nichts zu reden, muß froh sein, wenn man überhaupt Notiz von ihm nimmt.

„So, und da hast du noch eine Banane."

Der Alte spricht überhaupt nur mehr mit dem Kleinen bei Tisch. Läßt seinen Sohn (einen erwachsenen Menschen, Erben und Mitinhaber der Kanzlei) nicht zu Wort kommen, nicht hier, nicht woanders. Den ganzen Vormittag hatte er keine Zeit. Da waren die Klienten. Die gehen vor. Diese Quadratschädel von Bauern. Heut war auch der Heberger da. Und der Baron. Was der wohl wollte. Am längsten aber brauchte der Doktor, der Lohmann. Und nun beim Mittagessen, wenn man ihm endlich was sagen will, hört der Alte weg, tut absichtlich, als ob er nichts merkte. Wenn die Sache nur nicht so wichtig wäre, so verflucht wichtig. Und da kommt auch schon der schwarze Kaffee.

„Du bist jetzt fertig, Anselm, du kannst also gehen."

„Aber Daniel, so laß doch das Kind."

„Ich, ich möchte mit dir sprechen, Papa."

„So? Jetzt gleich? Sofort nach dem Essen?“ Und der Alte sieht ihn an, von der Seite her, wie einen lächerlichen Narren, über den man sich lustig macht. Das schwarze Käppchen sitzt schief auf der massigen Glatze, und seit er sich den Bart wachsen ließ, sieht er aus wie ein Patriarch, der sich selber nicht ernst nimmt. Das Käppchen trägt er ununterbrochen, seit man ihm das erste Hakenkreuz an die Kanzleitür gemalt hat („Nehmen Sie es weg“, hat er damals zu der Stenotypistin gesagt, „wir sind doch kein Klosett“, und die Person hat das weiter erzählt) – dieses Käppchen ist auch so eine Übertriebenheit und nicht eben angenehm für einen smarten Sohn, der Karriere machen will. Schließlich, man lebt doch nicht im Orient, man hat sich anzupassen.

Also, endlich ist der Bub gegangen, sie sind allein, der Alte saugt an seiner Pfeife, könnte doch selbst zu fragen beginnen.

„Mir paßt das nicht, Daniel, mir paßt das nicht.“

„Was denn, Papa?“

„Du wirst sehen, Daniel, sie ruinieren uns das Kind. Um uns ist ja weiter kein Schad, aber bei einem Kind, ich schau da nicht zu.“

„Ich verstehe dich nicht, Papa.“

„Da war heut schon wieder was los in der Schule. Wenn er nicht mehr spricht, dann muß es ganz arg sein.“

„Willst du ihn vielleicht nach Palästina schicken?“

„Wär nicht das Dümmste.“ Der Alte sieht wieder von der Seite her auf den Sohn, lauernd, listig, verschlagen. „Da dürfen wir aber nicht erst unsere Moneten zu den Schellbachs tragen.“

„Du weißt also schon?“

„Bei den Schellbachs stinken nicht nur die Konserven.

Du hast keine gute Nase, Daniel." Er steht auf. Er wird damit die Sache doch nicht für erledigt halten.

„Also erlaube mir, Papa –"

„Ich erlaub dir gar nichts. Denn wenn du sagst: erlaube mir, dann steckt immer eine Dummheit dahinter."

„Du weißt doch noch gar nicht –"

„Natürlich weiß ich. War doch heut erst der Heberger bei mir. Der war der sechste. Und nach ihm auch noch der Baron. Wollen alle ihr Geld, weil das eh nichts mehr wert ist, in die Schellbachschen Konserven stecken, weil das nebbich bald keine Konserven mehr sind, sondern die Raumkraft vom Herrn Kapeller. Und alle erzählen sie mir, mein Sohn, das ist der neueste Compagnon. Und mein Sohn möcht das sein, weil er doch ein Esel ist, ein jüdischer Esel, das ist das Schlimmste, und weil er den eingebornen Gojim gern den Gefallen tun möcht, wo doch der feine Herr Primarius ist der Schwager vom Schellbach, dreimal bankrott und Kurzlöhne und wie der Schwindel heißt."

„Schon gut, Papa. Dann brauchen wir nicht weiter drüber zu reden."

„Von mir aus nicht. Hab ich denn angefangen?"

Und der Alte stützt sich auf seinen Stock, die Unterlippe schiebt er vor, gar keinen Sinn, länger mit ihm zu verhandeln, boshaft ist er und eigensinnig, gibt sein Geld nicht her, gibt dem Sohn keine Gelegenheit, sich zu bewegen. So bleibt er stehen, unbeweglich wie die schweren schwarzen Möbel in dem kühlen Speisezimmer, bis der Junge mit einem Gruß zur Tür draußen ist.

Ich bitte Euer Hochwürden um den heiligen Segen, daß ich meine Sünden reuig und aufrichtig beichten möge –"

Ja, ja, schon gut, was wimmert die denn so, natürlich die Heberger, die hats aber eilig, ihre paar Sünden loszuwerden, war doch eben erst da.

„Ich armer sündiger Mensch beichte und bekenne vor Gott und Euer Hochwürden, daß ich seit meiner letzten Beicht am 4. Juni dieses Jahres folgende Sünden begangen –"

Der verstauchte Knöchel juckt noch immer. Weils auch so viel daran herumgewaschen haben. So was reizt die Haut. Also unmäßig war sie, die Alte, und zornig. Im Beichtstuhl ist es kühl, aber dumpf. Der Kirchendiener hat schon wieder Weihwasser ausgegossen. Keine anständige Luft.

„– weshalb ich in meiner Wut ihm die ehelichen Pflichten verweigerte –"

Was stockt sie denn?

„– und von bösen Wünschen gegen ihn erfüllt wurde. Worauf mir Gott den Atem nahm –"

Wenn sie nur schon fertig wäre. Immer redet sie diese verrückten Sachen. Und jetzt stockt sie wieder. Sie wird doch nicht glauben, daß er eingeschlafen ist. Nun, man kann sie ja jedenfalls etwas fragen.

„– weil er wieder einmal sein ganzes Geld anbringen will, welches wir doch so mühsam für unsere Kinder zusammengespart haben. Und weil er gleich aufbegehrte, als ich ihm sagte, das kannst du nicht, in diesen Zeiten kann es auch schiefgehen mit den Konserven, und was die Raumkraft von diesem Herrn Kapeller ist –"

Um Gottes willen, die Alte findet kein Ende mehr. Immer besser, man fragt nicht zu viel. Fangt also der Heberger jetzt auch schon an mit der Raumkraft und mit den Konserven.

„– und so stiegen die bösen Wünsche wieder auf in mir und ich verweigerte ihm die ehelichen Pflichten, denn es ekelte mir und am liebsten hätte ich ihn sogar geschlagen –“

Wenn sie doch schon einmal aufhören wollte. Immer nur so Gedankensünden. Schön ist sie auch nicht.

Der Pfarrer geht über den Kirchplatz. Die Linden duften. Gelobt sei Jesus Christus. Das Pflaster brennt, besonders unter dem hinkenden Fuß. In Ewigkeit amen. Er kommt aus dem kühlen Stift, will wieder einmal seinen Nachmittagsspaziergang machen. Der Mensch braucht Bewegung. Eine gelbe Feuermauer blendet. Lustig ist die Welt, wenn sie auch ein bißchen zu warm ist. Ein müder Schimmel. Über die Straße springen zwei Mädchenbeine in kurzem schwarzem Rock. Das ist die Hanni, dem Lohmann seine Hanni, ein richtiges Frauenzimmer wird die schon. Schielt scheu über die Schultern nach rückwärts nach Seiner Hochwürden. Na, lauf nicht so, ich tu dir ja nichts. Wilde blonde Haare hat sie. Hochwürden stützt sich schnaufend auf den Stock. Maria und Josef, so ein Mädel ist was Schönes, wenn man es laufen sieht, die heiße winkelige Straße hinauf, geradewegs in den sonnigen Himmel hinein. Wenn die Menschen, diese unglückseligen armen Hascher, nur ein bißchen mehr in den Himmel schauen wollten. Aber die beißen lieber herum an ihren paar stickigen und langweiligen Sünden, ganz wichtig nehmen sie diese Sünden, und glotzen dabei in die Hölle hinunter, als ob es einen Himmel, den sonnigen blauen Himmel da oben, überhaupt nicht gäbe. So ein alter Beichtvater muß es ja wissen: ihm kommt vor, als hätten die Leut ihre Sünden besonders gern.

Hanni verschwindet rasch in dem Milchgeschäft an der Ecke. Sie trinkt ein Glas saurer Milch, obwohl sie lieber Eis gegessen hätte, die haben hier so herrliches. Aber hinter ihr ging der Pfarrer, und da mußte sie an die tote Mutter denken, die dieser Mensch in der letzten Stunde mit dem Sterben erschrecken wollte, obwohl sie doch keine Ahnung davon gehabt hatte. Nein, wenn einem so etwas einfällt, kann man nicht Eis essen, sanftes rosa Erdbeereis mit Obers. Der schwarze Mann hinten, der dicke Pfarrer, hatte ihr früher immer Bonbons geschenkt, große, weiche, die er tagelang nach seinen feinen Hochzeiten in der Soutane herumtrug, um sie Kindern zuzustecken. Dann zog er sie hervor unter einem riesigen verdreckten Taschentuch. Pfui Teufel! Hanni hat das Zeug immer weggeworfen, aber Notburga hat es mit Andacht gegessen wie die heilige Hostie.

An den Spiegelfenstern des Bahnhofsrestaurants wimmelt es von Fliegen. Die Milchglaskugeln brennen matt in der sanften Dämmerung. Ganz leer ist der Saal, es kommen ja auch nicht viel Leute mit der Lokalbahn aus Maria Blut. Und Lohmann sucht sich einen Tisch. Er hat noch siebenundvierzig Minuten Zeit, bis der D-Zug kommt.

Hinter ihm lehnt an einem Pfeiler ein Kellner. Aber der kümmert sich nicht um den einzelnen Gast. Die Serviette unter dem Arm, steht der junge Mann glattgescheitelt, sehr glatt gescheitelt sogar, und starrt düster vor sich hin in einsamer Größe. Lohmann wendet den Kopf nochmals. Ja, wirklich, so lächerlich es klingt, in einsamer Größe. Man könnte ihn rufen, aber wozu denn, wenn man eigentlich gar keinen Hunger hat.

Lohmann zieht den Brief der Krankenkassendirektion aus der Tasche. Eine unerhörte Frechheit ist dieser Brief. Da setzen ihn die Kerle mit einem Fußtritt vor die Tür, nur weil er ein paar Patienten aus der Lohnklasse 6 Medikamente aus der Lohnklasse 3 verschrieben hat. Der Apotheker hätte es ja auch bemerken können, aber der dachte vielleicht ganz wie er selbst: Warum soll ein Patient aus der Lohnklasse 6 nicht auch einmal ein Mittel aus der Lohnklasse 3 bekommen? Alice wird lachen, wenn er sie heut damit überfällt. Schau Gustl, so bist du. Glaubst, du kannst was ändern auf der Welt, wenn du so einen kleinen dummen Schwindel machst. Anstatt die Dinge bei der Wurzel zu nehmen. Aber er verschreibt nun einmal keinen Dreck. Auch nicht für die Lohnklasse 6. Er verschreibt ein ordentliches Mittel, kratzt darunter ein Dr. L., unleserlich, wie denn auch anders, und nun ist die Bescherung da. Der alte Meyer-Löw ist nicht dafür, zu prozessieren. Er hat den Kopf geschüttelt. Mit Eingeborenen fangt man sich nichts an. – Aber mein Recht! Was heißt Recht? Was sind das für Begriffe. Bei Eingeborenen gibt es kein Recht. Ein schauderhafter Skeptiker, der alte Jud. Und immer mit seinen Eingeborenen, weil er so seine Bücher über die Wilden hat. Ihm ist alles gleich, was passiert, er sagt nur: ganz genau wie bei den Giljaken oder bei den Zulukaffern oder bei den Bantus. Das ist so ein Spleen von ihm, und wenn man lang mit ihm zu tun hat (sein Herz ist nicht gut und er spielt Schach), sagt man selber nur mehr die Eingeborenen auf die Leute im Ort, und man kommt sich vor wie ein Schiffsarzt, den ein Sturm auf eine wüste Insel verschlagen hat, und gar nicht mehr wie ein zuständiger Mitteleuropäer, drei Bummelzugstunden, eine D-Zugstunde von Wien.

„Was wünschen der Herr?"

„Ich – ja –" Lohmann merkt erst jetzt, daß sein Brief auf einer Speisekarte liegt. Der junge Kellner starrt ihn an, aus kleinen, sehr tiefliegenden Augen, böse, glühend. Vielleicht ein Schnitzel? Nein, warum auch. Von diesem mißgünstigen Kerl hat man nicht Lust, sich auch nur ein Schnitzel bringen zu lassen.

„Ein Glas Bier."

„Nur ein Glas Bier?"

„Ja!" brüllt der blonde Herr im weichen Hemdkragen plötzlich so wütend, daß die Buffetdame aus ihrem Schläfchen aufschrickt.

„Bitte sehr."

Und da erkennt Lohmann den Burschen. Das ist ja der Heberger Vinzenz. Er hat ihn nicht gesehen, seit er erwachsen ist. Aber den Knaben hat er oft behandelt, solange die Hebergers ihn noch als Arzt haben wollten. Immer fehlte dem Vinzenz was. Darmgeschichten, Abszesse. Ein unfreundliches Kind. Kein Lächeln, kaum ein Gruß. Und dann war doch einmal so eine dumme Geschichte mit dem heiligen Wein. Vinzenz hatte als Ministrantenbub heimlich davon getrunken und das hatte einen wilden Skandal gegeben. Zu dumm, daß man Kinder zu solchem Hokuspokus heranläßt.

„Na, Vinzenz, kennen Sie mich nicht? Wie geht es Ihnen hier?"

„Danke, Herr Doktor." Und er stellt das Bier auf den Tisch mit einem Blick, als wär er eben auf den Tod beleidigt worden. Wendet sich ab, wandelt hoheitsvoll durch den Saal. So ein Rindviech.

Der Kellner Vinzenz tritt auf den Perron hinaus, fährt mit der Serviette über die schwitzende Stirn. Das Signallicht zuckt und vor dem Güterbahnhof zischt eine Lokomotive weiß in das Dunkel.

Da ist er also doch gekommen, dieser rote Lump. Immer schon hat Vinzenz ihn erwartet, er fährt ja fortwährend nach Wien zu seiner Jüdin. Kennen Sie mich? Ja freilich, dich werde ich kennen, mein ganzes Leben lang. Alle waren sie schlecht, niederträchtig und boshaft zu ihm gewesen, als er seine große Tat begangen hatte. Aber der Doktor war doch der Ärgste. Über die Straße hin hat er gerufen, während die andern Buben eben ihren Schneemann bauten: „Na, Vinzenz, trinkst wieder eins über den Durst?" Alle hatten es hören können. Und sie lachten. Lächerlich war er plötzlich geworden, er, der das Ungeheuerliche gewagt hatte, das Blut Gottes zu trinken, ohne dazu berufen zu sein. Drei Tage lang hatte er gefastet gehabt, Rizinusöl getrunken, um den Leib zu bereiten für den wundersamen Saft, um groß und stark und mächtig zu werden, heilig und furchtbar wie eben Gott. Vinzenz runzelt die Brauen, daß der Blick sich verdunkelt. Wenn der Franzl ihn nicht verraten hätte, aber der hielt ja die ganze Messe nur für einen Jux, klingelte immer zur unrechten Zeit, schlug in der Sakristei Purzelbäume im Ministrantenkittel – dafür war er jetzt Vorarbeiter bei den Gaswerken in Wien und ein Genosse von diesem feinen Herrn Doktor, diesem Volksverräter und Brunnenvergifter, der sich das eigene Weib aus dem Wege zu räumen verstand. Wien! Vinzenz wendet den Kopf. Blanke Schienen laufen in die Nacht hinaus, er schließt die Augen vor Haß gegen das lichterfunkelnde Ungeheuer, das dort liegen muß. Dort sind lauter solche Genossen.

Jeder weiß, wie es ihm, dem Vinzenz, in dieser Stadt ergangen ist, auch in Maria Blut wissen es sicher schon alle, obwohl sie es doch gar nicht wissen können, aber der Doktor weiß es, so verschmitzt hat er ihn heute angesehen.

„Servus Pimperl!" schreit ein Eisenbahner, der eben mit seinem roten Fähnchen vorbeiläuft. So nennen sie ihn hier immer. Und von Westen her kommt mit wilden und glühenden Augen der Wiener D-Zug. Da wendet Vinzenz sich ab.

Und ich sag euch jedesmal: wenn der Pimperl dabei ist, sollt ihr nichts reden."

„Geh, Sandleitner, du bist schon wieder so übertrieben. Der tut doch nichts, der ist doch nur so ein Narr."

„Ich kann Narren nicht leiden. Und immer steht er herum, wenn wir Eisenbahner zusammensitzen."

„Der Sandleitner hat recht. Da lehnt er mit seiner Serviette unter dem Arm und geht gar nicht mehr weg von unserm Tisch."

„Ich hab aber doch nichts so Besonderes gesagt."

„Ganz genug. Und gerade auf dich hat er geglotzt. Was geht den unsre Sitzung an. Die andern Kellner sagen auch, mit ihm stimmt was nicht."

„Das Buffetfräulein sagt, der Mensch kann überhaupt nicht lachen."

„Siehst es. Ich hab was gegen Leut, die nicht lachen können."

„Er ist eben ein Viech. Und Viecher lachen nicht."

„Bei denen ists was anders. Dafür sinds Viecher."

„Vielleicht ist er krank. Vielleicht hat er eine schlechte Verdauung. Oder kein Mädel."

„Was ihr alleweil mit dem Pimperl habts. Er tut euch doch nichts."

„Oh doch. Der bildet sich ein, er ist was Besonderes."

„Aber geh, er sagt doch immer, er ist so fürs Volk."

„Das hab ich schon gfressen. Die, die jetzt gar so fürs Volk sind, die sind immer gegen die Arbeiterschaft."

„Ja wieso denn? Das Volk, das sind doch grad wir."

„Das glaubst vielleicht du. Aber wenn die, die sich für gar so was Besonderes halten, vom Volk reden, dann meinen sie ganz was anderes damit."

„Ich weiß nicht, was ihr wollt mit eurer Rederei. Der Pimperl, der ist doch so blöd, daß er nicht einmal einen Witz versteht. Wie soll denn der sich für was Besonderes halten?"

„Eben deshalb."

Meine Mutter läßt fragen, ob die Frau Wipplinger nicht am Samstag bei uns in der Küche helfen kann. Bei uns feiern nämlich die christlichen Turnbrüder ihr Jahresfest."

Nur der Krowott, der Bettgeher, ist bei den Wipplingers zuhause. Er blinzelt das dünne Mädel in der Tür aus seinen brennenden Augen an (ein alter Augenkatarrh, der wird nimmer gut) und beißt herum an seiner kalten Pfeife. So ein Mädel. Kasgelb das Gesicht und die Lippen blau und das traurige Kleidel schlottert an ihr.

„Meine Mutter läßt fragen –"

„Also die christlichen Turnbrüder. Seit wann turnen sie denn, die christlichen Brüder?"

„Meine Mutter läßt fragen, ob die Frau Wipplinger –" Notburga stockt. Der Alte wischt sich die Augen mit dem

Halstuchzipfel. Er wird doch nicht böse sein, oder vielleicht betrunken.

„Also die christlichen Brüder –"

„Meine Mutter läßt fragen –"

„Die Wipplinger, die liegt im Spital."

„Im Spital?"

„Im Spital."

„Dann ist sie also krank?"

„Wanns nicht gestorben ist an ihrem Abort. Die hat blut wie eine Sau."

Und er spuckt im Bogen zum offenen Fenster hinaus.

Notburga läuft, den Kopf zwischen die Schultern gezogen, nachhause, nein, nicht nachhause. Sie wird der Mutter sagen, nein, nicht der Mutter sagen. Blut wie eine Sau. Bei den Wipplingers roch es nach Keller und Wanzen und Husten und Bettzeug. Wie eine Sau. Heilige Maria! Wenns nicht gestorben ist an ihrem Abort. Du bist voll der Gnaden. Nicht wissen, nicht denken. Der Herr ist mit dir. Hat blut. Gebenedeit ist die Frucht deines Leibes. Nein, nein, nein – Bitt für uns arme Sünder.

Und Notburga setzt sich schwindlig auf einen Treppenabsatz. Es hilft nichts, an die Gottesmutter zu denken, aber vielleicht denkt sie ein bißchen an die heilige Therese. Ohne Nahrung liegt sie, ihr Körper duftet nach gepreßten Lilien, blaß und erschöpft in weißen Kissen, beinah nicht mehr atmend, entschwebend den Gefährdungen dieser Welt. Während sie, Notburga, im Nebenzimmer der Eltern schlafend, Nacht für Nacht wieder das Pfeifen der Mutter hört, das Röcheln des Vaters, Flüche, Gezänk, Seufzer und Stöhnen.

Der Vater will sein Geld den Schellbachs geben, die

Mutter aber sagt, es ist nur mehr beim Weileis sicher angelegt. Die heilige Therese von Konnersreuth braucht überhaupt kein Geld, weil sie doch nichts zum Essen braucht. Aber der Vinzenz meint, er ganz allein wird einmal diese Welt erlösen. Ihr hat er anvertraut, weshalb er vom Blute unseres Herrn und Heilands getrunken hat. Sie hat versprochen, es niemand zu verraten. Aber damals war er noch ein Bub gewesen, und heute spricht er kaum mehr mit ihr, er ist so furchtbar und so erwachsen, sie weiß gar nicht recht, was vorgeht in ihm.

Was hast du, Kleine? Ist dir nicht gut?" Notburga steht auf. Das Hemd klebt feucht an den Schenkeln. War ihr vielleicht deshalb so schlecht gewesen?

„Danke. Ich kann allein nachhause gehen." Und sie bewegt sich fort, langsam, scheu, geduckt, beschämt, blutend aus ihrem sündhaften Leibe, befleckt. Heilige Maria! Heilige Therese! Die du da liegst, blaß und erschöpft in weißen Kissen, beinah nicht mehr atmend, entschwebend den Gefährdungen dieser Welt, darbietend auf einer sehr weißen Stirn die grausamen Narben vom Dornenkranz unseres Erlösers.

III.

Pst, nicht so laut, Kaiserliche Hoheit schlafen noch." – „Schon gut, Herr Liebold, ich mein ja nur, und was das vierte Hemd ist, da bin ich eben noch nicht fertig geworden, und hier ist die Rechnung."

Sprachlos nimmt der alte feine Kammerdiener, der heute allerdings nur eine feine Lüsterjacke trägt und eine Mistschaufel in der Linken hält, den Zettel entgegen. Er mustert die Person, diese unverschämte, diese zudringliche, diese Reindl, von oben bis unten und verschwindet dann hinter einer der hohen dunklen Türen. Also was heißt das. Mitzi Reindl sieht sich um, die Hände in die Hüften gestemmt. Dann erinnert sie sich, daß sie eigentlich bei einer k. k. Hoheit ist (die noch dazu schläft, um halb elf Uhr vormittag), und läßt die Hände sinken.

An den Wänden viele Bilder und Geweihe. So ein Vorzimmer bei feinen Leuten sieht aus wie bei andern der Salon. Die teppichbelegte Treppe führt hinauf in die Gemächer (jawohl Gemächer) des Herrn. Sehr kühl ist es und riecht dumpf nach den vielen Plüschmöbeln des Hauses, die niemals an die Sonne kommen.

Der alte Liebold wird doch bald wieder auftauchen. Sie hat es ja nicht bös gemeint, das mit der Rechnung. Stück für Stück hat sies aufgeschrieben, sehr billig sogar, aber schließlich, man braucht eben sein Geld. Und dem Bruder, dem ist das Essen überhaupt nicht mehr gut genug, immer grantig, wenn er aus der Schule kommt, kein Leben das, eine Frau wie sie – Und sie sitzt plötzlich müde auf dem wackligen Stühlchen neben dem Visitkartentablett. Das Tablett ist leer. Sie starrt darauf. Leer. Glattes Silber. Ihre Augen blinzeln. Schläfrig ist sie. Liegt da nicht ein feines elfenbeinfärbiges Kärtchen auf dem Silber und darunter noch eines und darunter noch eines. Die Kärtchen blättern sich: Grafenkronen, Fürstenkronen, Herzogskronen, und dort gar noch der Doppeladler. Gott erhalte. Seidene Schleppen. Vornehmes Räuspern. Nackte Schultern. Diademe. Perlenketten. Sie kommen herunter in langem Zug. Mitten unter ihnen in Galauniform und mit allen seinen Orden der Erzherzog. Denn er ist gar kein unechter, er ist ja doch ein echter, ein ehelicher Sohn des schönen Otto, in den alle Weiber verschossen waren, bis die Lues ihm die Nase abfraß. Der alte Liebold schlägt die Tore auf. Im Sonnenlicht wartet die Equipage. Goldene Räder, echt kaiserlich habsburgische Räder, die Menge jubelt, mit tausend Stimmen ruft es: hoch! hoch! hoch!

„Entschuldigen schon, aber gehören Sie vielleicht zum Haus?"

Die Reindl schreckt auf. Ihre Augen sind geblendet, können sich gar nicht an das Dunkel gewöhnen (goldene Räder, Sonnenlicht). Vor ihr steht ein langer Schlosserbub im blauen Overall, die Zigarette hängt ihm im Mundwinkel, eine Unverschämtheit.

„Was wollen Sie hier?"

„Ich hab so lang geläutet, aber die Glocken muß hin sein. Und weil die Tür offen war –"

„Da sind Sie einfach hereingekommen?"

„Na ja, warum denn nicht. Bin schon das drittemal hier mit der Rechnung."

„Geben Sie her. Es ist niemand zuhause."

„Schon wieder nicht.“ Und der Lausbub läßt die Tür hinter sich zufallen. Die Reindl aber legt die Schlosserrechnung auf das Tablett, auf dem leider gar keine gräflichen, fürstlichen, herzoglichen, kaiserlichen Visitkarten liegen. Sie fröstelt, dann geht auch sie.

Ich weiß nicht, ich weiß nicht, wer laßt denn da die Tür so zufallen. Ordentlich Herzklopfen könnt man kriegen. Der Liebold tut so was nicht. Also wahrscheinlich ein andrer. Das ist doch boshaft. Sicher wieder einer mit einer Rechnung. Was die Leut immer wollen. Wecken einen in aller Früh. Es ist zwar schon spät. Verflucht – zehn nach halb elf. Sollte man aufstehen. Ob schönes Wetter ist? Oder schlechtes? Ist ja gleich. Spazierengehen oder weiterschlafen oder Zeitung lesen. Steht ohnehin immer dasselbe drin. Alles Schwindel. Erfunden von den Journalisten, den Juden. Höchstens der Roman. Ob die Kleine, die Blonde, wie heißt sie nur, wirklich die Braut des Mörders ist? Ach was, ist ja auch wieder alles nur Schwindel. Wenn nur das mit dem Schellbach kein Schwindel ist. Will also plötzlich nicht mehr Konserven machen (stinkt grauslich, wenn man vorbeigeht, nach faulen Eiern und etwas bitter auch noch dazu), sammelt die Arbeiter, soll eine Kraftzentrale werden oder so was für die Weltströme des Herrn Kapeller. Klingt eigentlich gar nicht besonders wahrscheinlich. Aber der Primarius Feßler meint es auch und die Salzburger Geistlichkeit und der Bürgermeister ist sehr geneigt. Geld steckt ein jeder jetzt dort hinein, die beste Anlage, heißt es allgemein, ist ja Seine Majestät, der deutsche Kaiser, selbst im Hintergrund, also warum denn nicht, warum denn nur nicht, wenn er bloß nicht so müde wäre, und verschwitzte Füße, ein kranker Mann ist er, überhaupt, wie man dazukommt, sich mit so Affären abzugeben, aber mein Gott, in ein paar Jahren ist das Kapital weg, futsch, verschwunden, aufgefressen, und auch das nur, wenn der Schilling bis dahin noch was wert ist, das weiß heut keiner, es kracht überall, es kracht in allen Fugen, seekrank könnt man werden, ein feines Lebensschiff habens einem ausgesucht. Wenn man nur zwanzig Jahre früher auf die Welt gekommen wäre. Wie man da jetzt dazukommt. Immer diese unwürdigen Geldgeschichten. Ekelhaft. Rauben einem Schlaf und Gesundheit – übrigens ein hübscher Schlampen, die kleine Schellbach. Aber deshalb braucht man seine letzten paar Groschen auch nicht beim Fenster hinauszuwerfen. Wenn man nur wüßte, was diese Weltkraft, Raumkraft, Urkraft eigentlich ist. Lauter solche moderne Sachen. Vielleicht hat der Wunderdoktor, der Weileis, auch so eine Kraft in seinem Staberl! Der Liebold meint ja, man sollt zu ihm gehn. Die dicke Heberger soll wirklich ganz gesund geworden sein. Werden einmal läuten –

„Sagen Sie, Liebold, haben Sie schon telefoniert mit dem Herrn Professor Weileis? Und wo bleibt denn heut mein Kaffee?"

„Telefoniert?"

„Na ja, was denn, telefoniert."

„Ich mein nur, entschuldigen schon, Kaiserliche Hoheit, der Weileis, der ist ja gar nicht im Ort."

„So? Wo denn?"

„In Zallspach, Kaiserliche Hoheit."

„Ist das weit? Na, ist ja wurscht, dann rufens ihn dort an."

„Ich mein nur, Hoheit, es ist halt teuer, Hoheit."

„Was ist teuer, Sie Trottel? Das Telefonieren?"

„Das schon, Kaiserliche Hoheit, aber eben leider auch der Weileis."

„Jetzt möcht ich nur wissen, warum bringens mir ewig nicht meinen Kaffee?"

„Und weil ich schon dabei bin, Kaiserliche Hoheit –"

„Sie sind gar nicht dabei. Bei nix sind Sie dabei. Und meinen Kaffee möcht ich haben."

„Es war eben die Näherin da, die Reindl, allerdings erst zum erstenmal, aber dann wieder die Schlosserrechnung und gestern der Bäcker und der Kohlenhändler."

„Wozu denn Kohlen? Jetzt ist doch Sommer."

Der alte Liebold streicht sich seinen schimmernden Kaiserbart. Sinnend geht er in die Küche. Nein, mit dem Herrn ist nicht zu reden. Wenn man von Geld spricht, wird er geradezu, mit Verlaub gesagt, ein Depp. So sind sie wohl alle, die sich nie haben um ihr Geld plagen müssen und immer gewohnt waren, daß der Kaffee in der Früh am Bett steht, womöglich noch mit Schlagobers drauf und zwei frischen Kipfeln daneben.

Also ich steck mein Geld da nicht hinein. Werde mich hüten. An solche Zauberer glaub ich nicht."

„Aber an Ihr Geld glauben Sie?"

„Warum denn nicht? Was ich hab, das hab ich."

„Großartig. Und wenn der Schilling fällt? Wenn er nicht mehr ist als ein Fetzen Papier? Sie wissen doch, daß er im Ausland gar nicht mehr richtig notiert."

„Ach was, das sind alles nur so Gerüchte."

„Wieso denn Gerüchte? Das könnens doch in jeder Zeitung lesen."

„In meiner stehts nicht. Und überhaupt, der Schilling kann nicht fallen.“

„Aber lieber Herr, so was haben wir doch schon erlebt.“

„Wenn der Schilling fällt, dann wackelt Österreich. Und das gibt es nicht. Denn wenn Österreich wackelt, dann wackelt Europa, und wenn Europa wackelt, wackelt die Welt. Schaun Sie sich einmal die Landkarte an. Die Lage ist es. Ich sage: die geographische Lage. Ich habe die Karte in meinem Bureau, ich hab sie über meinem Schreibtisch hängen. Ich schau sie mir an, ich denk mir jeden Tag: Du bleibst, du bleibst mein Österreich. Und ich mit dir! Auf meinem Posten nämlich.“

„Mir scheint gar, Sie glauben an Wunder.“

„Und Sie vielleicht nicht, wenn Sie mir mit Ihrem Herrn Kapeller kommen. Geld soll ich hergeben für irgendeine Urkraft, von der ich überhaupt noch nichts gesehen hab. Nein, mein Lieber, daraus wird nichts.“

„Warten wirs ab. Sie werden noch an vieles glauben müssen, was Sie noch nicht gesehen haben.“

Was ist das nur für ein Frauenzimmer? „Aber Herr Doktor, Sie werden mich doch erkennen.“

Er sieht sie sich an von oben bis unten. Ein hübsches Mädchen, was man so ein hübsches Mädchen nennt. Mit unmöglichem Rot auf den Lippen. Wenn schon, dann eher Zinnober, aber niemals Karmin. Er kennt sie nicht.

„Ich kann mich im Augenblick wirklich nicht genau erinnern.“

„Also so was!“ Sie schlägt die Beine übereinander und

zündet eine Zigarette an (im Ordinationszimmer), spitzt die Lippen: eigentlich sollt ich ganz böse sein. Nett ist das nicht von Ihnen, Doktor Lohmann.

Verfluchter Racker. Den ganzen Vormittag die leidige Geschichte mit der Krankenkasse und jetzt das Wartezimmer voll Patienten. Ein lustiges Tuch hat das Mädel um den Hals gebunden.

„Es tut mir leid. Ich bedaure sehr. Womit kann ich dienen? Um was handelt es sich?"

„In der Schwimmhose sind Sie bedeutend liebenswürdiger, Herr Doktor."

Aha, jetzt weiß er es. Das ist der Fratz, die kleine Schellbach, die einmal, vor Jahren schon, so lang im Trikot vor seinem Pfahlbau herumscharwenzelt hat, bis er zugriff. Geschrien hat sie sofort wie am Spieß, die beleidigte Unschuld, und am nächsten Tag erzählten sich die Eingeborenen, daß er nun auch schon kleine Mädchen vergewaltige. Danke schön.

„Fehlt Ihnen was?" (Oh weh, nun wird er grob.) „Sind Sie hier, weil Sie krank sind?" (Klug sein, Gustl!) „Oder was wünschen Sie sonst? Nein danke, ich rauche nicht in meinem Ordinationszimmer."

Sie nimmt einen tiefen Zug aus ihrer Zigarette.

„Ich komme eigentlich ganz im geheimen, lieber Doktor" (das fehlt jetzt noch), „ich habe den Kuß von damals bis heut nicht vergessen. Es war mein erster Kuß" (hol dich der Teufel). „Mein Papa wäre sehr böse, wenn er ahnte, daß ich gerade zu Ihnen in dieser Angelegenheit komme" (sie streut Asche auf den Teppich), „aber ich dachte mir, versuchen will ichs doch. Ich bin nämlich, was Sie vielleicht schon gehört haben, die Sekretärin meines Papas und seine Mitarbeiterin" (meinethalben, wird was

Feines sein, wo die mitarbeiten). „Schaun Sie mich doch an, lieber Doktor, was wollen Sie denn bei Ihrem Instrumentenkasten? So sind Sie eben. Unfreundlich mit allen Leuten. Keiner geht Ihnen mehr gern in die Nähe" (warum denn dann du, du aufdringliche Gans). „Sie isolieren sich. Aber da dachte ich mir, wenn es einmal eine Gelegenheit gibt, eine seltene Gelegenheit, ein großes Geschäft, durch das man den ganzen Ort, vielleicht sogar ganz Österreich erlösen kann –"

„Was?"

„Ja wirklich, erlösen kann, und alle sind dabei, der Bürgermeister und der Pfarrer, überhaupt die Kirche, Sie wissen doch, der Domherr von Salzburg und jeder, der was zu sagen hat, warum sollten denn gerade Sie nicht dabei sein und auch ein paar von unsren Aktien kaufen."

„Wollt ihr vielleicht dem Herrn Weileis in Zallspach noch ein Hotel bauen?"

„Falsch. Da wäre ich gewiß nicht zu Ihnen gekommen. Der ist ja Konkurrenz. Und überhaupt. Was heißt das schon, den Kranken helfen. Man muß den Gesunden helfen. Das Mittel ist gefunden", sie springt auf, wirft die Schultern zurück, „man muß das Übel an der Wurzel packen, man muß die Armut beseitigen."

Ganz nahe ist sie auf ihn zugetreten, ihre Augen sprühen, die reine Jungfrau von Orleans. Er weicht zurück.

„Sind Sie vielleicht Sozialistin geworden?"

„Spotten Sie nicht. Der Sozialismus ist nichts anderes als eine Religion des Neides" (schau, schau). „Der Sozialismus hat sich überlebt" (ei, ei). „Die Religion von morgen ist die Technik" (Donnerwetter) „und ihr Meister ist Karl Kapeller" (jetzt wissen wirs). „Lachen Sie mich vielleicht aus, Doktor Lohmann?"

„Aber keine Spur. Ich verstehe nur nicht, was das alles in meiner Ordination zu tun hat.“

„Ich bin gerne bereit, Ihnen die Belege zu bringen. Angst zu haben brauchen Sie auf keinen Fall für Ihr Geld. Die Raum- und Urkraft, die künftig auch in den Schellbachschen Werken erzeugt werden soll –“

„Ist das der Artikel, den Ihr Herr Vater von nun an anstatt Konserven erzeugen will?“

„Herr Doktor!“

„Ich verstehe nichts von den Waren Ihres Herrn Vaters. Aber daß seine Arbeiter um Hungerlöhne arbeiten müssen, daß man sie um ihr bißchen Urlaub betrügt, daß sie fürchten müssen, sich krank zu melden –“

„Das ist nicht wahr!“

Was ist das nur? Was will er denn, dieser Rohling in seinem weißen Mantel? Er tritt auf sie zu – aber nein, er geht an ihr vorbei, er reißt die Türe auf und brüllt: „Schwester, führen Sie den nächsten Patienten herein!“ Und dabei hat er so eine schöne Stimme.

Ja, Frau Obertimpfler, Sie fassen das eben falsch auf, ganz falsch sogar: nicht auf die Tatsachen allein kommt es an, sondern vor allem und in erster Linie auf den Glauben. Was meinen Sie, was mir beim Weileis geholfen hat? Die elektrischen oder magnetischen Ströme oder wie das heißt? Aber keine Spur. Der Glauben war es. Wie ich den Mann das erstemal gesehen hab, das Herz ist mir still gestanden, ich hab gleich gewußt: das ist der einzige, der was dir helfen kann. Ja, ja, Sie brauchen gar nicht den Kopf zu schütteln. Ich habs am selben Abend noch meinem Mann gesagt, und von da an war mein Herz wie verwandelt. Und mit dem Kapeller, da ist es genau dasselbe. Da können die gescheiten Herren aus Wien noch so viel reden von ihrer Mathematik und Physik oder wie das Zeug heißt, die Wissenschaft allein, die kann der Welt nicht helfen. Oder hat Ihnen schon einer erklärt, wieso das kleine Thereserl in Konnersreuth von der Luft leben kann? Na also. Der Glauben macht es aus, ich sag es Ihnen, der Glauben und das Gefühl – nein, nein, die Schnitzel da will ich nicht haben – da müssen Sie mir schon ein paar schönere aussuchen."

Die Hermin wacht auf. Sie ist wunderbar ausgeschlafen. Nur in den Füßen so ein komisches Gefühl, als wären die Füße überhaupt nicht da, weggeschwommen mit dem vielen Blut. Der Pepi weint nicht, sie muß dem Wipplinger nicht den Kaffee kochen, sie muß dem Karli nicht rasch noch ein paar Knöpf annähen, niemand will was von ihr, niemand verlangt was von ihr, niemand schreit nach ihr. Sie ist ausgeruht und liegt doch noch im Bett, rechts eine Frau, links eine Frau, ein ganzer Saal von Frauen, die schlafen dürfen. Draußen scheint wohl der Mond, weil es so hell ist. Die Tür steht offen zum Gang. Blumen duften herein, die über Nacht dort stehen müssen, und Lysol vom Klosett. Eben lauft eine Schwester vorbei. Vielleicht stirbt jemand.

Sie selbst ist also diesmal nicht gestorben. Der Primarius hat aber auch den Kopf geschüttelt, beinah als wärs ihm nicht recht. „Wie ist denn das passiert?"

„Beim Fensterputzen."

„In dem Zustand darf man doch nicht Fenster putzen." Was die feinen Leut immer alles wissen. Sie hat dabei gar nicht Fenster geputzt, sondern die Schwester, die Toni, und sie hat derweil ganz was anderes gemacht.

Wie sie so geblutet hat, sie hat schon alle Engerln singen hören (obwohl der Wipplinger sagt, daß es keine Engerln gibt). Schön wärs jedenfalls. Der liebe Herrgott wär wohl nicht so bös gewesen, wie der Herr Primarius. (Obwohl der Wipplinger sagt, daß es auch den lieben Herrgott nicht gibt.) Aber wenns einen Herrgott gibt, so kommts ihm nicht darauf an, ob eins mehr ist oder weniger auf dieser Welt. Nur dem Herrn Primarius kommts darauf an und den feinen Leuten, weil dann immer noch einer mehr arbeitslos wird und man den Menschen in den Fabriken noch weniger zu zahlen braucht, je mehr Arbeitslose es nämlich gibt. Das hat ihr die Toni erklärt, ganz verstanden hat sies zwar nicht, aber doch ein bißl, und die Toni hats wieder vom Doktor Lohmann, der weiß das alles, aber helfen kann er leider auch nicht, wenn man merkt, es ist schon wieder was passiert, und das Gfrett geht von neuem an. Gut, daß es in so einem Krankensaal keine Männer gibt und die Frauen haben endlich Ruh. Die Schwester läuft schon wieder über den Gang. Da stirbt einer. Ja, ganz bestimmt. Der Wipplinger war erst ganz desperat, wie er geglaubt hat, es ist schon alles aus mit ihr, aber heut war er schon wieder so wie immer, hat geschimpft, daß der Peperl noch in die Hosen macht und keine Ordnung ist in der Küche. Und seinen Lohn wollens ihm wieder kürzen, bis sie die Raumkraft eingeführt haben. Ob das nicht wieder ein Schwindel ist? Die Toni meints auch und der Krowott hat gesagt, die armen Leut, die halt man immer zum Narren.

Also Lohmann, nehmen Sie den Zug zurück?" – „Nein, ich nehme keinen Zug zurück."

„Soll das heißen, daß Sie mir die Dame schenken wollen?“

„Das soll gar nichts heißen. Ich nehme keinen Zug zurück.“

Der alte Meyer-Löw schiebt die Brille auf die Stirn, schaut hinunter auf den breiten blonden Schopf, der sich über das Schachbrett beugt. Ist das überhaupt ein erwachsener Mensch? Ein Bub ist das, ein verstockter, unmöglicher Bub. Merkwürdig, daß er ihn so gern hat.

(Lohmann starrt auf das Schachbrett, daß die Felder verschwimmen, sich in die Länge ziehen zu dunklen und hellen, zackigen, flimmernden Streifen. Es ist sehr still, eine samtene Ruhe, alle Möbel sind dunkel und schwer, kein Uhrenticken, kein Atemzug. Aus der großen Stehlampe fällt ein Lichtkegel in die Ecke, wo sie beide spielen. Und Lohmann spürt, wie der Alte vor ihm sitzt mit silbrigen Schläfen, dem winzigen schwarzen Mützchen, starken, fast schon groben Zügen, und ihn aus blinzelnden Augen beobachtet. Gar nicht von heute ist dieser Alte, zeitlos, wissend, weise und ohnmächtig. So spielen sie weiter.

„Schluß für heute.“

„Wollen wir nicht doch noch eine versuchen?“

„Sie schlafen ja, Lohmann. Sie schlafen immer, wenn Sie über was zerspringen. Deshalb werden Sie nie fertig mit Ihrem Zerspringen.“

„Ich möchte aber gern noch eine Partie.“

„Damit Sie wieder verlieren?“

„Ich möchte wissen, wie oft nacheinander man verlieren kann.“

„Unendlich oft. Beim Schach und im Leben. Wenn man schlecht spielt. Ist beides kein Hasard.“

„Aber ich kann ja spielen."

„Natürlich können Sie. Spielen sogar besser als ich. Aber heut wollen Sie verlieren. Weil Sie Ihren verrückten Prozeß ja auch verlieren wollen. Sucht sich sein Recht bei den Eingeborenen!"

„Jeder vernünftige Mensch muß doch zugeben –"

„Lohmann, wenn Sie so reden, so spiel ich lieber noch mit Ihnen Schach. Vernünftig. Vernunft. Was heißt vernünftig? Wo ist Vernunft? Das Haus rennen mir die Leute ein, weil sie unbedingt ihr letztes bissel Geld verlieren wollen an der Unvernunft – na, was ist denn, was ist denn –"

Lohmann ist aufgesprungen. Mit langen Schritten läuft er hin und her, die Pfeife im Mund, die Brauen gerunzelt, die Lippen aufgeworfen, ein breites Tier in einem Käfig voll dunkler Möbel.

„Wenn man Ihnen zuhört, man könnte meinen, das Mittelalter ist wieder angebrochen."

„Das Mittelalter? Lassen Sie das Mittelalter. Mit Mittelalter hat das gar nichts zu tun. Der Haß gegen die Vernunft ist älter als das Mittelalter. Viel älter und auch viel jünger. Weil nämlich die Menschen noch gar nicht erwachsen sind. Was rennen Sie denn so herum?"

„Da war ein – so ein Fräulein Schellbach bei mir –"

„Bei Ihnen auch. Na, das ist ja dem Kapeller seine Prophetin. Na, was haben Sie ihr denn gesagt?"

„Hinausgeschmissen hab ich sie."

„Warum denn gleich hinausgeschmissen. Ist ein hübsches Mädel. Meinem Herrn Sohn gefällt sie sehr."

Lohmann zupft an einer Troddel der schwarzen Plüschvorhänge. Ihm gefällt sie ja auch. Umbringen sollte man solche Frauenzimmer. Und wütend schreit er: „Ich werde mich nicht auf jeden Schwindel einlassen."

„Brüllen Sie nicht. Was brüllen Sie mit mir? Immer brüllen Sie an der falschen Stelle. Da müssen Sie mit ganz andern Leuten brüllen, wenn Sie sich auf keinen Schwindel einlassen wollen, nicht mit mir und nicht mit der kleinen Schellbach. Überdies, das ist ein ungefährlicher Schwindel, der Schwindel von der Raumkraft des Herrn Kapeller. Da tut man nicht mit und läßt die andern sich die Köpf einrennen.“

„So. Und nebenan der Weileis, wir haben doch jetzt lauter solche Heilige, die Menschen mit dem Zauberstab kurieren –“

„Dann lassen Sie den Weileis ruhig weiter kurieren, werden ein paar Kranke bissel früher sterben und bissel länger tot sein. So gut wie die Großmutter von Maria Blut trifft ers auch.“

„Ja, aber, wohin soll denn das führen?“

Lohmann wendet sich um. Der Alte steht plötzlich hinter ihm, auf seinen Stock gestützt, vorgebeugt, heiser, lauernd flüstert er: „Das führt zu nichts.“

Wenn nur eine Uhr ticken wollte oder ein Mensch über die Straße gehen, daß man es durch Fenster und Vorhänge hört. Der Atem versagt in der Stille des Zimmers.

„Das führt zu nichts.“ Klanglos bleibt die Stimme des alten Mannes. „Aber es wird einer kommen, der wird zu was führen. Die Eingeborenen wollen ihren Messias haben. Und der Messias wird sein kein Wunderarzt, denn da kommt man drauf, wenn er ein Kurpfuscher ist, es dauert nicht lang. Und der Messias wird sein kein Wundertechniker, denn bei der Technik halten sich die Wunder nicht. Der Messias wird haben ein Geschäft, das ist kein Geschäft, er wird haben einen Beruf, das ist kein Beruf, so daß er sagen kann, schwarz ist weiß und weiß ist schwarz, und keiner wird es widerlegen. Wenn einer kommt und ist ein Weileis oder ein Kapeller, kann sein ein Friseur oder ein Oberkellner oder ein Postbeamter, was weiß denn ich, und macht genau denselben Schwindel in der Politik – da werden die Menschen ganz anders verbluten als beim Weileis oder beim Kapeller. Und darauf warten sie nur."

„Also ich bin dafür, wir spielen noch eine Partie Schach."

Viel lieber hätte Lohmann gesagt: nicht weiter reden, ich fürchte mich. Aber er ist doch ein ausgewachsenes Mannsbild, das sich vor keinem Friseur oder Postbeamten fürchten wird, auch wenn ein alter Jud, der dabei aussieht wie der leibhaftige Jeremias, mitten in der Nacht so einen Kerl prophezeit.

Die Exzellenz geht auf den Friedhof, das tut sie zweimal im Monat, denn das gehört sich. Auch kann man sich auf den Totengräber nicht verlassen, ob der einem wirklich das Grab in Ordnung hält, und dann war der selige Ipperl so ein guter Mensch, wirklich anständig und in einer hohen Stellung obendrein. Sie hat sein Lebtag seine Sachen in Ordnung gehalten, nicht zwei Hemden hat der Mann sich selbst aufeinander gelegt, sie hat seine Schuhe zum Schuster gegeben, ihm Seife und Zahnpasta besorgt, niemals hätt sie so was dem blöden Pfeifendeckel überlassen, und nun schaut sie immer nach, genau und regelmäßig, ob seine letzte Ruhestätte in Ordnung ist. Gott hab ihn selig, viel hat er nicht versäumt auf dieser Dreckwelt, heiratet die einzige Tochter, wo doch der Sohn ohnehin schon gefallen ist, auch noch einen Juden. Ja, eine Dreckwelt ist diese Welt, wenn sie auch ganz hübsch ausschauen kann, so wie jetzt zum Beispiel, die Sonne geht unter, der Himmel ist rot um den Schädl herum, eigentlich gar kein Berg, sondern nur ein Hügel, dieser Schädl, die Felder riechen auch nicht schlecht, liegt ein dicker Dunst auf ihnen, aus den Weiden heraus kommen die Gelsen, die verfluchten Viecher, die Exzellenz geht niemals an den Fluß, sie läßt sich nicht gern am ganzen Körper zerstechen, und dann ärgert sie sich, jeden Augenblick trifft sie ein nacktes Mannsbild oder ein Mädel, hat auch nicht viel an, Maniern sind das heutzutage, daß eine alte Frau sich schämen muß und überhaupt, wenn sie an das Grab des einzig geliebten, allzu früh dahingeschiedenen Gatten geht, obwohl sie eigentlich lieber seinen Cousin, den feschen Max geheirat hätt, aber an so was denkt man nicht hinterdrein. Ist ja auch lang genug her und sie war damals eben noch jung und dumm gewesen. Ob der Erzherzog ihr heute wieder entgegenkommen wird, wie letztesmal? Er geht ja gern bei Sonnenuntergang spazieren, der Liebold hat das der Reindl erzählt, an was er da denkt, vielleicht dichtet er, das wär ihm schon zuzutrauen, wo er doch so tiefliegende Augen hat und überhaupt ein eleganter Mensch ist. Aber aufschreiben tut er seine Gedichte nicht, das hat er nicht nötig, um sie dann vielleicht für Geld zu verkaufen, sehr blaß ist er, sein Blut ist nicht gesund, Wunder ists nicht, der Otto hat genug herumgehurt, das hat die ganze Monarchie gewußt, und wenn man jetzt denkt, sein leiblicher Sohn, Sproß des Hauses, beinahe Kaiser hätt er werden können, lebt da allein in der Saurepublik (wenn er ein ehelicher Sohn von seinem Vater wär, hättens ihn eh schon hinausgeschmissen, die Herren Sozi) und kein Hund schert sich um ihn, das Herz blutet einem –

„Guten Abend, Exzellenz, wo gehts denn hin?"

Sie schrickt auf, blinzelt (den Zwicker hat sie schon wieder vergessen), aber so kurzsichtig ist sie nicht, daß sie den Pater Lambert nicht erkennt oder ihn gar für einen schlanken Habsburger hält.

„Na Hochwürden, Sie humpeln ja schon ganz schön umeinand."

Breit und dunkel steht er vor ihr mit aufgeschwollenen violetten Lippen, der Schweiß rinnt in schmutzigen Streifen über die roten Backen, er schnauft und über ihm im dunstigen Sommerhimmel flimmert ein winziger Stern.

„Es macht sich, es macht sich. Und bissel Bewegung braucht der Mensch." (Wenn der Tassi so ein Taschentuch hat wie das, mit dem Hochwürden sich eben übers Gesicht fährt, sie schmeißt ihn aus dem Speisezimmer hinaus.)

„Hat also der Doktor Lohmann doch geholfen?"

„Ach, der war ja nur einmal bei mir."

„Mir kommt er nicht mehr an den Leib, obwohl er früher einmal unser Hausarzt war." (So, da hat ers, der fette Pfaff, der nie was ernst nimmt und alle Dienstmädeln zwickt.)

(Der wird sich aber kränken, wenn er nimmer an deinen Leib kommt, du alter Schragen) und Hochwürden sagt: „Ein schöner Sommerabend ist es heut."

„Der rechte Abend, um seine Lieben auf dem Friedhof zu besuchen." Exzellenz seufzt. Das gehört sich so.

Und weil sie seufzt, muß er sie trösten, das gehört sich so. Und weil ihm nichts Besseres einfällt, meint er halt: „Im Himmel ist heut auch kein schlechtes Wetter."

Exzellenz ärgert sich. Sie geht rasch weiter. Schon stechen die schwarzen Spitzen des Friedhofsgitters in die

Luft. Was das wieder heißen soll mit dem Himmel und dem Wetter? Vielleicht ein Witz? Oder hält er sie für eine alte Köchin, der er was von der ewigen Seligkeit und weißen Engerln und dem lieben Gott erzählen will? Es gibt zwar einen Gott, wo soll denn das hinführen, wenn es keinen mehr gibt. Sie selber hat freilich nie an ihn geglaubt (war auch in ihren Kreisen nicht üblich), aber wo kein Gott ist, da ist keine Zucht, keine Ordnung und keine Disziplin. Wär ja gar schön, wenn die Domestiken auch schon anfangen wollten, Freidenker zu werden und Kommunisten und Naturfreunde und wie das sonst noch heißt. Die Neunteufel, die geht auch auf einmal nicht mehr in die Kirche und wird überhaupt frech, diese Person. Das Volk braucht eben immer was, woran es glaubt. Und wenn man ihm schon sein angestammtes Herrscherhaus nimmt und statt einer Kaiserin schaun sich die Leut jetzt die Garbo an oder wie diese amerikanischen Filmflitschen sonst noch heißen –

Hier ruht in Gott Herr Mathias Dorfleitner, Sektionschef im k. k. Eisenbahnministerium. Exzellenz nickt dem schönen schwarzen Stein mit seiner goldenen Inschrift zu. Den alten Dorfleitner hat sie noch gekannt, als sie ein Mädel war. Wie die Zeit vergeht. Hat immer Tarock gespielt mit dem seligen Papa und dabei verloren. Und gleich daneben der Doktor Dvorzak, was für schöne gelbe Rosen der heuer hat, sie wird versuchen, auch welche zu bestellen, wenns nur nicht zu teuer sind, das Geld, das Geld, immer knapper wirds und weniger wert, der Dvorzak hat den Ipperl im letzten Jahr behandelt, genutzt hats nichts, gekostet viel, Gott hab ihn selig, da liegt er selber in der Erden, hat sich eben auch nicht helfen können. Und dort die arme Johanna Lohmann, einen

Feldblumenstrauß habens ihr aufs Grab geschmissen, schäbig und welk, das schaut aber aus. Der hat ihr Mann nicht nur nicht helfen können, der hat ihr Mann auch noch was eingespritzt, damits geschwinder geht, aufhängen sollte man diesen Kerl. Schau, schau, ein frisches Grab, wer kann denn das sein, sehr viele Kränze sind es ja nicht, hier liegt aber auch nicht die erste Klasse, beim Ipperl drüben wird es dann wieder feiner. Hier liegen kleine Leute, Bauern und Postbeamte und was halt sonst noch alles stirbt. Da ist auch der große graue Stein mit der ovalen Photographie in der Mitte, immer ärgert sie sich über das Bild, ein dicker Mensch mit aufgezwirbeltem Schnurrbart, wie ein Wachtmeister schaut er aus. Ist überhaupt eine Geschmacklosigkeit so eine Photographie auf dem Grabstein, aber wenns wenigstens ein schöner Kopf wär und nicht so ein verkniffener Schädel mit einer ordinären böhmischen Nase, böse und mißvergnügt. Der Herr Alois Krückelhuber ist der Schwiegervater vom Stiftskeller gewesen, vom Pächter vielmehr, und seine Tochter ist die Therese Heberger, der der Weileis das Asthma weggezaubert hat. Es wimmelt ja heutzutag von lauter Wundertätern und wenns wahr wär, wärs wahr, aber Exzellenz glaubt es nicht recht. Dann schon gleich an die Auferstehung des Fleisches und an ein ewiges Leben. Amen.

Du glaubst aber auch wirklich schon alles." – „Warum denn nicht. Der Ingenieur hat mirs doch selber gesagt: wir kriegen einen Urlaub, vier Wochen oder vielleicht auch sechs, sogar mit Lohn und dem allem und nachher werden keine Stinkkonserven mehr fabriziert, sondern – na eben diese gewisse Kraft."

„So. Und einstweilen die Gehaltskürzung."

„Die brauchen das Geld für die neuen Maschinen. Das muß man doch einsehen. Und beim Kapeller drüben, in Gaurolzmünster, sind allein schon tausend Arbeiter aus Wien, die sind angestellt."

„Ich möcht nur wissen, wovon meine Leut die nächste Woche leben werden. Am Montag haben wir wieder nichts für den Zins und der Greisler will uns auch schon pfänden lassen."

„Na siehst du. So kanns doch gar nicht weitergehen. Schau dir die Hosen da an. Es ist meine letzte. Wir krepieren ja alle, den nächsten Winter überstehen wir nicht. Da kann uns keine Gewerkschaft mehr helfen und ganz bestimmt nicht die Bonzen aus Wien. Aber wenn es ganz schiefgeht, kommt im letzten Augenblick immer noch eine Hilfe, ein Wunder."

„Ich glaub nicht an Wunder. Höchstens an eines."

„An was für eines?"

„Daß solche Scheißkerln wie du sich selber helfen."

„Jetzt bist du schon wieder grob mit mir. Weil du auch so viel mit dem Wipplinger zusammensteckst, der war auch so bös über die Gehaltskürzung und das alles. Der hetzt dich auf. Aber wenn wir immer nur Schwierigkeiten machen und stänkern und raunzen –"

„Schau, da ist eh die Kirchen, geh nein und bet, vielleicht nutzt es was. Bringst der Großmutter einen leeren Magen aus Wachs. Oder dem Herrn Schellbach. Ich geh derweil zum Zimmerl, ob er mir noch einen Laib Brot auf Rechnung schreibt. Das wär auch ein Wunder. Adjö!"

„Heil!"

„Jetzt leckst mich aber –"

IV.

Exzellenz sagt immer: „Den armen Leuten ist nicht zu helfen. Sie sind zu verwöhnt. Schaut euch nur die Wipplinger an. Dreierlei Nudel macht die Person. Der Karli mag sie nur mit Nuß, der Wipplinger mit Mohn und der Krowott mit Käs. Und der Peperl mag sie gar nicht, dem kocht sie eine Milchspeis. Übrigens, was braucht der Krowott, der doch nur ein Bettgeher ist, bei denen auch noch essen. Aber die Herrschaften müssen ja nobel sein, alle Tag einen Mittagsgast, anders tun sies nicht, unsereiner könnt sich so was nicht leisten. Schließlich genug, daß der Krowott für sein Bett fast überhaupt nichts zahlt und überhaupt –"

Irgend was ist los mit der Votruba. Sie läßt das Essen anbrennen oder bringt es halbroh auf den Tisch, sie ist nicht da, wenn man sie braucht, und, was das schlimmste ist, sie räumt nicht auf. Die ganze Wohnung verstaubt. Man müßte ihr was sagen. Man ist doch der Herr im Haus, und so geht es nicht weiter. Alle Tage nimmt Lohmann sich vor, ein ernstes Wort mit der Votruba zu reden. Vielleicht muß er sie fortschicken. Ach, das wäre schrecklich. Wieder ein fremdes Gesicht im Haus. Die Votruba weiß wenigstens, wo alle Sachen liegen. Aber natürlich, man kann sie nicht sich selbst überlassen, man muß sie ermahnen, bevormunden, erziehen. Gräßlich, daß die Menschen immer erzogen werden wollen. Der alte Meyer-Löw hat recht: sie sind eben alle miteinander noch nicht erwachsen.

Und weil der Staub heut dick auf seinem Schreibtisch liegt, so dick, daß man ein Kreuz hineinzeichnen kann, und die tote Johanna sieht aus ihrem Mädchenbild sanft und verweisend auf dieses Kreuz (verflucht noch einmal, so was tut man doch nicht, er verwischt es also, dieses Kreuz), und weil die Votruba soeben im Nebenzimmer herumpoltert, ruft er sie, es muß ja sein, plötzlich zu sich, und weil er nun einmal ein Arzt ist, von Berufs wegen und so weiter, schaut er sie an mit gerunzelter Stirn, mit ärztlichem Blick: „Was fehlt Ihnen denn?"

„Mir fehlt nichts." (Weshalb ist sie so zornig und betont das Mir?)

„Ist die Schwester noch krank?"

„Im Spital ist sie nimmer, aber jetzt kommt sie bald ins Gericht."

„Was soll das wieder heißen?"

„Weil sie bei einer Hebamm ein Büchel gefunden haben mit Namen drin."

„Ist sie denn bei einer Hebamme gewesen?"

„Nein, diesmal nicht, aber früher. Und der Primarius war trotzdem bös, er hat gemerkt, da stimmt was nicht."

„Warum haben Sie mir das nicht schon längst erzählt?"

„Können einem ja eh nicht helfen."

Und sie wirft die Tür hinter sich zu. Da hat er es. Geschieht ihm ganz recht. Was braucht er sie auch auszufragen, anstatt zu sagen, nein, zu befehlen: jetzt stauben Sie den Schreibtisch ab. Dummes Luder. Benimmt sich, als wäre es seine Schuld. Können einem ja eh nicht helfen. Was hätte er denn tun sollen? Er hat schon verstanden, was die Votruba immer wollte, tagelang gings: meine Schwester ist krank, sie speibt jeden Morgen. Er hat nicht hingehört. Was hätte er denn tun sollen? Hätt er sie kommen lassen, so hätt es eben geheißen: können einem ja eh nicht helfen. Nein, ihr Weiber, da kann ich euch wirklich nicht helfen. Meine Schuld ist es nicht. (Oder vielleicht doch?)

Und er geht der Votruba nach, sie schiebt eben Hannis Bett an das Fenster (liebe kleine Hanni, ein richtiges Kindernachthemd hat das Mädel noch). Draußen regnet es.

„Hören Sie einmal, Toni, was ist denn jetzt mit dem Wipplinger? Hat der Schellbach wirklich seine Fabrik gesperrt?"

„Sie sagen, es ist nur auf kurze Zeit."

„Und was dann?"

„Was weiß denn ich. Erst hats geheißen, es sind Gehaltskürzungen, war gar nicht wahr. Und jetzt ist der Wipplinger arbeitslos."

„Warum sind Sie denn so bös auf mich?"

„Ich bin gar nicht bös auf Ihnen." Und sie läuft aus dem Zimmer. Nicht reden will sie mit dem Kerl. Erst recht nicht, weil er so gutmütig ist und immer gleich Mitleid hat. Denn, was nützt das schon?

Einen Augenblick sieht Lohmann verwirrt um sich. Was will er eigentlich in Hannis Zimmer? Auf ihrem Schreibtisch steht auf verflecktem rosa Löschpapier ein goldenes Puderdöschen. So ein Fratz. Hat es notwendig, sich schon die Nase zu pudern? Daß ihm das noch gar nicht aufgefallen ist. Und daneben liegt „Das Geheimnis der schwarzen Hand". Eine schöne Lektüre. Höchste Zeit, daß die Ferien zu Ende gehen. Dabei möchte er es selber nicht ungerne lesen, dieses Geheimnis der schwarzen Hand. Etwas zaghaft greift er danach. Darunter liegt „Wunder und Wirken der Therese von Konnersreuth".

Auf dem Umschlag des Heftchens ein leidender Mädchenkopf mit blutigen Tränen, zwei rote Tropfen sind diese Tränen auf billigem grauem Papier. Pfui Teufel. Und die Stirn zerkratzt von den Stacheln der Dornenkrone. Rote Spritzer. Wie kommt die Hanni zu all dem Zeug?

Er wird mit ihr sprechen. Es gibt ja noch andere Bücher im Haus. Er hat ihr noch nie verboten, ein Buch zu lesen. Er ist überhaupt gegen Autorität und ganz besonders gegen väterliche. Er hätte das Mädel aber doch in irgendein anständiges Ferienheim schicken sollen, zu den Roten Falken. Jetzt ist es zu spät. Er wird von nun an aufpassen auf sie. Die Buben sind ihm schon entglitten. Wieder so ein unverschämter Brief von Adalbert. (Nicht daran denken.) Aber seine Hanni, sein Kind, seine Jüngste, seine kleine Tochter –

Auf einem Ozeandampfer hätte sie zur Welt kommen sollen, unterwegs, sein Traum war es ja immer gewesen, Schiffsarzt zu werden. Oder auf einer Südseeinsel mit ungeheuren Palmen. So aber ist sie, nicht zu vergessen, doch auch nur eingeboren in Maria Blut.

Bitte, kann ich die Notburga sprechen?“ Sehr mißtrauisch sieht die Frau Wirtin einen an. In dem kleinen Vorzimmer hängen dicke Männerüberröcke. Es riecht nach Naphthalin.

„Meine Tochter ist krank.“

„Kann ich nicht trotzdem zu ihr?“

Es pfeift. Hanni sieht auf. Es pfeift wie der Wind auf dem Theater. Das Asthma. Ja, ja, das Asthma. Der Weileis hat also doch nicht recht behalten. Der Vater sagt immer, daß das ein Schwindler ist, und mit Leuten, die zum Weileis gehen, verkehrt man nicht.

„Es wird doch nichts Ansteckendes sein?"

„Nein, ansteckend ist es nicht. Sie hat nur wieder einmal ihre Zuständ. Dort ist ihr Zimmer." Und Frau Heberger verschwindet hinter einer Tür.

Einen Augenblick steht Hanni atemlos. Ist es wahr, ist es wirklich wahr, hört sie es noch, dieses ziehende, zischende, pfeifende Atmen von Notburgas Mutter?

Sehr still ist es dann in dem Schlafkämmerchen. Die Vorhänge sind zugezogen, sehr weiß liegt Notburga in ihrem Bett, mit einem weißen Tuch über die Stirn. Ihre Augen starren leer nach oben, sie wendet nicht den Kopf.

„Servus, Notburga, was ist denn los mit dir? Schnupfen? Bauchweh?"

Ganz echt klingt das nicht. Hanni spürt selbst, daß ihre Stimme beinahe umkippt. Es ist so drückend im Zimmer. Hanni wird zornig. „Was liegst du da so wie in einer Höhle?"

„Oh bitte nicht. Laß das Fenster."

„War ein Arzt bei dir? Hast du Fieber? Hast du dich gemessen?"

„Ich brauche keinen Arzt."

„Na, wen denn sonst? Vielleicht euren Weileis?"

„Nein, nein –"

„Oder gar die heilige Therese? Ich hab dir jedenfalls Kompott gebracht. So was ist gut. Das hilft für die Verdauung."

„Du solltest hier nicht solche Sachen sagen."

Notburga gibt keine Antwort mehr. Lautlos nur bewegt sie die Lippen. Ist sie denn ganz verrückt? Liegt da wie eine Sterbende.

„Und warum hast du das Tuch auf der Stirn?"

Langsam zieht Notburga das Tuch von der Stirn.

Sie liegt wie gelähmt, nur ihr Arm bewegt sich, hart und leblos gleich einer Maschine. Und Hanni beugt sich vor, ganz nahe kommt sie, es ist ja halb dunkel in diesem Zimmer, obwohl heut draußen die helle Sonne scheint. Die Stirn ist erhitzt, sonderbare Bläschen zeigen sich auf der Haut, eines ist aufgesprungen, blutet ein wenig.

Vom Nebenzimmer her ruft die scharfe Stimme der Wirtin: „Notburga, mußt aufstehen. Der Vinzenz kommt nachhaus. Heut schläfst du wieder in unserm Zimmer."

Da beginnt Notburga zu weinen, wie ein ganz kleines Kind, dem man ein Spielzeug weggenommen hat, so daß Hanni sie trösten muß und sie streicheln, und es ist doch nichts so Furchtbares, daß der Bruder jetzt nachhause kommt, und warum sie denn gar so erschrocken ist, ob sie Schmerzen hat, ob man nicht doch einen Arzt holen sollte, am Ende gar ist es ein Sonnenstich, der komische Ausschlag da auf der Stirn –

Aber was ist das nun? Notburga ist erst recht verzweifelt. Sie schluchzt so wild, daß die Heberger daneben, die sich grade eine Spritze gibt (sie ist so aufgeregt, was kommt der Vinzenz denn auf einmal mitten in der Woche, das kann nichts Gutes zu bedeuten haben), – daß die Heberger daneben ganz wütend schreit: „Mir scheint, das Mensch ist narrisch geworden."

Im Haustor prallt Hanni mit einem dunklen knochigen Burschen zusammen. Eine fettige Haarsträhne hängt ihm in die Stirn, er sieht sie böse an aus tiefliegenden Augen. – „Entschuldigen Sie", sagt Hanni. Er aber sagt nichts. In der Hand hält er einen kleinen Koffer. Ob das nicht gar der Vinzenz ist? Sie hat ihn schon so lange nicht gesehen. Arme Notburga, der Vater sagt immer, so eine Frömmigkeit, die ist wie eine Krankheit, und wer weiß, ob die Krankheit nicht ansteckend ist und die Notburga hat sich infiziert bei der heiligen Therese von Konnersreuth, die sie doch gar so ungeheuer verehrt. Sie wird bald auch blutige Tränen weinen, mit den Wunden auf der Stirn fängt sie schon an. Zum erstenmal seit langer, langer Zeit (es ist eben gar so heiß, das Pflaster brennt und bei den Hebergers war gar so schlechte Luft) läuft Hanni an den Strom hinunter, zu dem geliebten Pfahlbau zwischen den Weiden. Aber der Vater ist nicht da (wie sollte er auch, um diese Zeit hat er doch Ordination), und ihre Badesachen liegen eingesperrt im Schrank. Mitten in der Hütte sieht sie einen zertretenen Zigarettenstummel.

Ists wahr? Habens schon gehört? Der Heberger Vinzenz ist wieder da."

„Aber gehens. Nicht möglich. Der hat doch so eine gute Stelle."

„Hinausgeschmissen habens ihn. Die werden schon gewußt haben, warum."

„Da möcht ich aber jetzt wirklich wissen –"

„Es war irgend was mit der Politik und ein Streit, und die Kellner waren alle so bös auf ihn und die Eisenbahner auch noch dazu, und mit der Buffetdame hats nicht gestimmt, ja sogar ein paar Gäste haben eine Wut auf ihn gehabt."

„War schon immer ein Kreuz mit dem Burschen. Was wird denn die alte Heberger sagen."

„Bei der pfeifts wieder vor lauter Aufregung. Die wird nicht viel reden, die wird zu ihrem Herrn Weileis fahren."

„Solls den Vinzenz gleich mitnehmen."

„Ja warum denn? Was meinens damit?"
„Bei dem pfeifts auch. Aber im Kopf."
„Jessas nein, was Sie auch immer für Einfälle haben."

Vinzenz steht allein in seiner Kammer. Es riecht immer noch nach Krankheit, und die Schwester hat geweint, weil sie nun zu den Eltern übersiedeln mußte. Die Mutter war auch nicht froh gewesen über seine Heimkehr, gar nicht recht angeschaut hatte sie ihn. Und was erst der Vater sagen wird, wenn er nachhause kommt?

Nein. Vinzenz reckt sich hoch. Nein und abermals nein. Er sieht sich dabei in dem Spiegel über dem Waschtisch, dunkle Glut in den Augen, Entschlossenheit um die Mundwinkel. Nein. Sie werden ihn nicht zwingen, und mögen sie ihn noch so wenig verstehen. Er wird deshalb schweigen, wird ihre Worte in stummem Grimm über sich ergehen lassen, wird nicht erst auf eine Erwiderung sinnen. Daß man tagaus tagein hochmütigen Reisenden aus Wien ihr Schnitzel auf den Tisch stellen soll oder ihr Gulasch, ist schlimm genug. Daß man aber auch noch seine freie Zeit mit diesem niedrigen Pack von Kellnern, Eisenbahnern und ähnlichen Genossen verbringen soll, schamlosen Gesellen, die, ohne aus ihrer Gottlosigkeit ein Hehl zu machen, frech und überheblich das Heiligste in den Schmutz ziehen, ob es nun Kirche, Staat oder Vaterland heißt, ist nicht zu ertragen. Kein Wunder, daß ihm endlich die Geduld riß, daß er in flammender Empörung dem Pöbel gegenüber trat, nicht mehr der Pimperl, wie sie ihn immer nannten, sondern ein Mann, der sich und seine Ideale zu verteidigen weiß, ein Mensch, bereit zu allem, auch zum Äußersten, wenn ihn der Oberkellner nicht zur Tür hinausgeworfen hätte. Der Bolschewik hielt eben zu den andern und hat obendrein noch ein Verhältnis mit dem geilen Weibe, der Buffetdame, die allen Männern entgegenfeixte, auch ihm, dem Vinzenz, als ob sie seinen tief verächtlichen Ernst nicht merken wollte. Nein, nein und abermals nein. Immer erschreckender war sein Einblick geworden in den sittlichen Untergang, der von allen Seiten her drohte. Der Platz im Leben, auf den eine höhere Vorsehung ihn gestellt hatte, war nicht der Platz, der ihm eigentlich zukommen sollte. Aber eben auf diesem Platze konnte er so recht den Verfall seines Volkes beobachten.

Vinzenz öffnet den Handkoffer, packt seine Sachen aus, sein Hab und Gut. Die Zahnbürste ist zerbrochen. Wie er den Koffer auf den Schrank stellen will, steht dort oben schon sein Geigenkasten. Bitteres Weh durchschüttelt ihn, am liebsten hätte er die Hände vor das Gesicht geschlagen. Aber er beherrscht sich. Seine Geige. Seine Geige. Seine Zukunft und sein verlorenes Glück. Heimlich hatte er Eltern und Heimat verlassen, in die große Stadt war er gezogen, in das Sodom und Gomorrha von diesem Wien. Immer mit der Geige. Ein Stipendium wollte er sich erringen an der ehemaligen kaiserlich königlichen Akademie für Musik. Und dann – nein, um Gottes willen nicht daran denken. Abgewiesen hatte man ihn, abgewiesen mit Schimpf und Schande, sogar mit Hohn, daß er sich nicht mehr nachhause wagte, daß er durch alle Straßen irrte, daß er in schlechte Gesellschaft geriet, daß er, gestraft von Gott und seinem Gewissen, gepeinigt von Angst, jener fürchterlichsten aller Krankheiten zu verfallen –

In der Tür steht die Mutter. Ihr Atem pfeift. „Sollst runterkommen, Vinzenz. Der Vater wartet auf dich. Und mach dich gleich zurecht, daß du helfen kannst beim Servieren."

Da schau ihn an, da läuft er eben. Nein, nicht der Blonde, der Schwarze mit die fetten Haar, ja, ja, der mit den vielen Schweinsbraten."

„Seit wann ist er denn im Stiftskeller angestellt?"

„Er ist gar nicht hier angestellt, aber der eine Ober ist krank, und da hilft er eben, weil Samstag so ein Wirbel ist."

„Was du immer alles weißt. Bist halt doch mein neugieriges Weiberl."

„Das weiß ein jeder. Der vertragt sich nirgends. Und immer wegen der Politik."

„Ich versteh gar nicht, was die jungen Leut heutzutag wollen. Unsereiner hat schön brav und anständig seine Arbeit gemacht – hallo, hallo, ich möcht noch ein Bier, ein Seidel Schwarzes – unsereiner also hat seine Arbeit gemacht und am Abend noch sein Wirtshaus und damit war Ruh."

„Sind ja alles nur Lausbuben. Denen sollt man den Hintern verhauen."

„Entschuldigen die Herrschaften, ich mein nur, mein Name ist Reindl, Oberlehrer Reindl, entschuldigen, wenn ich mich einmische, aber ich denke doch, Ihre Beurteilung ist etwas ungerecht."

„Ja, wieso denn das?"

„Sie dürfen nicht vergessen, meine Herrschaften, wenn einer seine Arbeit tun soll, brav und anständig, wie Sie ganz richtig meinen, da muß er doch, mit Verlaub zu sagen, eben auch eine Arbeit haben."

„Na hören Sie, Herr Lehrer, Herr Oberlehrer – mein

Name ist Wimpelmeier, Oberinspektor – ich versteh Sie nicht. Der Heberger hat doch seine Arbeit gehabt, nicht, und was ist passiert? Hinausgeschmissen haben sie ihn. Oder nicht?“

„Ich kenne die näheren Umstände nicht, meine Herrschaften. Aber es kommt schon vor, daß die Arbeitsverhältnisse heutzutage eben auch ganz unerträglich sind. Die jungen Leute werden eingepfercht zwischen Juden und Sozialisten, sie werden geschunden, und sie werden geknechtet, sofern man sie das tägliche Brot überhaupt noch verdienen läßt.“

„Mir scheint, Herr Oberlehrer, Sie sind auch so einer von den ganz Modernen.“

„Ich muß schon bitten, mir nicht nahe zu treten. Ich bin überhaupt nicht modern, so wenig wie Sie, Herr – Herr Oberinspektor. Meine Ansichten sind gut fundiert, sie stammen aus der besten Vorkriegszeit und überhaupt, ich war dreimal verwundet. Aber wenn ich sehen, nein, entschuldigen Sie, vielmehr so wie jetzt hören muß, daß ein Mann wie Sie, ein Staatsbeamter, wenn ich nicht irre, sofort den Stab bricht, wenn er hört, daß die Jugend eben doch auch einmal –“

„Aber ich bitt Sie, ich bitt Sie, ich sitz doch nicht hier, um zu politisieren. Elsa, geh, wink dem Ober, wir zahlen.“

„Zahlen! Zahlen!“

„Entschuldigen, ich wollte nicht stören. Sie brauchen nicht zu zahlen. Ich gehe schon. Guten Abend.“

Und Herr Oberlehrer Hubert Reindl spürt selbst, wie wuchtig und überlegen er aufsteht (schade um jedes Wort, das man an solche Spießer verschwendet), er spürt seine ganze Kraft und Ruhe, so wie vormittags auf dem Katheder, langsam geht er durch das rauchige Gedränge zwischen den Tischen, er spürt die Blicke des Oberinspektorehepaares auf seinem breiten, männlichen Rücken, so tritt er auf den Kellner Vinzenz zu, er gibt ihm die Hand, er schüttelt sie, dann rasch noch ein paar vertrauliche Worte, der Ältere zu dem Jüngeren, ja, seht mich nur an, ihr kleinen Seelen, ich merke es nicht. Er zieht die Schultern etwas hoch. Die brennenden Blicke der Frau Oberinspektor kitzeln im Nacken.

„Also Donnerstag um vier."

„Bitte sehr, Herr Oberlehrer." Und mit großer Gebärde streicht Vinzenz Heberger sich die dunkle Haarsträhne aus der tiefernsten Stirne.

„Am Sonntag in der Au
da ist der Himmel blau,
da fahren wir Ringelspiel –"

Nein, nein, das will ich nicht, da wird mir gleich schlecht, schau nur, wie die Pferderln hutschen."

„Oh Donna Clara, ich hab dich beim Weileis gesehn,
oh Donna Clara, ich hab dich nur teilweis gesehn."

„Gehen wir weiter, das Werkel quietscht, das kann man ja nicht aushalten."

„Andenken an Maria Blut, nur zwanzig Groschen, Mariabluter Rosenkränze, eine Spezialität, das Herz der Gottesmutter zur Erbauung christlicher junger Mädchen, ein österreichisches Lourdes, besuchen Sie unser zauberhaftes Wallfahrtsstädtchen, Sie werden es nicht bereuen, frisch gestärkt an Leib und Seele –"

„Wollen wir nicht doch noch um sechs zum Segen in

die Kirche gehen? Sie Herr, was tretens mir denn auf die Füß."

„Zigarren, Zigaretten, Ansichtskarten bittä, Pilgergrüße aus Maria Blut –"

„Weißt was, wir bringen der Tant Lisi einen Rosenkranz mit."

„Schokolade, Bananen –"

„Glaubst, ist der teuer?"

„Oh Donna Clara, oh Donna Clara –"

„In dem schönen Ort Maria Blut
werden alle Schmerzen wieder gut,
bringst der Gottesmutter nur aus Wachs die Hand
und dann brauchst kein Medizin und kein Verband,
Medizin und auch Verband viel Geld dir kosten tät,
sie aber machts für ein Gebet."

Schau das schöne Gedicht, das möcht ich haben. Wenn das der Vater liest, der fahrt vielleicht auch noch her mit seinem kaputten Arm."

„Ui je, was ist denn das für ein Papagei. Mir scheint gar, der zieht die Schicksalsbriefe. Was kost denn das? Ich möcht einen haben. Dreißig Groschen. Also billig ist das Schicksal nicht. Na, gebens her."

„Die Liebe hat dich auserwählt,
sie hat dein Herz für sich gestählt."

So ein Blödsinn. Auf das hab ich gewartet. Die Liebe. Die Liebe. Auserwählt. Gestählt. Was das nur für geschwollene Ausdrücke sind. Wenn Ihr Papagei nichts andres kann, so pfeif ich auf ihn. Die Liebe. Was brauch ich eine Liebe. Davon hab ich genug. Eine Arbeit brauch ich. Einen Posten sollt er mir verschaffen. Komm Pupperl, gehen wir weiter. Ewig schad um die dreißig Groschen."

Der Krowott streichelt tröstend seinen Papagei. Gift dich nicht, Lori. Vielleicht hätt er es doch nicht machen sollen, sich das Vieh da anschaffen. Seine letzten paar Schilling hat er dafür aus dem Strumpf gezogen, der Wipplinger hat auch gemeint, es wär eine Kapitalanlage, und jetzt schimpfen alle Leut und keiner ist mit seinem Schicksal zufrieden. Sind eben veraltet, die schönen Sprüch. Heuzutag will jeder nur seinen Posten haben, sein Auskommen und sonst nichts. Das aber kann der Papagei nicht verschaffen und sicher auch nicht die Gottesmutter von Maria Blut. Vielleicht der Schellbach? Das schaut jetzt auch nicht sehr danach aus, der Wipplinger ist ganz richtig arbeitslos und der Karli verkauft die Kokosbusserln, die früher der Krowott verkauft hat, wenn es der Vater tat, dann hieß es gleich, er hat einen Nebenverdienst, und das darf er nicht, sonst kriegt er keine Arbeitslosenunterstützung. Mit der Arbeitslosenunterstützung fangt es an, dann werden die Leut ausgesteuert, und dann könnens krepieren, weils Betteln auch nichts mehr tragt und außerdem noch verboten ist. Wenns nur nicht so heiß wär und so staubig in der Au, die Gelsen stechen, morgen wirds regnen, der Ringelspielmann, der macht ein Geschäft und die Frau mit den Andenken – schönes Fräulein, wollen Sie nicht Ihr Schicksal wissen, nein, sie geht weiter, das Mensch, aber ein Wirbel ist heut in der Au wie eben auch schon lang nicht mehr, ganz Maria Blut hat sich da versammelt und auch ein paar Pilger. Es kommen sogar die feinsten Leut, dort drüben der Erzherzog, er hinkt ein bißchen, na ja, die hohen Herren, und gnädig ist er wie ein Landesvater. Auch der alte Meyer-Löw ist da mit dem kleinen mageren Buben, einen roten Luftballon hat er ihm gekauft, die Exzellenz rennt überall herum, haben Sie nicht meinen Enkel gesehen, die Reindl, die verrückte Person, verkauft Rosensträußchen zu wohltätigem Zweck, Sie werden es mir doch nicht abschlagen, der Pater Lambert steht vor dem Ringelspiel, der möcht wohl am liebsten auch noch mitfahren dürfen, der Bürgermeister geht vorbei und der Primarius und der Brunnbacher, alle mit Familie, so wie es sich gehört, aber keiner schaut auf den Papagei, keiner läßt sich sein Schicksal ziehen, ganz schlapp ist die Lori, und manchmal sagt sie: guten Tag. Aber keiner hört hin.

Während Gustav Lohmann in seinem Kanu sitzt, die Sonne brennt ihm auf den Rücken, das Wasser ist lau, aus den Weiden steigt milde Feuchtigkeit, so treibt er hin, zwischen den Auen durch, auf einem Nebenarm des Flusses. Tief sitzt er in der ziehenden Wasserfläche, naß und dunkel ist das Gestrüpp unter dem allzu strahlenden Himmel. Oh Donna Clara. Ganz leise bringt der Wind das her. Es raschelt. Dort läuft ein aufgeschrecktes Wild. Und dann plötzlich, ganz nahe, in der Au drüben, ein Schuß.

Das Ringelspiel steht still. Die Leute laufen durcheinander. Was war denn das? Ein Witz? Nein, nein, das war ein Schuß, ganz nah von hier, da hinten in der Au. Aber dort darf man doch jetzt gar nicht jagen, das wird wieder so ein verfluchter Wilderer sein. Ach was, ist ja wurscht. Geh Schani, kauf mir noch ein Vanilleeis.

Dann geht das Ringelspiel weiter und Rosenkränze werden verkauft, Zigarren, Zigaretten, Ansichtskarten bittä, die Lori darf einem alten Bauernweib das Schicksalsbrieferl ziehen, du lebst dahin in stiller Häuslichkeit, die Treue blüht und schützet dich vor Leid, ganz zufrieden ist da die Alte, schön ist das, meint sie, und die Lori sagt: guten Tag. Daneben aber ruft jemand: „Habts ihr schon gehört? Der Schellbach hat sich erschossen."

„Jessas nein, das sollt man nicht glauben, da kann man sich doch wirklich auf niemand mehr verlassen."

„Ich hätt eher denkt, der Rothschild tut sich was an."

„Und der Kapeller? Der Schellbach hat doch den Kapeller hinter sich und der Kapeller den deutschen Kaiser. Endlich meint man, es wird einmal besser –"

„Na und was ist denn jetzt mit Gaurolzmünster?"

„Und was geschieht mit den tausend Arbeitslosen aus Wien?"

„In Gaurolzmünster ist alles in Ordnung."

„Wieso denn, wenn der Schellbach sich erschossen hat?"

„In der Au ist er gelegen, mitten durch den Kopf, das Gehirn hat gespritzt –"

„Pfui Teufel, so was möcht ich nicht hören."

„Der Kapeller hat damit doch gar nichts zu tun."

„Ja freilich Sie, Sie müssens doch wissen."

„Der Schellbach war krank. Nervenüberreizung."

„Das kennt man schon. Das sagens immer, wenn einer von den Großkopferten was ausgefressen hat."

Die Hermin wäscht die Teller ab. Der Wipplinger redet nichts, sitzt daneben bei dem Kerzenstummel (das elektrische Licht habens einem auch schon gesperrt), lutscht an seiner Pfeife. Er hat auch nichts geredet wie der Brief gekommen ist von der Polizei wegen der Hebamm und ihrem Büchel. Der Karli hat den Kopf auf die Arme gelegt, daß man nur den roten Schopf sieht. Vielleicht schläft er. Er war ja den ganzen Nachmittag in der Au, hat die Nachricht nachhaus gebracht. Keiner redet. Wenn wenigstens die Schwester käme, daß einer den Mund aufmacht. Es ist so still, jemand muß doch was sagen, und deshalb sagt die Hermin: „Also jetzt wird doch nichts aus dieser Raumurkraft oder wie das heißt."

Keiner antwortet, nur nebenan der Peperl wimmert im Schlaf.

„Alleweil was Neues. Wärt ihr bei euren Konserven geblieben, wär besser."

Sie stellt die Teller in den Küchenkasten. Halt, der eine ist noch fett. Mit dem Ärmel fährt sie drüber hin. „Ich hab immer gewußt, daraus wird ja doch nichts. Wie lang kriegst sie denn jetzt, deine Arbeitslosenunterstützung?"

„Halt das Maul", schreit der Wipplinger. Und er haut die Tür hinter sich zu. Sie weiß eh, wo er hingeht. Er braucht nicht so geheimnisvoll zu tun. Wenn sie eingesperrt wird wegen der Geschichte mit der Hebamm, da kann er sich die Teller dann selber waschen.

„Ist ein Kreuz mit dem Vater. Geh schlafen, Karli."

Der Bub hebt den Kopf. Eben noch war ihm, als läge er im Fluß, ganz still, auf dem Rücken, mit geschlossenen Augen, und es treibt und zieht ihn immer weiter, durch große Steppen hindurch, an den Ufern schwere Kühe, Euter voll Milch, und der Himmel grau und sanft. Es war so heiß gewesen am Nachmittag in der Au, die Gelsen hatten ihm die Beine zerstochen, der Staub zwischen den Zähnen geknirscht, und dabei war ihm ganz schlecht geworden von den Kokosbusserln, obwohl er sie gar nicht gegessen hatte, nur gerochen. Aber so ein großer Korb voll, stundenlang vor der Nase, das graust einen. Er wär am liebsten abends noch baden gegangen, aber dann wollte er doch als erster zuhause die große Neuigkeit erzählen.

„Geh schlafen, Karli."

„Ja, ja."

Und er kriecht auf seine Matratze. Das Bett daneben ist leer. Wo der Krowott sich heut wieder herumtreibt? Sicher redet er mit allen Leuten, was jetzt werden wird. Die Tante Toni hat immer gesagt: laßts mich aus mit eurem Schellbach. Das wär ja ein Wunder, und wenn die uns von Wundern erzählen, wollens immer nur ein Geschäft mit uns machen.

Sie ist nicht dumm, die dicke Toni.

Kaiserliche Hoheit hat ein Bad verlangt, ein richtiges heißes Bad. So was ist schon lang nicht vorgekommen. Der alte Liebold muß also das Badezimmer plötzlich aufräumen, in dem kein Mensch mehr gewesen ist, seit das Hundsvieh, die Tussi, im Winter gestorben ist und ihre Leiche eine ganze Nacht lang in der Badewanne lag.

Kaiserliche Hoheit ist sehr nervös. Kaiserliche Hoheit will plötzlich ein Bad. Was doch auch wieder Geld kosten wird. Aber Kaiserliche Hoheit hat nur gesagt: „Maul halten, jetzt ist eh alles wurscht."

Was das wieder heißen soll? Er wird doch nicht auch vielleicht bei diesem Herrn Schellbach – Unsinn, er hat doch selber nichts. Ist seinem treuen Kammerdiener schon seit Monaten den Lohn schuldig.

„Kann ich mein Bad denn noch nicht bald haben?"

„Sofort, Kaiserliche Hoheit, sofort."

„Und dann rufens mir gleich noch den Juden an, den Meyer-Löw, aber nicht den alten, sondern den jungen."

„Gewiß, Kaiserliche Hoheit, gewiß."

„Und dann sagen Sie Herr Baron zu mir."

Oh weh, wenn er sich nicht mehr Kaiserliche Hoheit nennen läßt, dann ist es ganz schlimm. Das hat er auch nicht wollen, als seine Mutter gestorben war, eine feine Dame vom Ballett. Was kann denn nur sein? Sehr bös ist er heut, der Erzherzog, ach nein, der Baron – was hat er schon davon, daß er beinah ein Erzherzog wär? Einen Dreck, ja einen Dreck hat er davon, wenn man es sich genau überlegt.

Zum Pater Lambert (er liest eben einen Roman, zwar nichts Verbotenes, aber halt einen Roman, noch dazu übersetzt aus dem Französischen) kommt der Küster gelaufen: „Hochwürden, geschwind, geschwind, da ist ein Mädel, vor dem Seitenaltar, dem dritten rechts, die kniet davor, die steht nimmer auf, ich weiß nicht, aber da stimmt etwas nicht."

Der Herr Pfarrer läßt den Roman in der Soutane verschwinden. – „Ja, ich komm ja schon."

Erst hätte er sie beinahe nicht erkannt, es ist ja auch finster in der Kirche, und der Küster in seiner Aufregung zündet ganz einfach eine Altarkerze an.

„Aber Notburga, was machst denn?"

Er bückt sich, so gut er eben kann. Da kniet sie, das

Häuferl Unglück, die schwarzen Haare hängen auf die Steinfliesen.

„Aber Notburga, so steh doch auf."

„Nicht, nicht, Herr Pfarrer."

„Schau mich an, Notburga."

„Ich kann nicht, Herr Pfarrer, es ist ein Gelübde."

Das Bücken fällt ihm schwer. Er richtet sich auf. Die große Kirche ist leer und kalt und vor ihm das Mädel, ein kleiner Vogel, den man in die Hand nehmen möchte. Was macht man nur? Er bückt sich also wieder. „Ich habs der Muttergottes versprochen. Solang ich knie, tut der Vater sich nichts an. Solang ich knie, kommt der Vater nachhause. Solang ich knie, kann er die Todsünde nicht begehen."

„Schau, Notburga, ich –" Und wieder richtet er sich auf. Das Blut ist ihm zu Kopf gestiegen, ihm schwindelt, er stützt sich auf seinen Stock. Die Kerzenflamme zuckt. Was macht man nur? Daneben der Küster wartet, daß ihm was Gescheites einfällt. Wär er nicht so ein alter schwammiger Sack, er tät das Mädel packen und einfach aufheben. Einen Augenblick muß er an den unverschämten Kerl, den Lohmann, denken. Wenn sie so knien bleibt, womöglich noch über Nacht, das gibt einen Auflauf und ein Geschrei, die Weiber im ganzen Ort werden hysterisch und die Männer auch noch dazu. Der Pater Lambert kann so was nicht leiden. Er bückt sich wieder.

„Notburga, dein Vater ist ja schon zuhause."

Er hat es geflüstert, der Küster hats nicht gehört. Mit einem Aufschrei fährt sie in die Höhe, küßt dem Herrn Pfarrer die Hand und verschwunden ist sie. Der Küster bläst eilig die Kerze aus. Seine Hochwürden aber ist selbst ganz erschüttert. Wie ist ihm das denn nur eingefallen?

Und was passiert, wenn der alte Heberger nicht zuhaus ist, wenn er überhaupt nicht mehr nachhause kommt (soll ja seit gestern verschwunden sein), wenn er sich wirklich was angetan hat? Ach was, nun ist das Mädel aus der Kirche draußen und das Übrige wird sich schon finden.

Aber ob er nicht doch ein bisserl unvorsichtig war? Diese Notburga – aus solchem Stoff habns schon manchesmal eine Heilige geschnitzt.

Notburga läuft durch lauen Regen. Ihre Sohlen berühren kaum noch das harte Pflaster. Sie eilt. Sie schwebt. In ihren Ohren saust es, Flügelschläge, Engelschwingen, Glockenklingen. Sie reißt die Tür auf, die Mutter tritt ihr entgegen: „Ach du bists nur." Der Vater ist nicht da. Er ist gar nicht nachhause gekommen. Seine Hochwürden, der Herr Pfarrer, der Pater Lambert, haben gelogen.

„Heul nicht. Das können wir jetzt nicht brauchen. Redet ja eh schon die ganze Stadt davon. Auf der Polizei hätt ichs melden sollen. Aber ich geh nicht auf die Polizei, ich laß meinen Mann nicht suchen durch die Gendarmen. Erst hat er mir das Geld durchgebracht, ein Haus hätt ich kaufen können, ein ganzes Hotel für den Weileis, reich wären wir geworden, der Himmel hätt uns seinen Segen nicht versagt, statt dessen aber –"

Die Mutter läuft im Zimmer auf und ab, rennt an den großen Tisch an, das Abendessen steht darauf, kalt und unberührt. Notburga drückt sich in einen Winkel des Sofas, die Hände gefaltet, bewegt sie die Lippen lautlos: Ehre Vater und Mutter, auf daß es dir wohlergehe, wohlergehe, wohlergehe.

Da öffnet jemand vorsichtig die Tür. Der Vater ist da.

Eigentlich ist es gar nicht der alte Heberger, der immer so ordentlich ist mit steifem Kragen und wohlgebürstetem Lodenhut. Die Haare kleben dem fremden Mann naß auf der Stirn, der Kopf hängt nach vorn, er stiert auf den gedeckten Tisch wie ein Landstreicher.

Die Wirtin hat die Hände in die Hüften gestemmt, als hätte eben ein Küchenmädel etwas zerschlagen: „Also, jetzt sag mir nur, wo kommst denn du her?"

Und da sagt dieser Mensch, der doch, seit sie ihn kennt, immer nur von der Wohnung in den Stiftskeller gegangen ist oder in die Kirche oder zum Bahnhof oder aufs Steueramt, da sagt dieser Mensch: „Aus dem Wald."

Was soll man so einem Menschen noch antworten? Sie hört ihren Atem wie ein wildes wütendes Pfeifen. Er riecht nicht nach Schnaps, er ist also nicht einmal wirklich besoffen. Was soll man sagen, wenn man schon nicht mehr reden kann, weil man die Luft verliert. Und wie eben der Vinzenz nachhause kommt und auf den Vater sieht mit seinem abgestochenen Geschau, schreit sie den Burschen an: „Du Gauner, du Lump, hast auch wieder deine Stell verloren."

Vinzenz weiß, nun ist seines Bleibens nicht länger im elterlichen Haus. In Maria Blut kann er keine Anstellung finden und schon gar nicht im Stiftskeller, dazu kennt man hier zu genau seine Jugendsünde mit dem heiligen Wein. Wenn die nicht wäre, das Leben läge anders vor ihm. Zu früh hat er gewagt, nach dem Höchsten zu greifen. Düster und drohend sieht die Zukunft ihm jetzt entgegen. Hinausgestoßen scheint er sich in eine fremde, kalte, feindselige Welt, die ihn nicht versteht, die ihn niemals verstehen wird. Und außerdem, wie lange wird der Vater den Stiftsherren seine Pacht noch zahlen können?

Die Einladung des Oberlehrers Reindl hat er nicht vergessen. Der Mann war so gütig zu ihm gewesen. Also Donnerstag. Vinzenz bürstet seinen Rock, er legt vor dem Spiegel die Stirn in Falten, er streicht das Haar zurück, das ihm immer wieder in dicken Strähnen über die Braue fällt. Er wird mit dem Herrn Oberlehrer sprechen. Vielleicht weiß der Herr Oberlehrer einen Rat.

Winterstürme wichen dem Wonnemond –" Eine sehr hohe Frauenstimme singt, nachdem Vinzenz einmal an der Tür geklingelt hat. Sie singt hell, jubelnd und unbekümmert, die Reindl Mitzi, bis der Besucher ein zweitesmal klingelt.

„In holdem Lichte lächelt der Lenz –"

„Ach Sie sinds, Herr Heberger, kommen Sie nur herein, mein Bruder ist noch nicht da, treten Sie nur näher, oder fürchten Sie sich?"

Sie trägt ein duftiges, weißes Sommerkleid, rosa Blumen sind darauf gestickt, die Zöpfe hängen ihr halb gelöst über die Schultern (das macht doch nichts, so geh ich immer herum zuhause), sie lächelt, sie tänzelt, in den Zimmern hängen viele bunte Bilder an den Wänden (weil ich nämlich auch manchmal male, ein kleiner Zeitvertreib), Stilleben und blühende Apfelbäume, gestickte Deckchen auf dem Plüschsofa, die Kuckucksuhr schlägt (also, es ist wirklich schon vier), auf dem offenen Klavier die Walküre (ich musiziere nämlich auch ein bißchen), in seinem Käfig bläht sich der Kanarienvogel, ein dickes Samtalbum auf winzigem wackligem Tisch (das ist nämlich unser Familienalbum), und daneben ein Buch mit einem Kopf darauf, hart und markig, tiefernster Blick, gestrenger Mund.

Beinahe hätte Vinzenz nach dem Buch gegriffen. Aber das tut man doch nicht in einem fremden Haus.

„Ich seh nur rasch in die Küche, ob das Wasser kocht. Und dann gibts Kaffee. Vielleicht schauen Sie sich einstweilen das Album an."

Nein, das Album sieht er sich nicht an. Er starrt auf das Bild, auf die düsteren Züge, er sieht sich selbst, wie einer sich sieht in seinem großen und mächtigen Bruder, er sieht sich selbst, gewachsen, männlicher geworden, voll Kraft und eherner Zucht. Adolf Hitler. Mein Kampf. Er schlägt es auf, dieses Buch, ihm ist, als suche er ein Orakel: „Indem die Göttin der Not mich in ihre harten Arme nahm und mich oft zu zerbrechen drohte, wuchs der Wille zum Widerstand und endlich blieb der Wille Sieger. Das danke ich der damaligen Zeit, daß ich hart geworden bin und hart sein kann. Und mehr noch als dieses preise ich sie dafür, daß sie mich losriß von der Hohlheit des gemächlichen Lebens, daß sie das Muttersöhnchen aus den weichen Daunen zog und ihm Frau Sorge zur neuen Mutter gab."

„Nicht böse sein, daß es so lang gedauert hat. Aber ich treff Sie ja in bester Gesellschaft. Kennen Sie das Buch noch nicht? Also, sowas! Mein Bruder sagt immer, es dauert nicht lang, da wird jeder Deutsche es auswendig lernen. Ich les auch, ich versteh es nicht ganz, sowas ist ja doch mehr für Männer, aber ich les, weil es gar so poetisch ist. Schauen Sie, zum Beispiel das von der Sehnsucht des Deutschösterreichers. Geben Sie her, ich hab es mir angestrichen."

Und Fräulein Reindl nimmt Vinzenz das Buch aus der Hand, ihre Augen flammen, ihr Busen hebt sich, wie sie jetzt liest: „In ihr liegt ein Brunnen, der nie versiegt; der besonders in Zeiten des Vergessens als stiller Mahner, über augenblickliches Wohlleben hinweg, immer wieder durch die Erinnerung an die Vergangenheit von neuer Zukunft raunen wird."

Nehmen Sie das Buch mit", sagt Oberlehrer Reindl mit bewegter Stimme, als Vinzenz sich nach einer vertraulich verplauderten Stunde von ihm verabschiedet. „Aber bringen Sie es mir auch bald wieder. Und kränken Sie sich nicht weiter über Ihren alten Herrn."

„Wie bitte?"

„Ich meine über Ihren Herrn Vater. Fassen Sie nicht zu rasch neue Entschlüsse, wir werden noch miteinander sprechen."

Und er gibt ihm die Hand, der Ältere dem Jüngeren, der Führer dem Geführten: „Heil!"

Und die Reindl Mitzi hebt die Rechte: „Heil!" Sie sind sehr vergnügt, die beiden Geschwister, sie haben dem Herrn Schellbach keine Aktien abgekauft, sie haben nie was mit diesem Schwindler zu tun gehabt. Und überhaupt, wo doch dem seine Mutter eine halbe Jüdin gewesen ist.

V.

Aber schaun Sie, was regen Sie sich denn so auf. Ist doch schon dagewesen, daß einem eine Spekulation mißlingt, dann schießt er sich eben eine Kugel durch den Kopf so wie der Schellbach. Da ist doch weiter nichts dabei."

„So. Da ist nichts dabei. Kann schon sein, wenn man es nur in der Zeitung liest. Wenn man aber selbst sein Fell hat lassen müssen? Und die vielen anderen? Die Heimat? Das Vaterland?"

„Ich bitt Sie, nur nicht gleich so übertreiben. Das Vaterland. Was geht denn das das Vaterland an?"

„Ihrer Meinung nach nichts. Aber wenn ein ganzer Ort pleite geht, so wie jetzt unser Maria Blut – dieser Schellbach war doch nur ein Ableger vom Kapeller. Und am Kapeller mit seiner sogenannten Raumkraft sind Tausende gehangen, ich sage Ihnen, wenn das so weiter geht, alles wackelt, man hat überhaupt keine Sicherheit mehr."

„Sie, Herr, haben Sie schon einen Weltkrieg erlebt?"

„Ich versteh Sie nicht."

„Ich mein nur, weil Sie sich so wundern, daß alles wackelt. Und trotzdem sag ich Ihnen, eines steht fest."

„Ja, was denn?"

„Österreich."

„Ich bitt Ihnen gar schön."

„Die Lage ist es. Ich hab Ihnen schon einmal gesagt: die geographische Lage. Schaun Sie sich doch die Karte an. Die Karte Europas. Österreich. Schaun Sie sich unser Österreich an: im Mittelpunkt des europäischen Gleichgewichts. So einem Land kann gar nichts passieren. Denken Sie an die Inflation, an die Krise, an die Bankenkrachs, die Riesenskandale. Eigentlich dürft es uns schon lang nicht mehr geben."

„Ein feiner Trost."

„Aber es gibt uns doch. Es muß uns geben. Die Welt braucht einen Mittelpunkt für ihr Gleichgewicht."

„Und Sie fühlen sich wohl in dem Mittelpunkt?"

„Natürlich. Ich bin mit Leib und Seele Österreicher."

„Das sagt jetzt ein jeder. Das soll das Neueste und das Feinste sein."

Der Erzherzog ist wütend. So eine Gemeinheit, so eine Gemeinheit, so eine Niedertracht, nächstens werden sie einem noch den Sessel unter dem Popo wegpfänden. Was macht man da? Wo führt das hin? Die Geschichte mit dem Schellbach hat ihm den Rest gegeben. Nichts als Rechnungen, Klagen, Steuerbeamte. Heut abend kommt Seine Hochwürden, der Pfarrer, zum Bridge. Man ist doch auch gesellschaftlich verpflichtet. Was, kein Wein ist mehr da? Kein Wein mehr im Keller? Die alte Gans, die Materni, hat er auch eingeladen, weil sie ihm immer so aufgelauert hat auf dem Weg zum Friedhof. Man will doch nicht unfreundlich sein. Und den Brunnbacher, den Doktor. Aber der verfluchte Kerl hat abgesagt. Paßt ihm wohl nicht, daß die Rechnung noch nicht bezahlt ist. Seit Neujahr. Ist denn das lang? Jetzt haben wir erst Sommer. Dabei hat er ja gar nichts geholfen. Zum Weileis schicken, das kann ein jeder. Wenns mit der Weisheit zu End geht, kommen die Wunderdoktors mit dem Staberl. Kennt man schon. Der Weileis ist sicher auch nur so ein Kapeller, wo man sein Geld anbringt. In

Berlin ist einer, der kuriert mit Käs. Und der Brunnbacher hat abgesagt. Zeiten sind das. Wie die Leut mit einem umgehen.

Der Erzherzog ist unruhig. Und immer so leicht müde und mit Schwindelanfällen. Er läuft von einem Zimmer ins andere. So, so, kein Wein ist da. Draußen regnets und die Luft im Haus ist dick. Sie, Liebold, da ist nicht abgestaubt. Nichts als Ärger, nichts als Sorgen, nichts als Kummer. Schlecht könnt einem werden vor lauter Gift und Gall. Ja, was ist denn? Mir scheint, jetzt ist mir schon schlecht. „Liebold! Liebold! Holens den Doktor."

„Wollen Kaiserliche Hoheit sich nicht niederlegen?"

„Redens nicht so viel. Schaun Sie, daß Sie weiterkommen."

„Ich mein nur –"

„Wer hat Ihnen geschafft, was zu meinen. Ja, ja, ja, ich sitz schon ganz gut. Laufen Sie. Den Doktor will ich haben. Aber halt, Liebold, halt, nicht den Brunnbacher, den impertinenten Kerl. Steckt mit dem Weileis unter einer Decke. Den Lohmann will ich. Glotzen Sie nicht. Den Lohmann."

Die Exzellenz zieht die Brauen hoch. Ça ne se convient pas, hat ihre Gouvernante immer gesagt. Eine Dame verzieht das Gesicht nicht. Ach was, genieren wird sie sich.

Da ist man (endlich einmal) eingeladen bei seinesgleichen (vielleicht sogar ein bissel mehr als seinesgleichen, Volksmund ist Gottesmund oder wie das heißt), und wen trifft man? Den Pater Lambert, den schmierigen Pfaffen. Zwar, da ist nichts zu sagen, Pfarrer ist Pfarrer, und das kann noch keine Beleidigung sein. Aber der Lohmann, der Rote, der Sozi, der Gattenmörder. Mir scheint gar, das ist ein Affront. Und wie er sich benimmt. Steht da, dreht einem den Rücken, stiert auf die Wände, als ob ihn die schönen Bilder dort was angingen. Mitten unter ihnen Seine Majestät, der alte Kaiser. Wenn mans genau bedenkt, ein Großonkel des Hauses.

Gustl, Gustl, wo bist du schon wieder hängengeblieben. Nur weil der arme Teufel dich so dringend gebeten hat, als vierter beim Bridge zu bleiben. Er wird es wohl nicht lang mehr machen, schaut aus wie eine schwere Anämie oder so etwas. Nicht leicht, so einem was abzuschlagen. Na, werden ja sehen, was bei der Blutuntersuchung herauskommt.

„Darf ich bitten, zum Tee."

Dem Pater Lambert wär alles recht, sogar Bridge zu spielen mit einem Roten, sogar wenn es sein Todfeind ist. Aber daß es Tee gibt! Nur Tee. Und alten Zwieback mit ranziger Butter drauf.

„Ist ein Kreuz."

„Wie meinen Hochwürden?" (Die Exzellenz beugt sich mit dem Lorgnon vor den Augen weit vor. Das Tischtuch schaut aus! Mir scheint gar, hier wird nicht gebügelt. Wappen ist auch keines drin.)

„War heut bei einem Begräbnis", sagt der Pfarrer giftig. „Und dazu der Regen und die nassen Füß." (Nicht einmal eine anständige Zigarre kriegt man bei dem kaiserlichen Schnorrer.)

„Sie werden auch bald hinter meiner Leich gehen können. Fragen Sie nur den Doktor. Mein Blut ist nichts wert. Ich spür es selber. Da stimmt was nicht. Eine Schweinerei."

„Jesus Maria!" Die Exzellenz starrt den Lohmann an.

So red doch, Kerl, sag ihm doch was. Oder bist du wirklich ein Mörder?

„Sie übertreiben aber stark, Herr Baron."

„Ja, ja, schon gut, ihr Doktoren sagts einem ja nie die Wahrheit. Das gehört schon einmal zu eurem Geschäft. Na, mir ists wurscht. Was versäumt man schon?" Und der Erzherzog sieht sich auf einmal lang ausgestreckt im Sarg im Salon unter dem Kaiserbild. Da sollen sie ihn nur pfänden kommen. Bitte sehr, meine Herren. Das heißt, die sind imstand und kleben ihre Zettel auch auf die Wände des Sarges. Heutzutage.

„Um Sie ist mir nicht bang" (der Pfarrer schlürft den Tee, daß man es im Nebenzimmer hört). „Ich fürcht mich überhaupt vor keiner Krankheit. Daran sterben die Leut heutzutag nicht."

„Aber Hochwürden!"

„Na ja, ich mein, hin und wieder schon. Aber die meisten .... es ist kein Vergnügen für einen Pfarrer. Immer die Anverwandten und das Geschrei wegen dem bißl geweihter Erde. Da muß erst eine Geisteskrankheit konstatiert werden. Und die Herren Doktoren machen sich wichtig. Aber es ist halt so."

„Ja bringen sich denn so viel Leut um?"

„Heut war es der vierte in den letzten zwei Wochen. Alles wegen dem Halunken, dem Schellbach – oder dem Kapeller. Ist ja dasselbe."

„Also, ich glaub, wir gehen jetzt zu unserm Bridge. Liebold, ist der Tisch schon hergerichtet?" Und Seine Kaiserliche Hoheit, der Erzherzog, ist plötzlich fröhlich, geradezu beschwingt. Da bringen sich die Leut alle um. Lächerlich. Er hat es nicht nötig. Sein Blut ist nichts wert. Er hat es dem Doktor an der Nasenspitze angesehen. Also, was kann ihm passieren? Er wird nicht den Gasschlauch nehmen oder sonst was Degoutantes machen müssen. Wie lang wirds noch dauern? Na, ist ja gleich. Jedenfalls, der Tod ist umsonst. Und der Erzherzog fühlt sich wohl wie schon lange nicht. Braucht keinen Weileis mehr und keinen Kapeller, pfeift auf Wunder und Schwindel. Sollen die andern sich jetzt weiter abzappeln.

„Wer gibt?“ Die Exzellenz mischt die Karten. Sie hat sich doch so auf diesen Abend gefreut.

Und dann war es doch gar nichts Besonderes. Am End ist es doch nicht derselbe Erzherzog gewesen, mit dem sie einmal in Laibach getanzt hat. Alt ist er jetzt und krank ist er. Kann man wissen. Sie erkennt ihn nicht mehr. Es ist ja auch schon schrecklich lang her, und sie hat so gar kein Gedächtnis.

Der Doktor und der Pfarrer begleiten sie nachhause. Ein komisches Gespann. Erst hat sie nicht wollen, nicht um die Welt, aber was glauben Sie denn, die Herren werden sich doch keine Ungelegenheiten machen, und überhaupt wegen so einer alten Schachtel, die stiehlt keiner, und wenn, bringt er sie gleich wieder zurück.

Nachher ist es ihr doch ganz recht, daß sie nicht allein geht. Es ist stockfinster, jeder Schritt stapft ins Ungewisse, die Gemeinde tut aber auch schon gar nichts mehr für die Straßenbeleuchtung, und schwül ist es auch, morgen wird es also wieder regnen.

Hochwürden schnauft. „Gute Nacht, Exzellenz.“

„Gute Nacht und schönen Dank für die Begleitung.“

Einen Augenblick stehen die beiden, der Doktor und der Pfarrer, unschlüssig. Sie haben zwar denselben Weg, aber – na, ist ja gleich. Sollen die Leute was reden, und außerdem ist jetzt keiner mehr unterwegs.

„Schaut nicht gut aus, der Erzherzog."

„Wie?"

„Schaut nicht gut aus, der Baron."

Der andre pafft nur vor sich hin, daß dem Pfarrer der warme Pfeifenrauch in die Nase steigt. Antwortet nicht. Vielleicht dauerts nicht lang und er schmeißt ihn wieder einmal raus aus einem Krankenzimmer, so ein brutaler Kerl, wie der ist, und es wär auch nicht das erstemal. Eine Schande, sich mit so einem auf der Straße zu zeigen. Zu lax, zu lax, hat Seine Eminenz, der Bischof, neulich erst zu dem neuen Abt gesagt. Und der ist ein Streber. Gibt einem schon nur mehr Sauerkraut und Knödl am Freitag. Nicht einmal Fisch. Der nimmt das Fasten ernst und überhaupt alles. Daher die Umständ mit den toten Selbstmördern.

„Glauben Sie, daß sich einer umbringt, wenn er bei Verstand ist?"

„Kommt drauf an, Hochwürden. Manchmal ist einer ein Narr, wenn er am Leben bleibt."

„Na hören Sie. Das sind ja schöne Ansichten."

„Die Leute können es eben gar nicht erwarten."

„Was denn erwarten?"

„Das Paradies. Die ewige Seligkeit."

Der Pfarrer bleibt stehen. Erstens, weil er dem unverschämten Kerl was antworten muß und dann, weil gerade vor ihnen zwei riesige Scheinwerfer aufflammen. Ein Haufen Burschen stürzt aus dem nächsten Haustor, schreit, randaliert, ein Frauenzimmer kreischt, als zöge man sie an den Haaren ins Auto. „Paßt auf! Paßt auf! Die Mitzi muß man festhalten. Der Alois kann nicht mit, der speibt uns sonst das Auto an. Halts Maul, Rindvieh! Wo gehts denn hin? Rück ein bißl, Vinzenz. Der Wagen ist voll. Besetzt, meine Herrschaften, alles besetzt. Es muß was geschehen. Fahren wir in die Konservenfabrik. Die Fenster einschlagen. Heil! Heil! Wenn Judenblut vom Messer spritzt. Deutschland, Deutschland über alles!"

Der Pfarrer und der Doktor reiben sich die Augen. Jemand geht vorbei, sagt sehr laut: „Oh, guten Abend!" Wer war das?

Lohmann macht lange Schritte, der Pfarrer kommt gar nicht nach. Lauf nur, du Lümmel, eh besser so, das heißt, jetzt hat man uns schon miteinander gesehen. „Lassen Sie sich nicht aufhalten, Herr Doktor, ich merk, Sie habens eilig."

War es wirklich der Malefizbub, der Adalbert, der da als erster vorn im Auto saß? Seit zwei Tagen treibt er sich zuhause herum, ist gnädigst heimgekehrt, weil man ihm kein Geld mehr geschickt hat. Na, er wird ihn bei den Ohren nehmen. Seit zwei Tagen will der Vater den Sohn bei den Ohren nehmen. Er muß ein ernstes Wort mit dem Bengel reden. Der Vater zum Sohn. Man hat doch noch eine Autorität. Hols der Teufel. Wenn er nur nicht immer alles hinausschieben wollte.

Natürlich ist der Adalbert nicht zuhaus. Und der Ferry schläft auch nicht, liegt im Bett mit einem Karl May.

„Wo ist dein Bruder?"

„Ich glaub, ich glaub, er ist am Abort."

Ganz rot wird der Kleine. Also lügen auch noch. Und über der Stuhllehne hängt eine Armbinde mit einem riesigen giftigen Hakenkreuz. Schon greift man danach, schon will man sie zerreißen, mittendurch, ins Feuer schmeißen, auf den Mist – ach was, das hat auch bis morgen Zeit. Nur keine Szenen, kein Theater für die Herren Lausbuben.

„Lösch das Licht aus und lies nicht so spät in der Nacht."

Haben Sie schon gehört? Also, was sagen Sie, Herr Schmittlehner?"

„Was denn, was denn? Was ist denn schon wieder?"

„Man kommt zu keiner Ruhe nicht. Mein Mann liegt zuhaus, ganz allein und fiebert, das Pulver sollt schon um Viertel fertig sein, aber so ist es ja immer in diesen Apotheken."

„Setzen Sie sich. Ich wart schon viel länger."

„Und diese Aufregung im ganzen Ort. Es soll auch schon in der Zeitung stehen."

„Ich hab noch keine Zeitung gesehen. Bin gerade erst ausgegangen, mein Trankerl holen. Ich weiß von nichts."

„Ja richtig, Ihr Rheuma. Geht es schon besser? Die Medizinen nützen alle nichts. Seien Sie froh, Herr Schmittlehner, daß Sie von nichts etwas wissen. Man ist ja bald seines Lebens nicht mehr sicher. Wenn das so weiter geht."

„So reden Sie doch schon."

„Alle Fenster eingeschlagen in der Konservenfabrik. Von so Elementen. Und vorn beim Eingang ein riesiges Hakenkreuz. Also, was sagen Sie?"

„Ein Hakenkreuz. Warum denn ein Hakenkreuz?"

„Weil sich herausgestellt hat, daß der Schellbach ein Jud war. Das heißt, ein halber. Seine Mutter war nämlich eine Jüdin. Kein Wunder, daß die Leut eine Wut kriegen. Das Volk empört sich."

„Wieso denn das Volk? Sie haben doch gerad erst gesagt: Elemente."

„Ich versteh nicht, wo meine Pulver bleiben. Und ein Gestank ist in der Apotheke. Zum Ohnmächtigwerden. Mein armer Mann. Ich bin ganz nervös."

„So setzen Sie sich doch einen Augenblick. Die Pulver werden gleich fertig sein. Und was war weiter?"

„Was weiter war? Ist Ihnen das nicht genug? Ja, richtig, beim Meyer-Löw sind auch zwei Scheiben eingeschlagen und das Schild haben sie ihm heruntergerissen."

„Ja warum denn? Was kann denn der dafür?"

„Der hat die Leut alle zum Schellbach geschickt. Ist ja klar. Weil die Juden immer zusammenhalten."

„Und hat man sie schon eingesperrt?"

„Wen denn? Die Juden?"

„Aber nein. Die andern. Die Elemente. Das Volk."

„Herr Schmittlehner, mir scheint, Sie sind auch so einer, der was gleich die Polizei holen möcht. Nur weil Sie keine Aktien vom Schellbach gekauft haben. Zufällig. Aber wenn einem so was passiert ist, ich sag Ihnen, so was macht einen krank. Mein Mann hört gar nicht zu fiebern auf, und ich steh da herum und krieg seine Pulver nicht. Sie natürlich, Sie kriegen jetzt Ihr Trankerl, wo Sie doch gesund sind und es sich selber holen können, also das geht nicht, das ist eine Ungerechtigkeit, Fräulein, ich wart schon eine Stunde, und wenn es auch nur ein Krankenkassenrezept ist, passen Sie auf, ich werde mich beschweren."

Was ist denn los mit dem Anselm? Er war für heute doch eingeladen. Warum ist er nicht schon längst bei Brunnbachers?"

Breit und ruhig steht Marischka vor dem Küchentisch. Sie zieht den Apfelstrudelteig aus, wie ein feines gelbes Tischtuch liegt er vor ihr ausgebreitet. Sie dreht sich nicht um nach dem Herrn Doktor, dem jungen nämlich, antwortet nicht.

„Marischka, hören Sie mich nicht? Warum spielt der Bub da unten im Garten? Der Doktor hat ihn doch eingeladen. Zum Geburtstag vom Hansi."

Marischka hebt den Kopf, sieht hinunter in den winzigen durchsonnten Garten (mehr ein Hof, in dem man Gras wachsen läßt, als ein Garten), nickt dem Kleinen zu, der eben einen viel zu großen Fußball vor sich hin stößt. Sie wendet sich auch jetzt nicht um nach dem Herrn Doktor, beugt sich über den Teig.

„Der Herr Großpapa haben gesagt, unser Anselm sollen nicht gehen. Heut nicht in die Schule gehen und überhaupt nicht."

Marischka rollt den Strudel zusammen.

„Hören Sie nicht? Sie haben zu antworten, wenn ich Sie was frage."

„Wie belieben? Meinen der Herr Doktor mich?"

Nein, mit dem Frauenzimmer ist nicht zu reden. Wenn es auf ihn ankäme, der freche ungarische Trampel wäre schon längst nicht mehr im Haus. Die hat sich ja geradezu mit dem Alten verschworen. Und wer weiß, ob sie nicht auch eine andre geheime Verbindung aufrecht erhält. Manchmal kommen Briefe mit französischen Marken ins Haus. Ilona soll jetzt in Frankreich sein, in Paris. Sie ist imstand und intrigiert jetzt mit ihrer alten Amme, die sie als kostbares Andenken dem betrogenen Gatten gnädigst hinterlassen hat. Der Person ist das schon zuzutrauen. Und Papa ist imstand –

Ach was, ein andermal. Das alles ist jetzt nicht so wichtig. Aber wenn Papa den Buben plötzlich ostentativ zuhause läßt, ihn nicht zum Geburtstagsessen schickt und noch dazu zu Brunnbachers, die doch eine solche Rolle spielen im Ort, das ist unmöglich, nein, nein, das geht nicht, gerade jetzt, in diesem Augenblick, in dem alles auf dem Spiel steht, Kanzlei, Ansehen, Zukunft, Karriere, wo man doch endlich einmal beweisen könnte, wie unrecht einem immerfort geschieht –

Man muß es dem Alten begreiflich machen. Doktor Daniel Meyer-Löw beißt seine Nägel, wie er so an dem sonnigen Küchenfenster steht. Es ist eine schlechte Gewohnheit, aber er kann nicht anders, wenn er nachdenkt. Herrgott noch einmal, man muß es dem Alten begreiflich machen. Papa, werd ich sagen, erlaube (nein, nicht erlaube), Papa, du hast jetzt die Beweise in den Händen, ich bitte dich, und was für Beweise. Du hast doch allen abgeraten, auf Ehrenbeleidigung hat dich der Schellbach geklagt, ich habe meine Verbindungen, hörst du Papa, der junge Brunnbacher, ein Bruder vom Doktor, arbeitet bei der Volkszeitung, er hat mir versprochen, einen Artikel zu schreiben, du brauchst ihm nur das Material zu geben, der Doktor Meyer-Löw war immer dagegen –

Man muß es dem Alten begreiflich machen. Aber wo steckt er nur. In der Kanzlei ist er nicht.

„Marischka, wo ist denn mein Vater?"

„Spazieren."

„Jetzt, am Vormittag?"

„Sind der alte Herr zu die Konserven gegangen."

„Zu die Konserven?"

„Schaun, was die Gojim dort machen."

„Marischka, solche Ausdrücke haben Sie nicht zu

gebrauchen. Hören Sie, ich verbiete Ihnen das. Ich verbiete Ihnen das in meinem Hause. Da ist es kein Wunder, wenn die Bevölkerung –“

Marischka fährt herum. Ihre schwarzen Augen funkeln wild aus tiefen Höhlen. Die riesigen braunen Arme hat sie in die Hüften gestemmt. Breit und schwer steht sie da mit gespreizten Beinen.

„Ich pfeif auf Ihnere Bevölkerung. Und laß ich mir nicht Maul verbieten, red ich, was ich will. Bin ich auch nur alter Dienstbot im Haus. Aber wenn die Gojim einem Schild wegreißen und Fenster einhaun, wenn sie das Kind, unser Buberl, unser Engerl, in der Schul sekkieren, so ein Herzerl, was keinen schlechten Gedanken nicht hat, werd ich noch reden dürfen, Gojim werd ich sagen dürfen, Gojim, Gojim –“

„Marischka, um Himmels willen, schreien Sie nicht so –“

„Schrei ich, was ich will, Gojim schrei ich, Gojim, Gojim –“

„Aber Marischka, so hören Sie doch, Sie dürfen das jetzt nicht so schreien, wirklich nicht, Marischka, die Nachbarn könnten uns hören, Sie müssen vernünftig sein –“

„Unsre heilige Maria Muttergottes solls ihnen heimzahlen, bet ich jeden Abend. Die verfluchten Gojim, lassen nicht einmal unschuldiges Kind in Ruh.“

„Marischka, Sie wissen ja gar nicht, wer das ist, die Gojim, Marischka, Sie gehören doch selber dazu.“

„Ich. Meiner Seel, bin ich Ungarin. Aber Sie, so wie Sie sind, kein Herz für alten Herrn Papa, kein Herz für das Buberl, immer nur Maul halten und niemand nix sagen, und wenns uns auf den Kopf scheißen, diese Gojim, diese gottverfluchten –“

„Marischka –"

„Sie gehören selber dazu. Junger Herr Doktor gehören dazu. Zu die Gojim, zu die Gojim –"

Was ist denn das?" Der alte Meyer-Löw steht in der Küchentür, das Samtkäppchen schief auf der schwitzenden Glatze, rot im Gesicht, mit vergnügten Äuglein.

„Ich kann nix dafür. War nur der junge Herr. Will mir Maul verbieten. Auf die Gojim soll ich nix sagen. Die verfluchten Hunde. Die Teufel –"

Und die Marischka heult los, mit einem wilden, unverhüllten Gesicht, Tränen rollen auf die blaue Küchenschürze mit den glotzenden weißen Tupfen. Der kleine Anselm, der hinter dem Großvater hereingetrippelt ist, weint kläglich mit.

Daniel zuckt die Achsel, zeigt auf die Köchin, zeigt auf das Kind: „Also bitte, Papa."

„Was bittest du. Der Ort ist meschugge, das Land ist meschugge, die Welt ist meschugge, sollen die zwei grad nicht meschugge sein?"

Nachher kommt es natürlich genau so, wie man es vorausgesehen hat. Bleibt ja ganz zwecklos, mit dem Alten zu sprechen, eigensinnig ist er, beinahe schon senil, und wenn man sich hundertmal die Sätze vorgekaut hat, was überhaupt eine schlechte Angewohnheit ist, mit „erlaube Papa", das heißt, nein, nicht mit „erlaube, Papa".

„Mein Recht soll ich mir suchen? Bei den Eingeborenen?"

„Papa, hör doch endlich einmal auf mich." (Vor den

Augen Lichtflecken, das kommt von dem sonnigen Küchenfenster. In den Zimmern hier ist es dunkel und kellerkühl.)

„Werd mich hüten. Da säß ich schön im Dreck, hätt ich auf dich gehört. Erinnerst du dich? Wer hat wollen unser Geld dem Schellbach geben? Wer hat geschworen auf den Kapeller und wie die andern Ganoven noch heißen?"

„Ja Papa, du hast recht, ich weiß, und ich habe unrecht gehabt."

„Also was willst du jetzt noch?"

„Daß du auf diesem deinem Recht bestehst. Aber nicht nur mir gegenüber. Laß den Brunnbacher von der Volkszeitung kommen, jetzt wär endlich eine Gelegenheit –"

„Soll ich mich entschuldigen gehen bei den Rotzlöffeln, die mir die Fenster einschlagen? Oder bei der hohen Polizei, die daneben steht mit die Händ in der Taschen? Beim Herrn Bürgermeister Gruber, der sich den schönen weißen Bart dabei streicht? Bitte sehr, ich bins nicht gewesen, der alte Meyer-Löw ists nicht gewesen. Der Jud ist schuld, aber ein andrer Jud."

Aufgeregt läuft der Vater hin und her in der Flucht der kühlen samtenen Zimmer. Er wischt sich den Schweiß von der Stirn. Der Sohn schließt die Augen, immer noch ist er wie geblendet, und gerade jetzt, in diesem Augenblick, in dem er klar sehen sollte, klar denken, klar reden.

„Das Unglück ist eben, daß die Mutter vom Schellbach eine Jüdin war."

„Hast du sie gekannt?"

„Nein, das nicht. Aber es heißt doch –"

„Vielleicht verwechselst sie mit der andern, mit der Wundertäterin, der Gottesmutter von Maria Blut, soll ja auch eine Jüdin gewesen sein –"

„Papa –"

„Daniel, ich sag dirs immer, du bist ein Esel. Das ist schlimm. Aber was schlimmer ist, du bist ein jüdischer Esel. Und was das schlimmste ist: du willst auf deinen alten Tate nicht hören. Willst den Eingeborenen, den Gojim, in den Arsch kriechen."

„So sprichst du immer, Papa. Und das dumme Frauenzimmer, die Marischka, redet dirs nach. Nächstens wird man uns nicht nur ein paar Fensterscheiben einschlagen –"

„– sondern auch den Schädel."

„Und das willst du abwarten?"

„Ja, warum nicht. Ich bin ein alter Mann. Aber das Kind muß weg."

„Papa, ich bitte dich, das ist doch übertrieben."

„Das Kind muß weg. Ich laß mir das Kind nicht ruinieren. Wir Erwachsenen sollen es ausbaden, sind ja selber schuld, alle miteinander. Haben den feinen Weltkrieg mitgemacht mit Gott erhalte und Es braust ein Ruf wie Donnerhall, nicht einmal eingesperrt sind wir worden, du sogar, du hast deine Auszeichnungen, deinen Lungenschuß, bist noch stolz darauf –"

„Das bin ich auch."

„Bist noch stolz darauf, ein leibhaftiger Held, weil du die Sauerei mit angerichtet hast. Merkst gar nicht, woher das Elend jetzt kommt. Geht dir gar nicht auf. Fallt dir gar nicht ein. Und deine lieben guten alten Kameraden spucken dir heut ins Gesicht. Du wischst dich ab und meinst, es war der Regen. Sie schlagen dir die Fenster ein. Ach Gott, es war wohl nur der böse Wind. Sie quälen dir dein Kind. Du bist erstaunt, daß es bei solchem Wetter nicht gedeiht. Aber paß auf, das ist noch lang nicht alles, das ist noch lang nicht alles, Daniel. Du wirst erst deine Wunder erleben. Große Wunder ...“

Der Küster muß schon wieder ein paar Fremde führen, da kann man nix machen, es ist eben jetzt die Saison, und der neue Abt hat gesagt, er hat jederzeit bereit zu sein, der neue Abt, das ist überhaupt ein Genauer, den habens uns geschickt, weil der Pater Lambert hier alles verludert, und der alte Abt war zu nichts mehr nutz, ein Glück, daß er hin ist. Also aufgepaßt und ja nichts vergessen, keinen Seitenaltar und das berühmte Bild links mit den dicken Engeln, und alles Barock, wenn sie einen fragen, natürlich österreichisches Barock, echt österreichisches, vierzehntes Jahrhundert oder siebzehntes, Herrgott, wenn er das nur nicht immer verwechseln wollt, soll sich auch einer merken können, und der Chor und die Orgel, erbaut von einem der größten österreichischen Meister, Josef Haydn hat drauf gespielt. Gott geb, daß es wahr ist, die Beichtstühle, nein, die sind nichts Besonderes, die Herren wundern sich, quetschen die Nasen an das Gitter, sind wohl Engländer oder sonst was Ausländisches, jedenfalls keine richtigen Christen, hoffentlich schaut ein Trinkgeld heraus, die habens ja, wo die her sind, ist das Geld noch was wert.

„Und hier, meine Herrschaften, führe ich Sie in das Allerheiligste unserer Wallfahrtskirche. Dieser kleine Raum hinter dem Altar ist geweiht unserer gnädigsten Fürbitterin, der Muttergottes von Maria Blut. Ich bitte Sie, die Zeilen an der Wand zu beachten, welche aus dem dreizehnten Jahrhundert stammen und von einem Mönch geschrieben wurden. In dem schönen Ort Maria Blut werden alle Schmerzen wieder gut, bringst der Gottesmutter nur aus Wachs die Hand – und wie Sie sehen, hier bringt die Bevölkerung im tiefen Glauben an die Hilfe der Jungfrau“ (was kichern die denn, er wird sich doch nicht versprochen haben?), „im tiefen Glauben an die Hilfe der Jungfrau Maria die kranken Gliedmaßen, nachgebildet in Wachs“ (was schaut sich denn das Frauenzimmer mit dem Lorgnon gar so genau an?), „manchmal sogar in edlem Metall, hier dieser kleine Brustkorb aus Silber, gespendet von einem wunderbar geheilten Tuberkulosen, oder hier sogar ein echt goldenes Ohr. Bei den kärglichen Mitteln der Gläubigen aber ist es doch gewöhnlich nur Wachs. Hier sehen Sie einen wunden Fuß, hier einen gebrochenen Arm, hier auch ein Kindlein zwischen zwei Leuchtern“ (mir scheint, die benehmen sich schlecht, die lachen ja) „und hier und hier –“

Der Küster greift fast danach, obwohl es verboten ist, die der Jungfrau dargebrachten Gaben zu berühren. Hier hängt über einer langen Wachskerze, die auch noch brennt, eine nach außen gestülpte, zerrissene, fleckige Geldbörse. Soll das ein Witz sein?

Kaum sind die Fremden fort (das Trinkgeld war nicht besonders und dabei haben sie doch ihre Hetz gehabt), nimmt der Küster die Geldbörse, ob erlaubt oder nicht, er pfeift darauf, und rennt mit ihr zum Pfarrer. Er hat den Leuten nichts zu sagen gewußt, kann auch keiner von ihm verlangen, seine Sach hat er auswendig gelernt, und für was anderes wird er nicht bezahlt.

Der Pfarrer sitzt neben dem offenen Fenster in seinem riesigen schwarzen Lehnstuhl. Der Himmel ist blau, es riecht nach Weihrauch, Lilien, Schnaps. Die gekalkten

Wände leuchten kühl. Ein gelbes Buch (wird was Rechtes sein) verschwindet unter der Soutane.

„Hochwürden! Hochwürden!"

„Was ist denn? Brennts?"

Nein, mit dem Pfarrer kann man nicht reden. Der will seine Ruh und sonst nichts.

„Und deshalb kommens mir gelaufen? Zeigens einmal."

Der Pater Lambert nimmt die Geldbörse (eine fromme Opfergabe oder eine arge Lästerung?) zwischen zwei Finger. – „Zerrissen auch noch. Schmeißen Sies weg."

Aber der Küster schmeißts nicht weg. Der Küster ist ein gerissener Kerl. Er merkt, daß jetzt ein neuer Wind im Kloster weht. Mit dem Pfarrer ist nichts zu machen, der nimmt nichts ernst außer dem eigenen Bauch, nicht einmal die Heilige Dreifaltigkeit, die Unbefleckte Empfängnis oder sonst ein Wunder. Gehört sich das? Heutzutag, wo das Frommsein wieder Mode wird. Und Maria Blut ein Anziehungspunkt für den Fremdenverkehr. Hat der Herr Abt gesagt und der Küster hat es aufgeschnappt. Deshalb geht jetzt der Küster zum Abt.

Der Abt denkt lange nach (also schon ganz anders als das versoffene Schwein, der Pater Lambert), dann sagt er: „Eine schlichte Seele, die es ehrlich gemeint hat. Aber wir wollen keine Mißverständnisse. Geben Sie mir die kleine Börse. Ich werde sie gebührend aufbewahren. Und sprechen Sie zu niemandem darüber."

Sieben heilige Eide hat der Küster nachher geschworen, daß er kein Wort darüber geredet hat, zu niemandem und zu seiner Frau schon gar nicht. Wie? Was? Bei der Gemüsehändlerin soll sie es erzählt haben, bei der Birnstingel? So eine Verleumdung, so eine gemeine. Seine Frau hat nicht den Mund aufgemacht. Und wenn, so hat sie es eben von woanders her gehört. Warum denn nicht. Aber nicht von ihm. Kommen ja genug Leut in die Kirche und schauen sich die Wachssachen und das alles an. Ist doch kein Geheimnis. Im Gegenteil. Wer weiß, wie lang das Zeug schon dort gehangen ist. Oder vielleicht haben die Engländer was gesprochen? Die sind gar nicht gleich wieder gefahren, die haben noch Andenken gekauft im Ort und Backhendel gegessen im Stiftskeller. Also bitte!

Überall spricht man davon. Und man kann genau die Gläubigen von den Ungläubigen unterscheiden. Die Ungläubigen lachen verschmitzt und meinen, das ist irgendein Lausbub gewesen, die Gläubigen aber sagen, wer weiß, ob es nicht ein wahrhaft Frommer war, und wer weiß, ob es ihm nicht doch noch was nützen wird.

Notburga macht so ihre Beobachtungen. Auch im Stiftskeller hört sie viel davon reden. Der Vater wird nicht lang mehr Pächter sein, kümmert sich kaum mehr um die Gastwirtschaft, die Mutter liegt im Bett mit ihrem Asthma, der Sohn strolcht herum, ist nie zuhause. Der Tochter hat man eine Stelle gegeben als Küchenmädel. Die hochwürdigen Herrn sind ja so hilfreich. Da steht sie nun den ganzen Tag in der heißen Küche, die Arme bis zu den Ellenbogen im fetten Abwaschwasser (das ist gut, das ist recht so), manchmal spritzt es ihr ins Gesicht (der heiligen Therese vom Kinde Jesu spritzte auch das Schmutzwasser von den Taschentüchern, die die Nonnen vom Karmel auswuschen, ins Gesicht), sie greift nach den verklebten Gabeln (unlängst steckte sogar ein Zahnstocher dazwischen), nach Schüsseln und Pfannen, braucht gar nichts zu essen, der säuerliche Bratengeruch sättigt sie, sättigt sie so sehr, daß sie manchmal (aber ganz selten nur) auf den Abort laufen muß, um sich zu übergeben. Nachher lehnt sie dann (aber ganz kurz nur) an der Wand im Hof hinten, nicht wo der Abfall ist, sondern gegenüber, an der warmen Wand, an die stößt nämlich die Bäckerei des Herrn Zimmerl. Der Herr Zimmerl ist ein guter Mann. Als er sie neulich so stehen sah, die Stirn voll kaltem Schweiß, da hat er sie sogar gestreichelt. Und er hat sie eingeladen, in seine Bäckerei zu kommen. „Nein, danke, dazu habe ich keine Zeit." Und der Herr Zimmerl streichelt ihr nochmals Schultern und Arme. „Na schön, ein andermal." Seither steht er oft an dem einen Fenster der Backstube, streckt den Kopf vor, winkt ihr, spitzt den Mund, das schaut nicht hübsch aus. Aber er meint es gut. Ist ein frommer Mann. Liefert Brot und Semmeln für das Stift. Man sieht ihn häufig abends im Segen. Und bei jeder Prozession geht er als einer der ersten unter dem schimmernden Baldachin, unter dem das Allerheiligste Brot getragen wird. Siehe das Lamm Gottes, das von uns nimmt die Sünden der Welt.

Notburga weiß: Man soll sich nicht nachgeben. Man muß sich zusammennehmen. Ja, noch mehr. Die heilige Theresia vom Kinde Jesu war überglücklich gewesen, als ihr das Schmutzwasser von den Taschentüchern ins Gesicht spritzte. So hat auch sie selbst überglücklich zu sein, wenn ihr das fette Abwaschwasser ins Gesicht spritzt. Es ist heute besonders heiß in der Küche, aus dem Speisesaal weht dicker Zigarrenrauch voll Biergeruch, die

Teller gleiten Notburga aus den Händen, das rote Gulaschfett schwimmt auf dem graubraunen Wasser, und die Küchenmädel daneben führen laute und häßliche Reden: „Ich weiß, was ich der Gottesmutter bringen möcht. – Geh schweig doch. – Weißt eh, was ich mein. – Ui, habt ihrs gehört! – Paßt auf, nicht so laut, die Notburga wird uns gleich in Ohnmacht fallen. – Die ist so heilig, die versteht so was nicht. – Aber haben möcht sies auch. – Was denn? Das Geldbörsel? – Geh red nicht so, weißt eh, was ich mein. – Schauts, wie sie lauft. – Was hat sie denn? – Laßt sie in Ruh, die spinnt ja. – Wo rennt sie hin? – Na, wird schon wiederkommen."

Notburga lehnt an der warmen Wand. Heilige Maria, Muttergottes, die Wand wackelt ja, der ganze Hof wackelt, die Abfallkübel wackeln, der grelle Himmel ist schief wie ein Dach. Einen Augenblick schließt sie die Augen, es wird dunkel und kühl, bitt für uns arme Sünder, so, jetzt ist es vorbei, alles steht wieder gerade auf seinem Platz, aber vor ihr auf dem Ziegelpflaster liegt wie herabgefallen von hoch oben eine Fünfschillingnote. Sie greift danach, hebt sie auf, drückt sie an das stürmische Herz, gegrüßt seist du Maria, du bist voll der Gnaden –

Notburga rennt über den Hof. „Hallo, hallo!" schreit der Herr Zimmerl ihr nach. Dann wirft er das Backstubenfenster zu. Dummes Mensch. Laßt die sich aber bitten. Hols der Teufel. Schad um die fünf Schilling.

Wunderbar sind die Wege des Himmels –" „Sie, lassens mich vor. Predigen Sie nicht in der Trafik. Ich möcht meine Zeitung."

„Und ich zehn Memphis."

„Mir eine Trabucco."

„Was ist denn heut so voll in der Trafik?"

„Ist die neue Freie Presse schon da?"

„Kaufens Ihnen doch nicht die Judenblätter. Steht eh nichts drin."

„Na, von unserm Wunder werden sie doch schreiben."

„Schnecken. Ich hab mir schon drei Zeitungen aus Wien gekauft. War in keiner was drin."

„Oh doch. In der Reichspost."

„Gehens, ich bitt Ihnen, die kleine Notiz. Da wär besser, sie hätten gar nichts geschrieben."

„Ja natürlich, wenn das im Ausland passiert wäre, da wären gleich alle Zeitungen voll. Aber Österreich, das gilt ja nicht. Vor allem bei den Herrschaften in Wien."

„Und wär doch so gut für den Fremdenverkehr. So ein richtiges Wunder, das zieht."

„Wenn aber kein Mensch davon weiß."

„Braucht eben alles seine Reklame."

„Die machen ihre Reklame nur für den eigenen Dreck. Für die jüdischen Operetten und den Herrn Reinhardt in Salzburg. Die bodenständige Bevölkerung hat immer das Nachsehen."

„Aber ich bitt Sie, wie Sie nur reden. Es handelt sich doch um ein Wunder, um ein wirkliches, wahrhaftiges Wunder. Unsre heilige Himmelsmutter –"

„Was wollen denn Sie? Hat Ihnen wer gefragt?"

„Ich mein nur, wenn etwas so, so Überirdisches geschieht –"

„Dann wird man wohl noch darüber reden dürfen."

„Ja, aber doch nicht in solchem Ton. Ich mein nur –"

„Sie haben gar nichts zu meinen. Es geht mich einen Schmarrn an, Fräulein Pepi, was Sie meinen, drei Virginier und eine Korrespondenzkarten."

„Und mir das Abendblatt.“

„Ich möcht Zündhölzchen.“

„Ich möcht eine Ansichtskarten. Mit unsrer Muttergottes drauf.“

„Ich auch.“

„Soll jetzt bald neue geben, auf denen man unser Wunder sieht.“

„Jessas nein, Fräulein Pepi, da werden Sie keine schlechten Geschäfte machen.“

„Dann kauft alles Ansichtskarten in Ihrer Trafik.“

„Aber meine Herrschaften, die Kirche selbst, das Stift, der Abt, der Pfarrer haben sich noch gar nicht geäußert.“

„Gehens, erzählns uns nichts.“

„Sind Sie vielleicht ein Ungläubiger?“

„Ich sags, wies ist, ohne die Juden in Wien wären wir jetzt schon von Pilgern überschwemmt. Und die Ausländer kämen waggonweise. Es ist doch ein Wunder, ein leibhaftiges Wunder –“

„Mir scheint, da lacht jemand.“

„Sie, Herr, gehens raus aus meiner Trafik. Ich bin ein gut christliches Geschäft. Können Ihre Zigaretten woanders kaufen.“

„Recht habens, Fräulein Pepi. Raus mit dem Kerl.“

„Raus mit ihm! Schmeißts ihn raus!“

„Aber ich hab doch gar nicht gelacht.“

„Raus mit ihm. Wir lassen unser Heiligstes nicht in den Schmutz ziehen.“

Überall spricht man von dem Wunder, niemand spricht mehr von der Konservenfabrik, vom Schellbach oder vom Kapeller oder vom Weileis oder von anderen großen Leuten. Es ist ein Leben im Ort wie an Fest-

und Feiertagen. Im Stiftskeller geht es hoch her. Die Gäste sind gar nicht mehr wegzubringen, wenn sie sich einmal zu einem Viertel Wein hingesetzt haben. Bohren die Ellenbogen in die Tischtücher, debattieren, schreien. Der Doktor Brunnbacher ist auch da und der Bürgermeister Gruber mit dem Schneeseidenbart, sie schauen wichtig drein, flüstern sogar miteinander. Und der Primarius sitzt daneben und macht ein interessantes Gesicht (man weiß ja nie bei ihm, was er sich denkt), es gibt einmal etwas in Maria Blut, was auch die feinen Herrschaften etwas angeht, ebenso wie in der Schwemm unten die armen Leut, der Glaube, der Glaube nämlich ist wieder geweckt, eine einfache Seele hat es vermocht, irgendeine einfache Seele im schlichten Zutrauen auf die Jungfrau Maria.

Während in der Küche über dem fetten, trüben Abwaschwasser verklärt und selig Notburga steht. Sie merkt nichts mehr von Hitze und Bratendampf, das Stimmengewirr aus dem Speisesaal erscheint ihr wie der Chor der Seligen, das Klirren der Teller wie himmlische Klänge, sie hält den Kopf zur Seite geneigt, um zu lauschen, Dampf und Rauch, die sie umhüllen, werden zur Wolke, sie schwebt in einem lilienweißen Duft, sie, die sie auserkoren war zum Werkzeug der allergütigsten Himmelsmutter. Heilige Maria. Deine segnenden Finger nehmen sanft die Banknote aus der Hand der demütigen Magd. Du senktest den Kopf. Wunder, Wunder, gnadenreiches Wunder.

Der Wipplinger hat eine Wut. Nichts ist in der Küche, kein Stückel Brot, kein Schmalz, kein Zucker. Und die Hermin, ja wo bleibt die Hermin? Ist einkaufen gegangen mit dem Peperl und noch nicht zurück, es ist schon bald sieben. Der Karli hat seinen roten Schopf auf den Küchentisch gelegt, so müd ist er vor lauter Hunger. Der Krowott sitzt am Fenster, glotzt auf die Feuermauer gegenüber, nickt immerfort mit dem Kopf, als ob er sagen wollt: Ja, ja. Das soll einer aushalten. Der Wipplinger läuft mit langen Schritten hin und her. Noch fünf Minuten, nur mehr fünf Minuten, dann – ach was, er hat ja nicht zehn Groschen in der Tasche. Wo soll er denn hin mit seinem leeren Magen.

Im dunklen Schlafzimmer nebenan sagt jemand laut und deutlich: „Guten Tag."

„Nimm dein Viech weg oder ich dreh ihm den Kragen um", brüllt der Wipplinger.

„Bist narrisch gworden." (Der Krowott dreht sich nicht einmal um.) „Meine Lori erhalt uns alle. Gutes Vogerl."

„Ein blödes Viech ist sie", brüllt der Wipplinger weiter. (Er wird sich noch nachsagen lassen, daß ein Papagei ihn erhält.) „Die ganze Wohnung kackt sie an und frißt für drei und überhaupt –"

Die Tür wird aufgerissen, aber es ist nicht die Hermin, das verfluchte Weibsbild, sondern die Schwester, die Toni, die Votruba.

„Was schreist denn so, daß man es bis auf die Gassen hört. Und überhaupt, wo ist denn die Hermin?"

Ja, wo ist die Hermin?

„Die steckt sicher in der Kirchen mit dem Peperl. Ich bin grad vorbei, dort sind eine Masse Leut. Weil die Muttergottes auf einmal nichts mehr in den Fingern hat."

„Die soll mir aber jetzt nachhaus kommen –"

„Was ärgerst dich so. Da, nimm einstweilen eine Zigarette."

Und die Toni steckt dem Schwager eine Zigarette zu und zündet sich selbst eine an. Der Karli hebt den Kopf.

„Eine Hetz ist das Ganze." Die Toni sitzt auf der Kohlenkiste, baumelt mit den zu kurzen Beinen, ihre weißen Arme leuchten. „Mein Herr Doktor lacht sich den Buckel voll. Er sagt, die Pfaffen wissen selber nimmer aus noch ein."

„Die Pfaffen? Haben dies denn nicht selber gemacht?"

„Was fallt dir ein. Wenn die ein Wunder machen, muß es was Feines und ganz was Ausgefallenes sein, mehr was Überirdisches und kein so dreckiger Fünfschillingfetzen. So was Dummes machen die nicht."

„Wer kann es denn aber sonst gewesen sein?"

„Was weiß denn ich."

Der Karli stützt den Kopf in die Hände: „Tante Toni, wem gehören denn die fünf Schilling jetzt?"

„Die sind mein."

Wer war das? Die Lori? Nein, es war wirklich der Krowott, er hat schon ganz so eine Stimme wie sein Papagei. Und jetzt kichert er vor sich hin.

„Was redest du da?" (Bei dem Alten rappelts wohl.)

„Die sind mein. Mein sind die fünf Schilling. Denn das Geldbörsel –" Er kann nicht weiter, er gluckst vor Lachen.

„Mein", sagt die Lori laut und deutlich im Zimmer nebenan.

Ein verfluchter Gauner, dieser Krowott. Da hat er also wirklich sein Geldbörsel hingehängt. Aber alles was recht ist, dann gehören die fünf Schilling auch ihm, dann hat sie ihm die Gottesmutter geschenkt. Wers glaubt, wird selig.

„Morgen geh ich ins Stift. Ich hol mir mein Geld." Und er kichert weiter vor sich hin.

Die Toni meint nicht, daß was dabei herausschaun wird, und der Wipplinger sagt, er wird bei der Tür rausfliegen, und der Karli denkt nach, was ihm der Krowott schenken wird, wenn er, vielleicht, die fünf Schilling doch kriegt.

VI.

Die Exzellenz sitzt über ihren Haushaltsbüchern und rechnet. Schon wieder so viel Brot, ach so, ist auch gleich für den ganzen Monat. Und das Fleisch wird teurer. Man wird mehr Mehlspeisen machen müssen. Drei Zitronen. Wozu denn gleich drei Zitronen. Sie läutet heftig, bis die Neunteufel in der Tür erscheint. „Die Gnädige wünschen?"

Exzellenz betrachtet sich ihre Neunteufel. Wie die die Lippen zusammenpreßt. Hat die Person denn überhaupt Zähne? Und mager ist sie. Die Nase ganz spitz –

„Die Gnädige wünschen?"

Ach, jetzt hat sie es vergessen. Es war was mit dem Fleisch oder mit dem Brot oder sonst was. Konfus, konfus, hat der selige Ipperl immer gesagt.

„Warten Sie einen Augenblick, Anna."

Die Köchin Neunteufel faltet die Hände. Sie kennt das schon. Und sie kanns erwarten. Wird was Rechtes sein, was die wieder will. Und noch dazu um halb drei, kaum daß man mit dem Geschirr fertig ist und ein bissel Ruh haben könnt.

„Hören Sie, Anna, es ist wegen dem Gründlichmachen. Wir müssen es verschieben. Nicht erst im September wie sonst, ehe die Schule wieder anfängt, sondern schon viel früher."

„So."

„Ist Ihnen vielleicht was nicht recht?"

„Wie Gnädige wünschen."

„Es ist natürlich dem Jubiläum zu Ehren. Wenn der ganze Ort feiert, werden wir nicht im eigenen Dreck ersticken. Kann auch sein, daß ein paar Pilger bei uns Quartier nehmen wollen. Es wird also bald angefangen, damit wir zu Maria Himmelfahrt fertig sind."

„Warum denn zu Maria Himmelfahrt?"

„Weil da das Jubiläum ist. Haben Sie denn noch nichts davon gehört?"

„Mich geht das nichts an."

„Sagen Sie, Anna, kommen Sie überhaupt noch in die Kirche?"

Die Neunteufel hat sich umgedreht, ihre Hand liegt auf der Türklinke, ganz spitz ist die Stimme: „Mit dem Wunder wars also nichts."

„Was reden Sie da?"

Die Neunteufel sagt in die braune Tür hinein: „Weil es mit dem Wunder nichts war, müssen wir jetzt geschwind ein Jubiläum haben. Wird ein schönes Geld kosten. Und wer zahlts? Die armen Leut."

Hat man schon so was gehört! Darauf sollte man die Person eigentlich kündigen. Wär beinah Christenpflicht. Was sich die Domestiken jetzt alles erlauben. Und überhaupt die Neunteufel, die war doch gar nicht immer so. Die war ganz klein, hat nicht den Mund aufgemacht. Und redet jetzt plötzlich wie eine Organisierte. So was dürfte man nicht im Hause haben. Aber sie verlangt nicht viel Lohn, hat keine Mannsbilder, soweit sich so was feststellen läßt, ist sauber und macht endlich, endlich nach zehn Jahren die richtige Rindssuppe. Da kann man sie doch nicht gut wegschicken, überhaupt jetzt, wo das

Jubiläum kommt, 700 Jahre Maria Blut, ein österreichischer Volkstag, hat der Abt gesagt, wer weiß, wie viele Fremde dann herreisen und die Regierung, vielleicht wohnt einer der hohen Herrn gern bei Materni, Exzellenz Materni bitte sehr, oder einer von den kirchlichen Würdenträgern, ein Glück, daß ihm das eingefallen ist, dem neuen Abt nämlich, der Pater Lambert, das alte Schwein, hätt einen noch jahrelang ohne so ein Jubiläum gelassen.

Der Bürgermeister Gruber kommt heut überhaupt nicht zum Mittagessen nachhaus. Dreimal hat die Frau Bürgermeister schon angerufen auf dem Gemeindeamt. Ihr Mann hat halt jetzt gar so viel zu tun. Da sind die Vorbereitungen zu dem Jubiläum, Beratungen mit den Bundesbahnen, der Kirche und den Fremdenverkehrsbüros, mein Gott, und er hat ja auch sonst so viel Sorgen, gönnt sich kaum einen freien Sonntag mehr, gerad, daß man noch am Abend ins Kino kommt oder in den Stiftskeller, und auch das nicht immer.

Der Bürgermeister hat den ganzen Vormittag Konferenzen gehabt. Man wird eine Deputation zum Landeshauptmann schicken müssen. Es gilt, zu tun, was man tun kann, um den Krach, den beinahe schon unvermeidlichen Krach aufzuschieben, bis das Jubiläum vorüber ist. Erstens überhaupt, und dann, wer weiß, vielleicht hilft so ein Jubiläum. Auf den breiten, weichen, sauber gebürsteten Schultern des Bürgermeisters ruht die Last der Verantwortung. Er streicht sich mit der Zunge über die glatten Lippen. Konkurs ist ein häßliches Wort. Das Gewissen des Herrn Bürgermeisters ist so wohlgepflegt und weiß wie sein Bart. Und, Hand aufs Herz, in welchen österreichischen Gemeinden sieht es jetzt anders aus? Von den Staatsfinanzen schon gar nicht zu reden. Wo die Not am größten ist, ist bekanntlich Gottes Hilfe am nächsten.

Im letzten Augenblick (der Bürgermeister hat schon seinen Schreibtisch abgesperrt und dem Diener geläutet, damit er ihm Hut und Stock bringt), kommt der Doktor Brunnbacher gelaufen. Ein fader Mensch, macht sich immer so wichtig, aber er wird es noch einmal zu was bringen, der hat noch seine Karriere vor sich. Und außerdem ist er tonangebend in dem Komitee für die Jubiläumsfeierlichkeiten, und tüchtig ist er, ihm fallt immer was ein, da kann man nichts sagen.

Der Bürgermeister ist denn auch mit allem einverstanden, was der Doktor Brunnbacher ihm vorschlägt (hätt allerdings auch bis morgen zu vernünftigen Amtsstunden Zeit gehabt): mit der Musikkapelle (nicht die Feuerwehr, die ist nicht das Richtige, sind so Elemente dabei, sondern die christlichen Turnbrüder in Lederhosen und mit Gemsbart auf dem Hut), mit dem Girlandenschmuck (vom Bahnhof bis zur Kirche Tannenreisig und Lilien aus weißem Seidenpapier), mit den Ehrenjungfrauen –

„Aber bitte, da hätte ich noch eines zu bemerken, Herr Bürgermeister." Die Reindl, die verrückte Person, hat sich schon wieder gemeldet.

„Was, die Reindl, die Hausnäherin, als Ehrenjungfrau?"

„Ja, und sie will sogar die Leitung übernehmen. So wie letztesmal bei der Fronleichnamsprozession."

„Aber gehns, Herr Doktor, die alte Schachtel."

„Ganz Ihrer Meinung, Herr Bürgermeister. Und ein lieblicher Anblick ist sie wohl auch nicht. Aber es handelt sich nicht darum allein. Wie Sie vielleicht wissen, Herr Bürgermeister, war das hysterische Frauenzimmer mitbeteiligt an den Vorgängen bei der Konservenfabrik. Ihr Bruder soll sogar ein Anführer gewesen sein."

„So, so. Der Hubert Reindl. Der Oberlehrer. Stramm national."

„Herr Bürgermeister, ich bitte zu entschuldigen, aber ich bin ein aufrechter Mensch, ich pflege die Dinge beim Namen zu nennen. Stramm national – der Mann ist Hakenkreuzler, ich bitte."

„So. Meinen Sie?"

„Ich weiß es. Ich weiß sogar mehr, als diesen Herrschaften lieb ist. Und, Herr Bürgermeister, ich wiederhole wie schon so oft: Wir müssen da einen Trennungsstrich ziehen, wir, die heimattreuen Österreicher, müssen einen Trennungsstrich ziehen zwischen uns und diesem Gesindel."

Der Doktor Brunnbacher ist aufgesprungen. „Ich bitte", sagt er, und dabei reckt er sich, „ich bin ein aufrechter Mann."

Der Bürgermeister betrachtet ihn mit sanften blauen Augen. „Es sind doch auch die anständigsten Leute dabei."

„Gewiß, Herr Bürgermeister, sehr viele Verführte. Das darf uns echte Heimatschützler jedoch über die wahre Bewegung nicht täuschen. Wir sind zu lax geworden, Seine Eminenz, der Bischof, hat es erst unlängst zu mir gesagt. Zu lax. Unsre angeborene österreichische Gutmütigkeit kann uns auch zum Verhängnis werden."

„Ja, ja, das stimmt. Immer diese österreichische Gutmütigkeit." Der Bürgermeister ist aufgestanden, greift nach seinem Hut, bläst ein Stäubchen vom Rand.

„Nicht einmal in unserem altehrwürdigen Stift ist alles so, wie es sein sollte. Der Pater Lambert gehört in eine andre Zeit. Zu lax. Zu lax. Wissen Sie, was man neuestens von ihm erzählt?"

„Na, was denn schon wieder?"

„Daß er mit einem neuen Saufkumpan herumzieht. Man hat die beiden nachts miteinander gesehen: den Pfarrer und den Genossen Lohmann."

„Nicht möglich."

„Gegen Lohmann läuft übrigens ein Disziplinarverfahren, Fälschung von Krankenkassenrezepten, ich bitte. Die Sache kommt vor die Ärztekammer. Auch sollen in einem Abtreibungsprozeß geheimnisvolle Chininrezepte von diesem feinen Herrn aufgetaucht sein."

„Ein würdiger Sozialdemokrat." Der Bürgermeister greift nach seinem Stock.

„Herr Bürgermeister, ich bitte, wir sind ja ganz unter uns. Aber was diesen Mann betrifft – daß die Söhne Hakenkreuzler sind, kann man ihnen kaum übelnehmen –, was diesen Mann betrifft, ich bitte, es weiß die ganze Stadt, daß seine arme Frau eines höchst seltsamen Todes gestorben ist, ein bißchen sehr viel Morphium, ganz abgesehen davon, daß er keinen seiner Kollegen mehr zu der Patientin kommen ließ und sogar den geistlichen Beistand verhinderte."

Wie du wieder aussiehst. Wenn deine Mutter dich so sähe."

Hanni hat die größte Lust, dem Bengel, dem Adalbert, die Zunge herauszustrecken oder „hab mich gern" zu sagen oder „es geht dich einen Dreck an, wie ich aussehe". Aber hinter ihr im Speisezimmer hängt das Bild der Mutter groß und traurig, und vor sich im Spiegel sieht sie das eigene erhitzte Gesicht, die zerzausten Haare, das zerknüllte Waschkleid – es fehlt ein Knopf und unter den Ärmeln ist es ausgerissen. So wendet sie sich mit einem Ruck, läuft aus dem Zimmer, schlägt die Tür zu, daß es nur so kracht.

Wenn deine Mutter dich so sähe. Jeden Tag, seit Adalbert zuhause ist, bekommt sie das zu hören. Sogar der kleine Affe, der Ferry, fängt schon damit an, glaubt, er muß es dem großen Bruder nachmachen. Wenn deine Mutter dich so sähe. Deine Mutter. Warum denn „deine Mutter"? Ist doch auch ihre Mutter gewesen. Warum sagen sie nur immer „deine Mutter"? Dumme Lausbuben.

Hanni schluckt an den Tränen. Sie steht jetzt zwischen den Ribiselsträuchern in der Ecke des Gartens, pflückt die letzten überreifen Beeren. Das Kleid wird noch ein paar Flecken bekommen. Sie ist durstig. Die Sonne brennt ihr in den Nacken. Ganz gierig ist sie auf die sauren Beeren.

Plötzlich ein kleiner weicher Pfiff. Sie hebt den Kopf. An seinem Mansardenfenster steht der Vater, breit und verschlafen, mit offenem Hemd. „Willst du baden kommen, Hanni?"

Ach, wie gerne.

Und dann schwimmt sie mit dem Vater in dem reißenden, grünen, hellen, eiskalten Strom. Immer das gleiche Stück hinunter, dann wieder heraus, und sie laufen durch den weichen Sand mit den heimtückischen spitzen Steinchen, die Weiden glitzern, der Himmel leuchtet hoch und klar, wenn es nur nicht bald Herbst wird, wenn es nur noch lange, lange Sommer bleibt, feine Tropfen rinnen dem Vater über den braunen Rücken, wie viele

Tage hat sie versäumt, wunderbare Tage, wie viele Tage hat sie geopfert, sinnlos geopfert einem dunklen Grab, für das es doch ganz gleich bleiben muß, ob auf der Welt oben Sommer oder Winter ist.

„Jetzt hast du aber genug, Hanni. Du bist ja heuer gar nicht trainiert."

Sie gehen auf die Hütte zu, den geliebten Pfahlbau, in dem es so beruhigend riecht nach warmem Holz und feuchten Badetüchern. Aber der Vater bleibt stehen vor der Tür, runzelt die Stirn.

Mörder, steht da, eingeritzt mit roter Farbe. Wo ist dein Weib, steht darunter. Nicht mit roter Farbe.

Der Vater holt ein Brotmesser aus der Hütte. Mit ruhigen und sicheren Bewegungen, wie ein Handwerker, kratzt er das Holz ab. Er pfeift sogar dabei. Kleine, weiche, etwas falsche Töne. Es klingt nicht lustig, dieses Pfeifen.

Zitternd und lautlos steht Hanni hinter ihm. Das Trikot ist so naß und kalt, auch ist es viel zu eng, sie ist aus ihm herausgewachsen, die Nähte platzen, wenn deine Mutter dich so sähe. Nicht daran denken, überhaupt nicht denken, nichts wissen und nichts verstehen. Klein sein dürfen.

Am Abend ist es dann ganz schrecklich zuhause. Der Vater ist Hals über Kopf mit dem nächsten Zug nach Wien gefahren, warum gerade heute, die Votruba hat verheulte Augen, sie sagt, es fehlt ihr Geld aus der Küchentischlade, die Erbsen sind angebrannt, man riecht es in allen Zimmern, eine Fensterscheibe wurde zerschlagen, die Blumen unter dem Bild der Mutter hängen verwelkt, und Adalbert schreit herum: „Hier kann man nicht leben, dieses Haus ist ein Sauhaufen." Dieses Haus, sagt er. Dieses Haus.

Hanni beugt sich hinaus aus ihrem Fenster. Hinter dem Schädl ist der Himmel rot. Wenn der kleine Guglhupfberg nicht wäre, könnte man noch die Sonne sehen. Nach Osten öffnet das Land sich kühl und blaß. Ach, hätte der Vater sie doch mitgenommen. Was soll sie tun? Nachdenken will sie nicht. Zu Notburga gehen? Die hat doch nichts im Kopf als die Gottesmutter und das Jubiläum. Die Leute sind verrückt mit diesem Jubiläum. Wohin geht nur der Adalbert? Er wirft eben das Gartentor hinter sich zu. Aha, er hat sein Hakenkreuz angesteckt. Warum ist der Vater so plötzlich nach Wien gefahren? Warum, warum – oh Gott, das gräßliche Wort an der Holztür – warum, warum – warum hören die Schulkameradinnen manchmal zu sprechen auf, wenn sie in die Klasse kommt – warum hat die Reindl zur Votruba gesagt: In diesem Hause nähe ich nicht mehr – die ganze Wäsche geht kaputt, Hemden, Leintücher, Tischtücher – warum, warum –

Inzwischen steht Lohmann im Gang des D-Zuges. Welch ein Glück, in einem D-Zug zu sein. Es ist ein Fluch, in einem Ort zu leben, an dem der D-Zug vorbeifährt, ohne jemals zu halten. Wie hat er es nur Jahre, Jahre und wieder Jahre hindurch aushalten können in dem verdammten Betschwesternnest. Aber jetzt wird es anders werden. Die Verleumdung kratzt sich schon ein in das Holz seiner Türen. Jetzt wird Schluß gemacht. Er muß sein Leben verändern.

Ach Gustl, wie oft hast du das schon gesagt. Sei doch nicht lächerlich.

Er läßt das Fenster herunter, steckt den Kopf in die kühle Luft. Auf den Wiesen grauer Abenddunst, hinter den Weiden grünlich der Strom, eine kleine Station, noch viel kleiner als Maria Blut, der Herr Stationsvorsteher hält die Hand an die rote Mütze, nein, nein, wir halten nicht, adieu, adieu, wir fahren nach Wien (Wien, Wien, Wien, klappern die Schienen). Alice wird glücklich sein, dort gibt es auch noch andre Menschen, wirkliche Menschen, keine Eingeborenen, Menschen, keine abergläubischen Wilden, Menschen, mit denen man reden kann.

Ein Idiot ist er, ein willenloser Idiot. Seit er in den Krieg mußte und die sanfte gütige Johanna am Tag vor seinem Einrücken hingegeben in seinen Armen lag, um sich ihm zu schenken (wie sie später selbst es nannte), nahm er sein Schicksal hin, als hätte eine höhere Macht es diktiert. Dann der Brief von Johannas Vater, Entsetzen, Urlaub, Kriegstrauung, ein paar Monate später das Kind, Adalbert, dieser gräßliche Bursche, der ihm sein Leben zerstört hatte, es weiter zerstören wird, nächstesmal schmeißt er ihn aus dem Haus hinaus, wenn er so eine Hakenkreuzbinde findet. Johanna war stets vorwurfsvoll geblieben, so übernahm er denn die Praxis des Schwiegervaters, obwohl er doch viel lieber nach Wien gegangen wäre. Ja, nach Wien. Johannas kleine, ewig jungfräuliche Ohrläppchen mit den Perlknöpfchen drin hatten auch was Vorwurfsvolles gehabt. Und vorwurfsvoll war ihr letzter Blick. Wußte sie vielleicht von Alice? Er wird jetzt alles mit Alice besprechen. Eine Schande, daß er sie so lange nicht gesehen hat. Weshalb war er nur so lange nicht in Wien. Dort läuft das Leben weiter seit dem Krieg. Ein Stück Europa, eine rote Festung.

„Sie Herr, es zieht. Was fällt Ihnen denn ein. Auf beiden Seiten dürfen die Fenster nicht offen sein."

„Also so was, den Tod kann man sich holen."

„Zumachen, sofort das Fenster zumachen."

Lohmann wendet sich um, sieht ein paar rote aufgeregte Gesichter, abgenagte Hühnerknochen in fettem Butterbrotpapier, einen Lodenmantel.

„Meinen Sie mich?"

„Na wen denn sonst? Reißt denn wer andrer das Fenster auf?"

Lohmann merkt, daß dort, wo sein Platz war, ein ungeheurer Busen in geblümter Bluse wogt. Er schließt das Fenster (wird nicht auch noch nachdenken, ob die da hinten recht haben oder nicht) und geht in den Speisewagen.

Also so ein ordinärer Mensch." – „Hätt sich doch wenigstens entschuldigen können."

„Sollt man meinen."

„Ja, der. Wissen Sie denn nicht, wer das ist?"

„Nein. Wer denn?"

„Der Lohmann. Der Doktor aus Maria Blut."

„Was, der? Der Rote? Von dem hat mir mein Mann schon erzählt."

„Na, was sagen Sie? Das sollt man nicht für möglich halten."

„Pst, nicht so laut. Man kann nie wissen."

„Der muß aber gute Verbindungen haben, daß er so herumlauft. Wo doch jeder Mensch das weiß."

„Sie sehen ja. Wohin fährt er? Nach Wien. Dort hat er seine Freunderln sitzen."

„Die arme Frau. Soll noch ganz jung gewesen sein."

„Und nicht einmal einen geistlichen Trost.“

„In Wien hat er schon immer eine andre gehabt. Eine Studierte. Eine Jüdin.“

„Und kein andrer Arzt hat die Frau mehr gesehen.“

„Solche Leut gehören an den Galgen. Aber den haben die Herren Sozi glücklich abgeschafft. Werden schon gewußt haben, warum.“

„Damits nicht selber baumeln.“

„Ich kann mir nicht helfen, aber ich denk halt immer, so wirds nicht weitergehen. Unser Herrgott muß doch ein Einsehen haben.“

„Wissen Sie, meine Schwester, zu der was ich jetzt fahr, die lebt in Wien. Die laßt jeden Monat eine Messe lesen zu Ehren des heiligen Klemens Maria Hofbauer, weil das nämlich der Stadtpatron ist, damit der Wien von den Sozis erlöst.“

„Ich hab auch schon von solchen Messen gehört. Bei den Herz-Jesu-Priestern.“

„Ob aber der heilige Klemens da ausreichen kann. Da wird man schon einmal dreinhauen müssen.“

„Na, vielleicht schickt er einen, ders tut.“

Die Marischka muß die Tür von der Kanzlei aufmachen, weil das Bürofräulein, die fade Nocken, wieder einmal krank ist. Und der Sekretär bei Gericht. Sie kann es nicht leiden, wenn sie immer wieder aus der Küche weglaufen muß. Und was die Leut alles wollen. Jeder eine Extrawurst. Erst kommt der Erzherzog und sagt: „Zum Herrn Doktor, aber nur zum jungen.“ Dann kommt der Krowott und sagt: „Zum Herrn Doktor, aber nur zum echten.“

„Was?“ schreit die Marischka.
„Zum echten, zum alten Herrn Doktor, zum Juden.“
„Und das Vieh soll mit?“
„Gutes Vogerl. Wird Ihnen auch das Schicksal ziehen, schönes Fräulein.“
„Schönes Fräulein“, schreit die Lori, „schönes Wetter.“ (Dabei regnets.)
„Lassens das Vieh zuhaus. Sein hier keine Menagerie.“ (Da kommt aber auch schon der alte Meyer-Löw und streichelt den Papagei, der hackt nach ihm, das Luder, aber das macht nichts, er darf trotzdem mit in die Kanzlei.)
Und die Marischka geht zu ihren Krautfleckerln.

Weil der kleine Peperl Masern hat, sitzt seine Mutter bei ihm im verdunkelten Schlafzimmer. Die Schwester, die Votruba, kann überhaupt nichts sehen, wie sie zur Tür hereinkommt.
„Wo seids ihr denn?“
„Pst, nicht so laut, du weckst mir den Buben.“
„Und wo ist der Wipplinger?“
„Was weiß denn ich. Der sagt mir doch nie was.“
Die Votruba sieht jetzt im Ehebett zwischen grauen Decken das fiebernde Kind, das im Schlaf vor sich hin wimmert.
„Weißt du es vielleicht?“
„Was? Was soll ich wissen?“
„Wo der Wipplinger ist. Ihr steckts doch immer beieinand mit eurer Politik und so Sachen. Treffts euch auch heimlich.“
„Ist gar nicht wahr.“
„Das wird nicht immer nur die Politik sein. Glaubst, ich bin blöd. Und das Getu, kaum, daß ich bei der Tür

draußen bin. Du hasts ja leicht, keinen Mann, keine Kinder, kaufst dir rosa Hemden, seidene Hemden und Schuh mit Stöckel."

„Geh, schweig schon einmal."

„Und ich bin das Vieh, das ihm die Strümpf stopfen soll und kochen und die Stiefel putzen. Hermin, wo hast meinen Kragenknopf. Die Suppen schmeckt heut wie Abwaschwasser. Und die Kinder und der Krowott und der dreckige Papagei und in der Nacht solls einem auch noch Vergnügen machen, weil man schlafen möcht, weil man sich nimmer rühren kann und alle Knochen tun einem weh. Jedes Mensch hat es besser."

„Aber Hermin –"

„Du bist ja auch so eines. Ein Mensch bist du. Deshalb lauft er immer zu dir und ihr treffts euch in den Versammlungen. Und wenn auch hundertmal die Neunteufel mit dabei ist, die nehmts ihr nur mit, damit ich mir nichts denken soll."

„Jetzt hältst du aber dein dreckiges Maul. Da hast es. Der Peperl ist auf. Was willst denn, Peperl?"

„Durst."

„Da Peperl, trink, ist ein gutes Himbeerwasser."

Und die Tonitant gibt dem Peperl, der gar nicht sehen kann aus seinen verklebten Augen, von dem schönen rosa Sodawasser, das sie ihm mitgebracht hat. Inzwischen weint die Mutter leise vor sich hin, so wie sie es gewohnt ist.

„Dein Doktor, der ist auch nicht gekommen."

„Wie soll er denn kommen, wenn er in Wien ist."

„Ja freilich, da ist immer was los, wenn man den braucht."

„Fängst du auch schon an. Und dabei hast du ihn eingetunkt."

„Wieso denn ich?"

„Mit deinem Chininrezept. Ich hab dir gesagt, schmeiß es gleich weg. Du aber holst dir sechsmal Pulver drauf. Jetzt hat der Apotheker ihn angezeigt, er hats eh scharf auf ihn."

„Ich kann nichts dafür. Und ich krieg ja doch meinen Prozeß im November."

„Nein, du kannst nie was dafür. Und der Herr Primarius, der hats wieder scharf auf uns. Der weiß genau, da hat was nicht gestimmt beim Fensterputzen. Und dann redest du noch, daß du beim Lohmann warst wegen Ratschlägen und solchen Sachen."

„Genutzt hats nichts."

„Deshalb brauchst dus nicht zu erzählen. Wo sie doch alle so wild auf ihn sind. Der arme Mensch, er wirds bald nimmer aushalten hier. Und mich, mich schmeißens auch schon hinaus. Wirst mich bald los sein. Da brauchst nimmer eifersüchtig sein auf den Wipplinger und auf die Versammlungen."

So, jetzt weint die Toni. Sie weint laut, es schüttelt sie. Der Peperl wirft sich herum und stöhnt und die Hermin ist einfach starr.

„Was soll denn das heißen? Wer schmeißt dich hinaus?"

„Das Wanderungsamt oder wie das heißt. Weil ich gar nicht hierher gehör. Weil ich nämlich eine Tschechin bin."

„Was? Eine Tschechin? Seit wann denn?"

„Weil der Vater ein Tschech war."

„Aber geh, der war doch aus Znaim."

„Na eben. Und Znaim gehört zur Tschechoslowakei. Seit dem Krieg."

„Wir sind aber doch gar nicht dort gewesen. Immer nur

bei der Großmutter in Linz und jetzt hier. Da müßt ich ja auch eine Tschechin sein."

„Dich geht das nichts an, weil du den Wipplinger geheiratet hast. Aber mich wollens nausschmeißen. Ich gehör auf einmal gar nicht mehr her. Ich bin auf einmal nimmer zuhaus. Ich soll fort, vom Lohmann soll ich fort und von euch und von den Genossen. Das ist eine Gemeinheit, eine Gemeinheit und gar nichts anderes, wo ich doch überhaupt nicht tschechisch kann –"

„Weiber, Weiber, was schreits ihr denn so?" Der Krowott steckt den Kopf zur Tür herein. Die Lori sitzt auf seiner Schulter und sagt: „Guten Tag." Er ist sehr vergnügt, der Krowott, er hat Glück gehabt, er muß es den Weibern gleich erzählen, er setzt sich auf den Schmutzwäschsack in der Ecke. Der alte Jud, der Meyer-Löw, wird den Prozeß übernehmen, die fünf Schilling von der Gottesmutter werden wir nicht auch den reichen Pfaffen schenken, hihi, so was kann sogar in die Zeitungen kommen, und das wollen gläubige Christen sein. Und wißts ihr was, wenn das Jubiläum ist, da stell ich mich mit der Lori neben den Stand mit den allerheiligsten Andenken, da kommen mehr als fünf Schilling raus, wenn dann Sonntag ist, kauf ich ein Backhendel, oder auch zwei, der Toni heben wir ein Flügerl auf – Ja was hast denn, Toni, was weinst du denn?"

Jetzt merkt ers erst, der alte Narr, daß die Toni weint. Weils aber auch so finster ist. Und die Hermin muß ihm alles erzählen, während die Toni sich immer wieder verzweifelt schneuzt.

„Also deshalb", sagt der Krowott und zündet sein Pfeiferl an, obwohl er doch in einem Krankenzimmer ist. „Ihr seids schön blöd. Was ist da schon dabei. Da hört man gar nicht hin. Mir sinds auch alleweil auf die Kappen gestiegen mit Heimatschein und Zuständigkeit und solchem Dreck. Na und was glaubt ihr, daß ich bin?"

„Du? Du bist ein Krowott."

„Ja freilich. Ein Italiener bin ich. Aber wißts ihr was: ich pfeif darauf."

„Wieso bist du denn auf einmal ein Italiener?"

„Weil mein Vater aus Istrien war. Die Großkopferten finden immer was raus, wenns einen los werden wollen. Keine Arbeitserlaubnis. Als obs überhaupt noch eine Arbeit gäb in Österreich. Geh, wein nicht, Toni."

„Wenn ich aber nimmer hierbleiben darf. Da schau her, mein Doktor hat eine Vorladung kriegt, daß er mich weggeben muß, widrigenfalls –"

„Widrigenfalls. Was das nur für geschwollene Wort sind. So ein Blödsinn. Du gehst einfach zum Meyer-Löw, dem alten Juden. Widrigenfalls. Wir sind doch alle miteinander Österreicher. Blödsinn."

„Blödsinn", kreischt die Lori. Ein gescheites Viech. Und der Peperl wacht auf und möcht gern die Lori streicheln.

Die Frau Bürgermeister ist noch im tiefsten Negligee und wirft nur rasch den lila Schlafrock über, wie das Stubenmädel ihr meldet, daß die Reindl Mitzi, die Hausnäherin, sie sprechen will, unbedingt, sofort und auf der Stelle. Was ist denn los? Am End ist was passiert mit dem Schwarzseidenen, das sie so dringend zum Jubiläum braucht. Beim Bügeln versengt oder sonst etwas.

Da steht die Reindl auch schon im Schlafzimmer, im ehelichen Schlafzimmer des Bürgermeisters, hoch aufgerichtet steht sie da, den Blick geheftet auf die rosa Ampel, in der Hand einen großen Karton.

„Gnädige Frau, ich möchte Sie nicht unnütz warten lassen, aber ich kann die Arbeit leider nicht übernehmen, in einem Haus, in dem mir solches widerfuhr“ – und sie stellt den Karton auf das offene Bett des Herrn Bürgermeisters.

„Fräulein Reindl“, die Bürgermeisterin schnappt nach Luft, „es wird doch nicht das Schwarzseidene sein?“ (Wo sie sich doch mit dem Damensalon Schmidek, dem einzigen in Maria Blut, soeben überworfen hat.)

„Gnädige Frau“, die Stimme der Reindl kippt, „meine Ehre – meine Ehre ist mir wichtiger als der Mammon. Und wenn – und wenn der Herr Bürgermeister selber so von mir spricht –“

„Aber liebstes, bestes Fräulein Reindl, das kann doch nur ein Mißverständnis sein.“ (Mit einem nervösen kleinen Fußtritt schiebt die Frau Bürgermeister den nicht leeren Nachttopf ihres Herrn Gemahls unter das Bett.) „Ich bin ja ganz wie vor den Kopf geschlagen.“

„Wenn man mich nicht für würdig hält, an unserem Jubiläum mitzuwirken, wo es doch ein Fest für unsre Heimat werden soll, wenn ich auf einmal keine Ehrenjungfrau sein darf, während andre, viel weniger Bodenständige das dürfen, wo ich doch so verwurzelt bin mit allen meinen Fasern –“

„Aber Fräulein Mitzi, wer verbietet es denn?“

„Der Herr Bürgermeister haben gesagt“, ein Schluchzen bricht die Stimme ab, „ich bin eine überspannte Person. Und überhaupt, bei der Konservenfabrik war ich doch gar nicht dabei.“

„Fräulein Mitzi, jetzt setzen Sie sich ins Speisezimmer und trinken ein Glas Slivovitz. Ich telefonier einstweilen meinem Mann. Da, das Schwarzseidene nehmen Sie mit.“

Der Bürgermeister sagt, ihm ist es gleich, ob die verrückte Urschel eine Ehrenjungfrau ist oder nicht und man soll ihm nicht mit so blöden Sachen kommen, mitten in seine Amtsstunden hinein, natürlich kann sie sich auf ihn berufen, beim Komitee, in Gottes Namen, er legt höchstes Gewicht darauf, aber ja, sie kann auch ruhig sagen, daß es auf seinen ausdrücklichen Wunsch hin geschieht.

„Also nichts als Tratsch und böswillige Verleumdung", erklärt die Frau Bürgermeister, während die Reindl mit zitternden Fingern an dem Schwarzseidenen herumsteckt.

Und die Reindl seufzt: „Es sind eben so viele schlechte Menschen im Ort. Bei der Konservenfabrik war ich wirklich nicht. Obwohl das nur ein gerechter Ausbruch des Volksempfindens war."

„Au", schreit die Bürgermeisterin. Eine Stecknadel hat sie in den Bauch gestochen.

Wie die Reindl spät abends nachhause kommt (sie hat den ganzen Tag an der Frau Bürgermeister ihrem Schwarzseidenen gearbeitet und auch noch ein extrafeines Mittagessen gekriegt), steht der Heberger Vinzenz, der fade Pimpl, vor dem Klavier und starrt in ein paar aufgeschlagene Noten.

„Wo ist denn mein Bruder?"

„Der Herr Oberlehrer sind vor einer halben Stunde fortgegangen, kommen aber bald wieder zurück."

Die Fenster sind offen, staubige Wärme strömt von der Straße herein. In einer Vase stehen dunkelrote Rosen, verblüht, beinahe schon violett.

„Was lesen Sie denn da, Herr Heberger, Sie werden sich noch die Augen verderben."

Er sieht sie an mit tiefernstem Blick: „Winterstürme wichen dem Wonnemond ..."

Wenn man ihn nicht so genau kennen tät (er sitzt einem ja jetzt immer auf dem Hals, zu tun hat er auch nichts, nur den Kopf voll Ideen und bei jedem Butterbrot sagt er: nein, nein, ich danke, und ißt es dann doch), wenn man also nicht schon seine Erfahrungen mit ihm hätte, man könnte meinen, das ist eine Annäherung.

„Aber Herr Vinzenz. Sie sind ja ganz verträumt."

Sie steht neben ihm, auf den Fußspitzen. Er weicht zurück.

„Nein, Fräulein Mitzi, nein, nur nachdenklich."

„Na schön. Dann denkens weiter nach." Und sie geht in die Küche und haut mit den Kochtöpfen herum, daß er es hören kann. Nachtmahl kriegt er keines. Die Haar könnt er sich auch einmal waschen. Immer nur die fette Pomade, daß ihm die Strähnen in die Augen hängen. Und die Reindl singt, weil er halt gar so ein keuscher Josef ist: „Oh Donna Clara, ich hab dich beim Weileis gesehn, oh Donna Clara, ich hab dich nur teilweis gesehn."

Da steht er auch schon in der Küchentür: „Fräulein Reindl, ich möchte mich empfehlen."

„Schon so früh, Herr Heberger?" Und sie legt rasch den Deckel auf den Gulaschtopf.

Nachher irrt Vinzenz planlos in den dunklen Straßen herum. Hatte er doch gehofft, einen ernsten Abend im Gespräch mit dem Oberlehrer zu verbringen. Wenn auch ihre Gedanken manchmal verschiedene Wege wandelten, so war es ihm, dem Jüngeren, doch stets Bedürfnis, sein ewiges Ringen zwischen Verstand und Gefühl vor dem älteren und gereiften Manne auszutragen. In diesen Tagen des Grübelns und Hineinbohrens, die Vinzenz verstohlen und von seiner Umgebung wohl als Sonderling betrachtet an seinem Heimatort verbrachte, suchte er mit unruhiger Beklommenheit immer wieder den väterlichen Freund und Zuhörer auf, um ihn an den eigenen, noch allzu ungelösten Problemen teilnehmen zu lassen, um mit ihm das Schicksal zu erörtern, das der Allmächtige in seinem unerschöpflichen Ratschluß nun einmal über das deutsche Vaterland verhängt hat.

Heut aber fühlt er sich vertrieben. Vertrieben wie schon so oft. Ein Unverstandener, der in seiner Heimat nicht Fuß fassen darf, den keiner hören will, obwohl er doch das Wichtigste zu sagen hätte. Seit seiner Jugendsünde, als er in knabenhaftem Überschwang das Blut Gottes selbst zu trinken wagte, hat das Schicksal sich gegen ihn entschieden. Er, der berufen zum Führer wäre wie kaum ein andrer, sucht nun vergeblich die Massen, die er erlösen sollte. Grausam und unerbittlich waltet die Vorsehung auch weiter gegen ihn.

Über den engen Menschengassen wölbt sich der Gotteshimmel voll flimmernder Sterne. Ein kleines Mädchen läuft ihm entgegen, einen Krug schäumenden Bieres in der Hand. Ihn hungert. Seit er mittags irgendwo seine Flasche Milch getrunken und sein Stück Brot gegessen hat, hat er nichts mehr zu sich genommen. Gegenüber dem Kino ist ein Automatenbüffet. Vielleicht langt es zu einem Käsebrot.

Vinzenz nimmt sich vor, sich gar nicht umzusehen in dem grellen Raum mit den vielen Spiegeln und der kreischenden Musik. Ein paar Mädchen mit rotgeschminkten Lippen kichern hinter ihm. Der Ekel kriecht ihm zum Hals hinauf, die Scham der Empörung und der Schande brennt ihn in der Stirn. War solches auch schon in dem kleinen Maria Blut möglich geworden? War der Unrat sittlicher Verpestung so weit gedrungen?

Er schlingt sein Butterbrot hinunter, wendet sich um, eine dünne Stimme sagt: „Komm ins Kino, Schatzi, es fängt gerade an."

Ja, auf der Straße drängen sich auch wirklich schon die Leute dem rot beleuchteten Eingang zu. Vinzenz sieht flüchtig das lebensgroße Plakat einer halbnackten Frauensperson, sein Blick schweift weiter, trifft die Züge des Herrn Daniel Meyer-Löw, den Doktor Brunnbacher mit Gemahlin und dann am Arm ihres Bruders, lebhaft sprechend, das Fräulein Mitzi Reindl. Arme Verblendete, auch schon verfallen dem erstickenden Parfüm unsrer modernen Erotik.

Vinzenz wendet sich ab. Ihn schaudert. So weit ist es sogar schon mit den eigenen Freunden gekommen. Langsam geht er nachhause, wo der Vater ihm mitteilt, daß er während der Jubiläumstage im Stiftskeller mitservieren darf. Die Mutter liegt mit einem Asthmaanfall zu Bett. Für den Weileis reicht das Geld nicht mehr.

„Also, ob ihrs glaubt oder nicht, die Reindl Mitzi wird Ehrenjungfrau."

„Ist ja nicht möglich."

„Ich sags, wies ist, sie hat es mir selbst erzählt."

„Und ich habs vom Brunnbacher seiner Wäscherin. Er hat gesagt, die Person kommt ihm nicht mehr ins Haus, nicht ein Hemd darf sie ihm mehr flicken, so eine, was zu den Hakenkreuzlern halt, schämen soll sich die alte Kuh, so eine wird keine Ehrenjungfrau nicht."

„Wenn sie mirs aber selber erzählt hat. Und sie hat gar

nicht wollen, hat sie gesagt, jetzt tut sies aber doch, auf ausdrücklichen Wunsch des Herrn Bürgermeisters, hat sie gesagt."

„Ah da schauts her, das ist ja hohe Protektion."

„Sie hat mirs selber erzählt."

„Wo der Bürgermeister doch immer so gegens Hakenkreuz ist. Geht herum mit einem Hahnenschwanz am Hut."

„Bei dem kann man nie wissen. Der ist ein Schnittel auf alle Suppen."

„Hat auch einmal geheißen, daß er ein Roter ist."

„Das muß aber schon sehr lang her sein."

„Die hohen Herrn ziehen sich fein raus."

„Die Reindl muß aber auch überall dabei sein. Wo der Bruder hinrennt, rennt sie mit."

„Aber sie sagt, bei der Konservenfabrik war sie gar nicht dabei."

„Wers glaubt, wird selig. Aber vielleicht weiß sies gar nimmer, weil sie besoffen war."

„Das warens alle."

„Und der Heberger Vinzenz soll der Anführer gewesen sein. Der ist der Reindl Mitzi ihr neues Gspusi."

„Was, der Pimperl? Laßts euch nicht auslachen."

„Na, wenn Sies besser wissen."

„Mein Bruder, der was bei den Eisenbahnern ist, der kennt den Pimperl noch von der Station. Mein Bruder sagt, der schaut kein Frauenzimmer an. Mein Bruder sagt, der spinnt."

„Bin neugierig, ob der alte Heberger den Stiftskeller behalten wird. Er ist ganz furchtbar reingefallen mit dem Schellbach. Aber jetzt setzt er auf das Jubiläum. Hat zwei Aushilfskellner angestellt."

„Bei der Wirtin pfeifts wieder. Da hat der Weileis auch nicht viel genützt."

„Die Leut haben ein Pech. Das Mädel zum Umblasen und der Bursch ohne Arbeit und außerdem ein Narr."

„Ich kann ihn nicht leiden mit seinem stieren Gschau."

„Gerad wie ein abgestochenes Kalb."

„Und ich versteh nicht, was ihr alle gegen den Vinzenz habts. Ohne Arbeit ist heutzutag bald einer. Wenn ich so denk: er raucht nicht, er trinkt nicht, Weiber hat er auch keine, ich sags wies ist: das ist ein besserer Mensch."

Ganz schüchtern klopft es bei der Hanni an: „Darf ich herein?"

Natürlich die Notburga.

„Warum denn nicht. Gehab dich doch nicht so."

Hanni liegt in Lederhosen auf dem Bett. Die nackten braunen Beine hängen über die Lehne, das glühende Gesicht ist mit einer dicken Salbe eingeschmiert.

„Was hast du denn, Hanni?"

„Sonnenbrand. Setz dich, bitte."

„Es ist nur –" Notburga setzt sich nicht, wie sollte sie auch, auf den Stühlen liegen Bücher, Hefte, Notenpapier, Strumpfbänder, Wollknäuel, Zeitungen – „ich bin gekommen, weil ich dich was fragen möchte."

„Dann raus damit."

„Wir haben nämlich unser Jubiläum und da ist mir, da wurde mir, ich darf nämlich, ich soll auch eine Ehrenjungfrau sein."

„Na, und –"

„Ich habe aber kein Kleid und keine Schuh und keine weißen Strümpfe und da denk ich mir –"

„Aber Notburga, natürlich kannst du haben, was du willst.“ Hanni springt auf. Wie sie jetzt neben Notburga steht, ist sie fast einen Kopf größer, so gewachsen ist sie diesen Sommer.

Notburga sieht zu ihr auf, bewundert das helle Haar, das ihr, die Sonne scheint eben darauf, wie ein wilder Heiligenschein um die Stirn steht. „Eine schöne Ehrenjungfrau wärst du, Hanni.“

„Mit meinen Lederhosen und dem verbrannten Gesicht. Aber komm, wir wollen einmal suchen.“ Und sie reißt alle Laden der Kommode auf, bald stehen sie beide in einem Haufen heller Sommerkleider, Blusen, Bänder, Hemden, Strümpfe, Mützen, alles fliegt auf den Fußboden.

„Schau hier, das mit den lustigen roten Blumen. Das ist mir viel zu klein, ich schenk es dir.“

„Aber Hanni, das geht doch nicht.“

„Ach, verflucht, es soll also schneeweiß sein. Ich fürcht, das hab ich nicht. Höchstens das mit den rosa Tupfen, die sind so licht, die merkt man kaum.“

„Aber weißt du, das ist doch ausgeschnitten.“

„Ja, was anderes werde ich wohl nicht haben.“

Notburga ist zurückgetreten. Traurig blickt sie auf den bunten Kleiderhaufen. Ihre Wangen sind gelblich blaß wie Kirchenfliesen. „Es ist nur, weil die Eltern jetzt so gar kein Geld haben.“

„Kränk dich nicht, Notburga, es hat doch noch ein paar Tage Zeit. Dann ist mein Vater zurück aus Wien, der gibt mir sicher Geld, wenn ich ihn bitte, ich hab heuer gar kein neues Kleid gekriegt.“

„Dein Vater – nein.“

Hanni läßt das Rosagetupfte, das sie noch in der Hand hält, fallen. „Ist dir mein Vater vielleicht nicht recht?“

„Aber Hanni –“

„Ist dir mein Vater nicht recht?“

„Hanni, schrei doch nicht so.“

„Ist dir mein Vater nicht gut genug für deinen Prozessionsfetzen?“

„Hanni –“

Notburga sieht ein Paar geballte Fäuste über sich.

„Geh“, stöhnt die Hanni, „geh. Aber gleich.“

Notburga huscht über die Treppe. In der Haustür stößt sie mit einem jungen Mann zusammen. Kaum ist sie im Garten, so pfeift er ihr. Eigentlich wie einem Hund. Sie bleibt stehen und er kommt ihr nach.

„Entschuldigen Sie“, sagt Adalbert mit einemmal sehr höflich, „ich hätte nur Ihrem Bruder was auszurichten. Heut abend um elf. Werden Sie sich das merken?“

„Ja“, flüstert Notburga, indem sie ängstlich zu Hannis Fenster hinaufschielt. Aber Hanni zieht eben das Jagdmesser des Vaters aus der untersten Kommodenlade zwischen alten Strümpfen hervor. Sie versteckt es in ihrem Badeköfferchen. Auf zum Pfahlbau. In diesem Haus kann man nicht leben, hat Adalbert einmal gesagt. Nein, in diesem Haus kann man wirklich nicht leben. Nur rasch noch ein Buch und ein Butterbrot. Dann begibt sie sich auf ihren Posten in den Weiden. Der Verbrecher soll nur wiederkommen, wenn er was an die Tür schreiben will. Sie ist bereit.

Lohmann liegt in der Wanne, das heiße Wasser reicht ihm bis ans Kinn, er blinzelt, er hält eine Zigarette zwischen den Fingern. Sehr groß kommt er sich vor in dem winzigen Badezimmer. Das heißt, wozu sollte ein Badezimmer größer sein. Es fehlt nichts in diesem Badezimmer, jeder Hebel ist handlich angebracht, jeder Nagel an der richtigen Stelle eingeschlagen, der Spiegel in vernünftiger Höhe, das Licht nicht zu matt, blendet auch nicht, flaumige Handtücher, die Zahnputzgläser aus verschiedenfarbigem Milchglas, die Seife kaum duftend, eine stille Uhr, die nicht rosten kann, ein weiches graues Gummikissen am Rand der Wanne.

Das ist das Wunderbare an Alice; auch an ihr ist alles zweckmäßig, keine überflüssigen Bewegungen, kein Wort zuviel, vielleicht sogar nicht einmal ein Gedanke. Was zu ihr gehört, hängt auch zusammen in einer selbstverständlichen Logik. Es gibt so gar nichts Zufälliges an dieser Frau, und deshalb wirkt sie so beruhigend.

„Alice –"

„Aber Gustl, bist du denn noch immer im Bad?"

„Ich geh auch nicht so bald hinaus."

„Du wirst den Zug versäumen."

„Dann fahr ich mit dem nächsten."

„Das sagst du schon seit einer Woche."

„Willst du mich los werden, Alice?"

„Red keinen Unsinn, Gustl."

Und Alice kommt herein in ihrem gelben Kimono. Ihr Haar ist frisch gebürstet, es glänzt dunkel.

„Ich bleib bei dir, Alice."

„Du fährst nachhause, Gustl."

„Zu den Eingeborenen."

„Es ist jetzt nicht der richtige Augenblick, davonzulaufen."

„Du hast leicht reden. Hier in Wien, ruhig und sicher in der schönsten Zivilisation."

„Als ob es hier keine Eingeborenen gäbe."

„Wie meinst du das?"

„Gustl, ich sag es dir die ganze Zeit: Die Eingeborenen erobern Wien. Ihr alle merkt es nur noch nicht." Sie steht vor dem Spiegel und glättet sich die feinen Brauen.

„Aber Alice –"

„Du wirst noch an mich denken, Gustl. Die Eingeborenen erobern Wien. Auch deine Eingeborenen von Maria Blut."

„Das sind ja Wahnideen."

„Wart es ab. Und einstweilen fahr nachhaus. Ich muß jetzt gleich in mein Spital. Heut hab ich Nachtdienst."

„Weißt du, Alice, von dir möchte ich einmal behandelt werden."

„Ich danke. So ein großer, dicker und gesunder Bär. Fahr du nachhaus und behandel du dort deine Kranken."

„Aber du weißt es doch, die vielen Scherereien. Die Kassengeschichte und das Chininrezept und der Tratsch, meine Frau hab ich auch schon umgebracht, du Alice, die wollen mir an den Kragen."

„Nicht nur dir, mein Lieber."

„Ja, was macht man denn da?"

„Sich wehren."

„Ja, wie denn?"

„Ach Gustl –"

VII.

Dem Pater Lambert gefallt es nicht mehr auf der Welt. Er hat immer gedacht, alt werden muß was Hübsches sein. Da geht man in der Sonne spazieren, schaut sich die kleinen Mädeln von weitem an, hat seine Ruh und doch auch sein Vergnügen. Ja, freilich. Das Spazierengehen ist ihm ganz verleidet, seit er die geschwollenen Füße hat, auch wird ihm die Sonne bald zuviel, und von Ruh ist schon gar nicht die Rede, die Menschen sind ja ganz verrückt, wenns keine Wunder gibt, brauchen sie wenigstens ein Jubiläum, ein Muttergottesjubiläum, wo er auch noch dazu mittun muß, weil er eben der Pfarrer ist. Der neue Abt treibt es dabei am ärgsten, der Rotzbub, ganze zehn Jahre jünger ist er als der Pfarrer und reißt dabei das Maul auf, alleweil mit seiner Politik, mir scheint, der will noch Bundeskanzler werden, wie der gottselige Prälat, der Seipel. Ist überhaupt ein neuer Zug in Österreich: die Kirche, die Kirche und wieder die Kirche. Der Pater Lambert hat gewiß nichts gegen die Kirche, wär gar schön, wo er doch selber ein Pfarrer ist, Gott bewahre, er ist ihr treuer Sohn, immer gewesen und bleibt es auch. Aber deshalb kann man doch ein Einsehen haben, wenn die armen Leut was fressen wollen, von der Hostie allein ist keiner noch satt geworden, deshalb braucht man nicht gleich nach der Polizei zu schreien und nach dem Militär und womöglich auch noch nach Maschinengewehren, wie der neue Abt, der überhaupt ein Herz und eine Seele mit der Heimwehr ist. Nein, nein, dem Pater Lambert gefallt das nicht. Da malens einem fortgesetzt den Teufel an die Wand, und einmal ist der Teufel rot und einmal ist der Teufel braun, aber ein Teufel ist eben immer, vor dem sich alle fürchten wie vor dem Teufel. Ob der Teufel auch schwarz sein kann? Doch das sind keine Gedanken für den hochwürdigen Herrn Pfarrer von Maria Blut. Er findet nur, das alles ist nicht schön und die rechte Art ist es auch nicht, die Seelen zu gewinnen. Immer nur die Leut schrecken, das ist ja noch ärger als wie im Krieg. Auf einmal solls auch was Besonderes sein, wenn einer aus Linz ist oder aus Grein oder sonst aus der Gegend. Gerade, daß nicht auch noch den Himmel und die ewige Seligkeit für die echten Österreicher reservieren. Wo doch das Vaterland unsrer allein seligmachenden Kirche die ganze Welt sein müßte und der Himmel droben noch dazu.

Dem Pater Lambert gefallt das alles nicht. Zornig stößt er mit seinem Stock gegen das holperige Pflaster. Auf seinem Abendspaziergang kommt er nun nicht mehr vor die Stadt hinaus. Die Füß tun weh. Sind so geschwollen.

Alle Fenster der Straße stehen offen, die Luft ist grau, aus einem Radio trillert eine Frauenstimme. Das ist aber hübsch. Und aus dem nächsten Radio wieder. Die Stimme begleitet ihn. Wenn er nur das eigene Schnaufen nicht hören müßte.

„Gelobt sei Jesus Christus“, sagt jemand im Vorbeigehen.

„In Ewigkeit amen“, brummt der Pater Lambert.

Habens schon gehört, Frau Wimmer?“ – „Was denn?“ – „Vom Krowotten.“

„Was denn vom Krowotten?“

„Er sagt, die fünf Schilling von Unsrer Lieben Frau sind sein, die gehören ihm."

„Aber gehens, hörens auf, dem dreckigen Krowotten wird sies geben haben."

„Und er geht vors Gericht, hat er gesagt."

„Soll er nur."

„Der Meyer-Löw führt den Prozeß, hat er gesagt."

„Das schaut dem Juden wieder einmal ähnlich."

„Der soll ja auch dem Lohmann sein Vertreter sein. Aber nutzen wirds nichts."

„Hat man denn schon die Beweise?"

„Sie meinen wegen der toten Frau? Nein, deshalb ist es nicht. Der feine Herr hat noch was andres auf dem Kerbholz."

„Aber gehens, da bin ich neugierig."

„Überhaupt, bei uns gehts jetzt zu im Ort. Das reine Sündenbabel, hat der Herr Abt gesagt. Habens schon gehört vom Oberlehrer, dem Hubert Reindl?"

„Sie meinen wegen der Konservenfabrik?"

„Nein, noch viel ärger."

„Na, hören Sie."

„So was kann ich Ihnen gar nicht erzählen. So was nimmt eine anständige Frau nicht in den Mund."

„Ich bitt Ihnen –"

„Was es alles gibt. Man sollt es einfach nicht für möglich halten."

„Da müssen Sie mir aber jetzt wirklich sagen –"

„Nein, nein, Frau Wimmer, ich mach nie einen Tratsch. Schon aus Prinzip nicht. Und überhaupt, ich hab keine Zeit. Morgen kommen schon die Jubiläumsgäste, zwei feine Herrn von der Regierung, Sie können sich ja denken, mein Mann, das hängt mit seiner Stellung zusammen, und unsre Lintschi soll zur Kommunion, das müssen alle Kinder vor der Feier, ihr weißes Kleid ist auch noch nicht ganz fertig, ich und mein Mann, wir wollen beichten gehen, man weiß doch auch, was man sich schuldig ist und seiner Stellung."

Exzellenz ist wütend. Da setzt man ihr drei alte Betschwestern ins Haus, nur weil sie so freundlich war, ihre Wohnung auch dem Komitee zur Verfügung zu stellen. Sie hat gemeint, es werden vornehme Ausländer kommen oder hohe Würdenträger. Ja, Schnecken. Drei vertrocknete Lehrerinnen vom Katholischen Frauenbund hat man ihr zugewiesen. Die hätten auch woanders unterkriechen können als bei Materni, Exzellenz Materni bitte, den ganzen Tag nur saure Gesichter vor lauter Frömmigkeit, und die Neunteufel setzt auch noch eine Rindssuppe auf den Tisch, obwohl Freitag ist, sie weiß doch genau, diese Person, daß Exzellenz kein Gedächtnis hat (konfus, konfus, hat der selige Ipperl immer gesagt) und sich die Wochentage nicht merken kann. In ihren Kreisen war es auch keine Sünd, wenn man das Fasten einmal vergessen hat, für Vergessen kann keiner was dafür, aber heutzutag sind ja die Leut wie wild mit allem, auch mit der Religion. Das kommt von den verfluchten Sozialisten. Wie lang dauerts noch und man verlangt, daß sie auf ihre alten Tag beichten geht und vielleicht gar noch kommunizieren, in aller Herrgottsfrüh, ehe man noch sein Frühstück im Magen hat. In ihren Kreisen war so was ganz lächerlich. Katholisch sein, ja, aber doch nicht so wie die Domestiken, wobei die Köchinnen heutzutag nicht einmal mehr fromm sein wollen, sie sind unverschämt, verlangen auch noch in der Woche einen freien Nachmittag und daher kommt eben das ganze Elend.

„Tassi! Tassi!" (Wo steckt denn der Lausbub? Gleich wird gegessen und er muß sich auch noch die Hände waschen.) – „Tassi!"

„Ja, Großmama, gleich."

„Bist du verrückt? Seit wann sperrst du dein Zimmer ab."

Und sie rüttelt an der Tür. Es riecht so merkwürdig, wie nach was Verbranntem.

„Tassi!"

„Gleich, Großmama. Der Ferry ist bei mir."

„Tassi, sofort –"

Bums, krach! Beinahe wäre sie in Ohnmacht gefallen, aber vielleicht gibt es doch noch etwas zu retten. Sie rüttelt an der Tür, die Tür geht auf, Glassplitter und ein teuflischer Gestank, zwei verdreckte Bubengesichter, eines fängt eine Ohrfeige, welches, weiß sie nicht. Hinter ihr erscheinen, sich bekreuzigend, die drei Betschwestern. Also, so was! Eine leibhaftige Explosion. Sprengkörper in der eigenen Wohnung.

Ich geh noch ein bissel spazieren", sagt der Wipplinger. Die Hermin sagt nichts.

„Weil ein so schöner warmer Abend ist", sagt der Wipplinger und nimmt die Mütze vom Haken.

Der Karli springt auf. Beinah wär er schon eingeschlafen. „Nimmst mich mit, Vater?"

„Nein, nein, heut lieber nicht."

„Der hat eine andre Begleitung", sagt die Hermin. Da fällt die Tür auch schon hinter ihm zu. Vor dem Doktorhaus braucht er nicht lange zu pfeifen. Gleich steht die

Toni neben ihm. Ihre Arme glänzen weiß und blank, sie trägt ein lichtes Kleid mit vielen bunten Blumen drauf. Hinterm Zaun duftet das Heu.

„Hat sie was gesagt?"

„Ich weiß es nicht. Ich hör gar nimmer hin. Komm."

Sie gehen auf dem schmalen Pfad zwischen den Wiesen. Irgendwo spielt man Ziehharmonika. Eine blasse kleine Mondsichel schwebt schief in dem noch lichten Himmel. Die Luft schmeckt naß.

„So was Dummes. Was fallt ihr denn ein. Ich werde doch nicht mit meinem eigenen Schwager –"

„Geh, laß das –"

„Richtig gemein ist sie mit mir gewesen. Du hättest ihr halt doch was sagen sollen."

Der Wipplinger bleibt stehen. „Nein. Hörst du, Toni, nie. Wir haben uns geschworen, daß unsre Weiber von nichts was erfahren."

„Na, weißt du –"

„Für dich gilt das nicht. Du bist ja schon so lang dabei und tust auch was. Du und die Neunteufel, ihr seid zu brauchen. Du erzählst den Nachbarinnen nichts, und man muß sich nicht fürchten, daß du plötzlich einmal in den Beichtstuhl rennst."

Die Toni lacht. „Das wird ein schöner Rummel am nächsten Donnerstag. Unser Doktor, der ist in Wien. Ich glaub, der kommt gar nicht mehr zurück vorher. Dem drehts den Magen um."

„Gehört schon dir, dein Doktor."

„Jetzt hast du auch was gegen ihn?"

„Abreisen, wenns einem den Magen umdreht. Ja freilich, das ist einfach. Unsereiner hat nicht das Geld bis zur nächsten Station."

Die Toni beißt an einem Grashalm. – „Wie weit ist es denn?“

„Was meinst du?“

„Na, bis zur nächsten Station, wo wir jetzt hingehen.“

„Eineinhalb Stunden.“

„Oh weh.“

„Warum denn?“

„Ich bin müd. Wir haben heut unsern Waschtag gehabt.“

„Und ich bin hungrig.“

Der Weg biegt ab in einen dunklen Wald. Sie bleiben stehen, sehen sich traurig an. Und dann setzen sie sich auf einen Heuhaufen. Die Toni packt ihr Paket aus, dicke Butterbrote mit Wurst darauf. Der Wipplinger schaut ihr zu. Er schaut auf ihre weißen, starken Arme. Hat gar nicht gewußt, daß er so hungrig ist.

„Bei wem ist es denn?“

„Bei den Eisenbahnern. Außer dir ist kein Frauenzimmer dabei. Und du kannst auch bald nachhaus gehen.“

„Wieso denn. Ich wart lieber auf dich.“

„Wird lang dauern. Wir haben dann noch eine Übung.“

Der Wipplinger kaut sehr langsam. Mit den Zähnen wird es immer schlechter. Aber ein neues Gebiß zahlt ihm die Krankenkasse nicht. Der Toni tut es weh, wie sie ihn so kauen sieht. Er wär ein schöner Mensch, wenn er die Zähne hätte wie ihr Doktor. Was er nur für lange Wimpern hat. Und braun ist er und mager. Und die Grillen zirpen.

„Was macht er denn in Wien, dein Herr Doktor?“

„Das weiß ich nicht.“

„Und er weiß wieder nicht, was bei uns alles los ist.“

„Wenn ihm niemand was sagt.“

„Weißt, auf den werden wir nicht warten. Wir warten überhaupt nicht mehr. Sonst dauerts nicht lang und die Heimwehr scheißt uns auf den Kopf. Da gibts nur eines."

„Was denn?"

„Das."

Der Wipplinger greift sich in die Tasche und zieht was heraus. Es ist schon dunkel, die Toni muß sich weit vorbeugen, um zu sehen, was es ist.

„Woher hast du den Revolver?"

„Pst, nicht so laut." Und plötzlich packt er ihren hellen Kopf, der nach Seife duftet, küßt ihre Haare, ihre Augen, ihre glatten, ihre festen Wangen.

„Hör auf, hör auf, und die Hermin –"

Sie fällt zurück ins Heu, sieht über sich eine klare, schmale Mondsichel im dunklen Blau.

Gestatten, daß ich Ihnen diesen Akt überreiche, Herr Hofrat."

„Besten Dank, Herr Inspektor. Da sind wir also doch noch vor den Feiertagen fertig geworden."

„Werde ich die Ehre haben, Herrn Hofrat bei der Prozession zu sehen?"

„Aber selbstverständlich. Wir, das heißt die höheren Beamten, gehen alle mit."

„Ein wahres Volks- und Gottesfest, Herr Hofrat. Die liebe Himmelsmutter sei uns gnädig und halte ihre schützende Hand über uns."

„Wieso? Was ist denn? Habens was gehört?"

„Gehört eigentlich nicht, Herr Hofrat. Es sollen nur so alle möglichen subversiven Elemente ihre Vorbereitungen getroffen haben."

„Aber gehens. Das sind doch wieder nur so Gerüchte."

„Ich möchte mir erlauben, Herrn Hofrat an die Ereignisse bei der Konservenfabrik zu erinnern."

„Na und was war denn schon dabei. Ein paar Fensterscheiben habens eingeschlagen. Alles nur so Lausbübereien."

„Die Lausbübereien häufen sich, Herr Hofrat. Wie ich von zuständiger Seite erfahre, nimmt das Übel immer mehr zu."

„Ja, ja, ich weiß schon. Das erzählen Sie mir jetzt alle Tage. Aber ich sag Ihnen was, Herr Inspektor, die Nazis werden das Kraut auch nicht fett machen."

„Herr Hofrat sind ein großer Optimist. Wenn ich so denke, daß unser armes liebes Vaterland wieder der Schauplatz blutiger Ereignisse werden könnte –"

„Warum nicht gar."

„Gestern erst hab ich in der Zeitung gelesen, daß im Londoner Parlament, im Unterhaus, wenn ich nicht irre, eine Anfrage gestellt wurde –"

„Weil Sie auch immer die Zeitung lesen müssen. Ich schau mir meine Karte da an, die Landkarte, die Karte Europas. Schaun Sie doch einmal hinauf. Ich hab sie mir nicht umsonst über meinen Schreibtisch gehängt. Jeder Beamte sollte so eine Karte über dem Schreibtisch haben. Österreich. Hier. Im Mittelpunkt des europäischen Gleichgewichts. Also bitte. Die Lage ist es, die geographische Lage. Da die Ungarn, da die Italiener und da auch noch die Herren Jugoslawen. Da die Piefkes, unsre deutschen Brüder, und da auch noch die Herren Tschechen. Also was wollen Sie. Wenn auch nur das geringste passiert, gleich ist der Teufel los bei unseren lieben Nachbarn, wo sich doch eh alle nicht schmecken können. Und das geht dann geschwind auch noch weiter, immer weiter im Kreis herum, Frankreich, England, Holland, Skandinavien und da drüben die Bolschewiken. Wir sind nun einmal der Mittelpunkt."

„Gewiß, Herr Hofrat, sehr interessant, vom geographischen Standpunkt aus betrachtet. Aber wir wollen doch auch geschichtlich denken. Es ist ja schließlich schon einmal dagewesen –"

„Ich weiß, ich weiß, und eben deshalb hab ich recht. Wo hat der Weltkrieg angefangen? In Österreich. Wen hat man erschossen? Den österreichischen Thronfolger. Also bitte. Woanders könnens den Kaiser abmurksen und es geschieht weiter nichts. Wenn aber bei uns in Österreich auch nur das allergeringste passiert –"

Frau Therese Heberger schrickt zusammen, wie sie in der Dämmerung nachhause kommt, und da steht ein langer Mensch im Speisezimmer. Beinahe hätte sie nicht erkannt, daß das ihr eigener Sohn ist, der Vinzenz. Wie kommt der jetzt her?

„Jesus Maria" – sie greift sich ans Herz, kann gar nicht reden, die Luft geht ihr aus – „was machst denn du da?"

Er antwortet nicht, starrt zum Fenster hinaus, als ob es was zu sehen gäbe in der dreckigen Gasse. Wie ein Gespenst steht er da.

„Vinzenz!"

„Ja, Mutter."

„Hörst denn nicht?"

Er wendet sich um, sieht sie an, wie eine Fremde. Eben noch ist er allein gewesen, ganz allein auf hohem Altan, aber in der engen Gasse unten wimmelte es von Menschen, Menschenmassen standen vor ihm, die Gasse weitete sich, ein Platz, ein Schloßplatz, Scheinwerfer, die über die Gesichter fuhren, über die andächtigen, die lauschenden, die hingebungsvollen Gesichter, zu denen er sprach, er, Vinzenz, der Führer, der Erlöser.

„Was machst denn im Dunkeln? Bist du verrückt?" Und sie dreht das Licht an. Die matte Birne in der Familienlampe brennt über der verschossenen grünen Tischdecke. Wie geblendet hält er die Hand vor die Augen.

„Warum du nicht beim Vater bist, möcht ich wissen. Für drei Uhr hat er dich bestellt. Vormittag sind die Girlanden schon fertig gewesen. Hättest doch endlich einmal was tun können, wo du doch eh nie eine Arbeit hast. Da aber lehnst du hier umeinand, daß man erschrickt, als wärs ein Einbrecher. Glotz nicht so. Mach den Mund auf, wenn deine Mutter dich was fragt. Da war endlich einmal eine Gelegenheit – ach Gott, ach Gott, mein Herz –"

Sie läßt sich auf das Familiensofa mit den zerbrochenen Federn fallen. Kein Wort bringt sie mehr hervor. Das ist ein Anfall.

Vinzenz fühlt sich von tiefstem Mitgefühl erfaßt. Er bringt ihr Wasser und die gewissen Pulver, die sie zu nehmen pflegt, seit das Geld nicht mehr für den Weileis reicht. Die Eltern tun ihm leid. Aber wie soll er ihnen nur begreiflich machen –

Frau Therese Heberger schnappt nach Luft. So war er immer schon, der Bub, nie hat er was geredet, wenn er was angestellt hat, immer nur so gestiert, vielleicht ist er doch nicht ganz richtig im Kopf. Sie schluckt ihr Pulver. „Statt daß du dich jetzt brav und arbeitsam zeigst. Wo doch alle noch reden von der Konservenfabrik. So eine Schand für die ganze Familie."

„Aber Mutter –"

„Wenn du so weitermachst, du wirst auch so einer wie

dem Krückelgruber, meinem Onkel, sein Adolf. Der hat auch nie was lernen wollen, obwohl sie ihn doch in die Realschul geschickt haben, zu nichts hat er getaugt, Künstler hat er werden wollen, der Depp, dann ist er verkommen und jetzt reißt er das Maul auf und treibts mit den Hakenkreuzlern. Gesessen ist er auch. Und wenn ich das verfluchte Buch noch einmal bei dir find, steht nichts als Blödsinn drin und auf dem Bild oben, da glotzt er auch so wie du –"

„Mutter – aber Mutter – du meinst doch nicht, das kann doch gar nicht möglich sein –"

„Ich hab ihn gleich erkannt auf dem Bild. Wenn sie den Namen auch geändert haben, er ist ja doch mein leiblicher Cousin. Ein Wurstel ist er und ein Narr. Ich hab es hier noch niemandem gesagt. So was ist eine Schand für die Familie, wo wir doch immer zu unserem angestammten Kaiserhaus gehalten haben und zu dem schönen alten Österreich. Du bist imstand und hast auch so Ideen, arbeitest nichts, stehst nur so herum, redest dir ein, daß du ganz was Besonderes bist, so was wie du, das ist noch gar nicht dagewesen, gerad, daß du nicht der Heiland selber bist, hast dich ja schon einmal vergriffen an dem allerheiligsten Gottesblut –"

Vinzenz ist wieder an das Fenster getreten, sieht hinunter in eine enge Gasse mit einer einzigen trübseligen Laterne. Er ist allein. Er hat die Hände gefaltet, die Mutter spricht weiter, unterbrochen von den Pfiffen ihres kranken Atems, er hört es kaum.

Erlaube Papa, da muß ich dich aber schon wirklich bitten – ich meine nur – daß wir uns noch ganz unmöglich machen."

„Das hast du mir schon öfters gesagt.“

Der alte Meyer-Löw sitzt zurückgelehnt in dem schwarzen Lederfauteuil. Er hält eine breite englische Zeitung vor das Gesicht. Es scheint ihm nicht der Mühe wert, die Zeitung sinken zu lassen.

Der junge Meyer-Löw rennt aufgeregt durch die Flucht der kühlen und gedämpften Zimmer. – „Schau Papa, ich begreife ja deine Gefühle, aber die Realität –“

„Nu, was ist mit der Realität?“

„Ich meine, wenn wir als einziges Haus in Maria Blut – wenn also ausgerechnet wir die Jubiläumsplakette nicht haben – alles nur, weil die Muttergottes darauf ist – du bist doch sonst so vorurteilslos –“

„Den Aberglauben von die Gojim soll ich mir an die Haustür kleben. Wo sie mir doch unlängst erst mein Schild heruntergerissen haben.“

„Aber es handelt sich doch jetzt gar nicht um die Plakette. Auf den Erlös kommt es an. Wenn jeder ein paar Schilling dafür gibt, das heißt, natürlich nach seinen Verhältnissen –“

„Machen die Eingeborenen auch noch Geschäfte mit ihren Götzen.“

„Papa, wenn du alles, was die bodenständige Bevölkerung –“

„Au, au, jetzt will ich gar nichts mehr hören. Bodenständig hat er gesagt, mein Herr Sohn. Sagst du bodenständig, sagst du Brauchtum, wenn die Kannibalen Menschenknochen benagen?“

„Da ist denn doch ein kleiner Unterschied.“

„Gar kein Unterschied. Lies was und lern was, dann wirst du wissen, daß überall der gleiche Unfug ist.“

„Du duldest also nicht, daß ich solch eine Plakette kaufe?“

„Meinethalben kannst du drei Dutzend kaufen. Kannst auch zu dem Medizinmann, dem besoffenen Schwein, dem Pater Lambert, gehn, dich mit Weihwasser bespritzen lassen. Kannst den Leib des Herrn verspeisen wie die Azteken ihren Vitzliputzli. Mich geht das nichts an. Doch die Plakette kommt mir nicht an die Tür."

„Auf Wiedersehen, Papa."

„Halt!"

Der Alte hat die Zeitung sinken lassen, verschmitzt sieht er auf zu dem eleganten, breitschultrigen Sohn: „Für die Plakette zahl ich nichts. Für die Plakette sollt man mir was zahlen."

„Wieso? Ich weiß nicht – ich verstehe dich nicht."

„Steht doch der schöne Vers drauf: In dem schönen Ort Maria Blut werden alle Schmerzen wieder gut, bringst der Gottesmutter nur aus Wachs die Hand und dann brauchst kein Medizin und kein Verband, Medizin und Verband viel Geld dir kosten tät, sie aber machts für ein Gebet."

„Papa, du kannst das auswendig?"

„Werde meine eigene Poesie noch auswendig kennen."

„Aber Papa, den Vers hat doch ein alter Mönch gemacht."

„Das möcht denen so passen. Den Vers hab ich gemacht, der Meyer-Löw. Ist auch nicht ein paar Jahrhunderte her, höchstens ein halbes, nein, wart, vielleicht sogar ein bissel mehr."

„Das mußt du mir jetzt wirklich erklären."

„Damals hat sich unsre alte Köchin in den Finger geschnitten und der Finger ist ewig nicht besser geworden, Eiter und Dreck, na, da haben wir einen schönen Finger aus Wachs gemacht, wie das eben so Brauchtum ist bei den Bodenständigen, und damit es besser wirkt, haben wir ihn eingewickelt in das fromme Verslein, ich war damals noch im Gymnasium, in meinen Vergil hab ich es hineingeschmiert, sie hat es dann abgeschrieben, klingt ja so innig, so vertrauensvoll, aus Volksseelentiefen heraus."

„Papa, das hat uns noch gefehlt. Wenn man das auch noch im Ort hier erfährt –"

„Reg dich nicht auf." Der Alte hat die Zeitung wieder vor das Gesicht gehoben. „Mußt es ja nicht weitererzählen."

Eine Hitze hats heut. Schaun Sie sich den Himmel an. Nicht das kleinste Wolkerl."

„Unsre Gottesmutter meint es gut mit ihrem Gnadenort. Das wird ein gesegneter Feiertag werden."

„Abwarten, meine Herrschaften. Wenn der Himmel schon in aller Früh gar so dunkelblau ist, gibt es oft ein Riesendonnerwetter."

„Gehens, Herr Speneder, Sie müssen aber auch immer –"

„Das Lieserl vom Bürgermeister schaut aus wie das leibhaftige Christkind. Schaun Sie doch."

„Es soll eben auch dem Herrn Landeshauptmann das Bukett überreichen."

„Heut könnten wir einen Kaiser brauchen. Das wär halt doch erst das Richtige. Und überhaupt bei diesem Kaiserwetter. Ich erinnere mich noch, wie ich ein kleines Mädel war, da hab ich auch einmal –"

„Was stellen sie denn dort beim Brunnen auf?"

„Wo denn? Wo?"

„Na da vorn, mitten auf dem Kirchplatz."

„Das ist ein Lautsprecher für alle Reden."

„Was gibts denn für Reden?"

„Festreden natürlich. Der Bürgermeister und der Abt

und dann auch noch der Doktor Brunnbacher für das Komitee."

„Die Tribünen sind aber schön. Beinah im Schatten und so dicke Girlanden."

„Dort sitzen eben die feinen Leut und die Herren von der Regierung."

„Sind auch Fremde dabei. Beim Bachleitner wohnt sogar ein Franzos."

„Und ich hab zwei so alte Schachteln gesehen mit karierten Mänteln, die sind bestimmt aus Amerika."

„Ja, wer das Geld hat für so einen Tribünensitz. Meiner Frau wird sicher wieder schlecht, so wie zu Fronleichnam."

„Ein schönes Zusammentreffen, daß das Jubiläum gerade auf den Himmelfahrtstag fällt."

„Heißt auch der große Frauen- oder Kräutertag."

„Warum denn Kräutertag?"

„Davon hab ich mein Lebtag noch nichts gehört."

„Weil heut das Frauenbüschel geweiht wird."

„Was für ein Büschel?"

„Mir scheint, Sie wissen auch nichts vom christlichen Brauchtum. Das ist ein Büschel aus Wurzeln und Kräutern, das Haus und Hof vor Unglück bewahren soll. Zu meiner Zeit, da hat man das als Kind schon gelernt. Aber heutzutage, da wachsen die Leut ja auf wie die Heiden."

„Mich brauchens nicht zu beleidigen. Und überhaupt, ich stell mich auf einen bessern Platz."

„Nach der Prozession gehts erst richtig an."

„Mein Maxel ist auch bei der Prozession. Links neben dem Baldachin. Er darf sogar eine Kerze tragen."

„Jessas, hat der einen Bauch. Der Dicke dort, neben dem Wagerl vom Eismann."

„Mir scheint, da kommt die alte Materni.“
„Jetzt dauert es auch nicht mehr lang.“
„Unser Erzherzog soll krank sein.“
„Ein Mallör ist das. Wo wir eh keinen echten Habsburger haben.“
„Na, warten wirs ab. Das wird schon noch kommen.“
„Wie? Was? Was reden Sie da?“
„Die Sozi pfeifen aus dem letzten Loch. Und wenn die Heimwehr erst einmal am Ruder ist –“
„Sie, Herr, was stoßens denn. Sie habens aber eilig.“
„Schauts, schauts, die vielen, vielen Kinder.“
„Jetzt fangt es also richtig an.“
„Alle in den schönen, schönen Kleiderln.“
„So, das sind die Glocken.“
„Und mit lauter weißen, weißen Strümpferln.“
„Herrgott, was ist denn das für ein Gebimmel?“
„Na hören Sie, wie reden Sie denn?“
„Taub könnt man werden.“
„Gehen Sie nachhaus und stopfen Sie sich Watte in die Ohren.“
„Auseinander! Auseinander!“
„Durchlassen!“
„Das ist die Ordnerwehr.“
„Die christlichen Turnbrüder.“
„Auseinander!“
„Die Kinder singen schon: Glorwürdige Königin.“
„Was? Wie?“
„Hören Sie denn nicht. Glorwürdige Königin.“
„Glorwürdige Königin.“
„Ich kann nichts hören bei dem Gebimmel.“
„Schauts, der Krowott. Jetzt kommt der auch noch mit seinem Viech.“

„Was dem nur einfällt.“
„Das schickt sich nicht bei einer Prozession. Wir brauchen keinen Papagei.“
„Ich bring ja auch nicht meine Hendel mit.“
„Eine Plakette bitte, eine Jubiläumsplakette.“
„Ein Vanilleeis, zehn Groschen ein Vanilleeis.“
„Siebenhundert Jahre Maria Blut. Eine kleine Festbroschüre.“
„Auseinander! Auseinander!“
„Ich muß aber durch.“
„Haben Sie einen Tribünensitz?“
„Ruhe! Zurück!“
„Wie? Was? Was habens gesagt?“
„Zurück!“
„Man hört ja nichts, wenn die Glocken so läuten.“
„Gegrüßet seist du, Maria, du bist voll der Gnaden –“
„Pst! Ruhe!“
„– der Herr ist mit dir, du bist gebenedeit unter den Weibern –“
„Aha, die Prozession fangt an.“
„– und gebenedeit ist die Frucht deines Leibes, Jesus.“
„Da rennt die Reindl.“
„Heilige Maria, Muttergottes –“
„Wie die wieder ausschaut.“
„– bitt für uns arme Sünder –“
„Die Bürgermeisterin hat einen neuen Hut.“
„– jetzt und in der Stunde unsres Absterbens. Amen.“
„Au, au. Sie treten mir ja auf den Fuß.“
„Gegrüßest seist du, Maria –“
„Halten Sie das Maul und beten Sie mit.“
„– du bist voll der Gnaden, der Herr ist mit dir, du bist gebenedeit unter den Weibern –“

„Weibern, Weibern!“
„Was ist denn das?“
„Das ist der Papagei.“
„Jagts ihn fort, den Krowotten.“
„– bitt für uns arme Sünder –“
„So eine Gemeinheit.“
„Immer diese landfremden Elemente.“
„– jetzt und in der Stunde unsres Absterbens. Amen. Gegrüßet seist du, Maria –“

Der Erzherzog wacht auf. Eiskalt die Füße und ein ödes Gefühl im Magen. Dazu noch das Glockengeläute. Fast dunkel ist es im Zimmer, und über die blasse Bettdecke kriecht langsam eine Spinne. Er könnte eigentlich genau so gut schon tot sein.

„Liebold! Liebold!“

Der Alte erscheint. Durch die Tür fällt ein dicker Sonnenstreifen voll Staub.

„Kaiserliche Hoheit wünschen?“

„Was ist das für ein scheußliches Gebimmel? Man begrabt einen doch nicht am hellichten Vormittag?“

Der Liebold bekreuzt sich geschwind: – „Das sind die Festesglocken, Kaiserliche Hoheit. Für unser Jubiläum.“

„So, so. Fürs Jubiläum.“

Auch Hanni hört die Glocken läuten, von weit her, es klingt ganz hübsch. Sie sitzt auf der wackligen Bootsbrücke, die Sonne brennt ihr in den Nacken, die Füße baumeln im eisigen Strom. Neben ihr liegt ein Kriminalroman, das Jagdmesser steckt in ihm als Lesezeichen.

Sie schielt an glitzernden Weidenblättchen vorbei auf die Tür des Pfahlbaus. Die helle und verkratzte Stelle ist immer noch deutlich zu sehen. Vielleicht kommt er heute wieder, der Verbrecher, weil doch alle bei dem Jubiläum sind, sogar die Votruba ist hingelaufen, so was ist eine Hetz, hat sie gesagt und sich das rote Seidenkleid über den Kopf gezogen. Die Buben waren schon um acht Uhr früh aus dem Haus verschwunden, die haben was vor, der Adalbert war gar so wichtigtuerisch gestern abend, noch mehr als sonst, und der Ferry hatte ganz rote Ohren – bimbam, bimbam die Notburga marschiert jetzt in der Prozession – bimbam –, schön wärs, wenn der Vater käme, plötzlich, von hinten aus den Weiden heraus, bimbam – was macht er nur so lang in Wien – bimbam –

Hanni greift nach ihrem Kriminalroman – bimbambimbam, bimbam –, ein gellender Schrei, worauf sich eine schwarze Binde um die Augen des Earl von Devermouth legte – aber nein, das hat sie doch schon längst gelesen –. Sie blättert weiter – Mary betrat eben atemlos die blendend erleuchtete Hall –

Ganz allein geht der Wipplinger Karli durch die heißen ausgestorbenen Straßen. Er hat den großen Korb mit Kokosbusserln vorgebunden. Die Glocken läuten, daß die Häuser wackeln, auf dem Kirchplatz singt man auch. Die Mutter ist schon lange dort, ihr gefallt ja so was, sie ist imstand und singt mit. Er hat inzwischen den Kleinen gefüttert und aufs Topferl gesetzt und wieder ins Bett gelegt, weil er noch gar so schwach ist nach den Masern. Sehr langsam geht der Karli. Das Pflaster brennt, der Korb ist schwer, die große Radfahrermütze schirmt das Gesicht. Das ganze Jubiläum kann ihm gestohlen werden. Der Vater hat gesagt: Mit so was macht man die Leut nur blöd. Der Karli wird sich nicht blöd machen lassen. Er weiß genau –

Was ist denn? Die Glocken haben zu läuten aufgehört, und jemand brüllt wie am Spieß, wie aus einem Haufen Radios auf einmal.

Der Karli läuft.

Erlaube ich mir im Namen des Festkomitees, welches es sich zur hohen Ehre anrechnet –"

„Das ist der Brunnbacher. Schauts, wie er schwitzt."

„Ich hab gemeint, es spricht der Herr Abt."

„Wartens nur, das wird schon noch kommen."

„... nicht nur die Einheimischen, die bodenständigen Festgenossen und Marienverehrer, welche sich versammelt haben in unserem kleinen österreichischen Lourdes, sondern auch die geehrten Auslandsgäste –"

„Reden kann er."

„Schreit er wirklich so oder ist das der Lautsprecher?"

„Pst! Ruhe!"

„... des Abendlandes miteinander verbindet. Denn es ist eine große und universelle Idee, die unserem Österreichertum innewohnt, aus der allein Europas Völkergemeinschaft wieder friedlich aufgebaut werden kann. Wer sich daher an Österreich und dem Österreichertum vergreift, der vergreift sich damit an Europa."

„Bravo! Sehr richtig!"

„Was hat er gesagt?"

„Wir gehören zu Europa."

„Und sie wollen sich an uns vergreifen."

„Wer will sich vergreifen?"

„... denn was im Alltag lange getrübt und manchmal

schier verschüttet schien, jetzt wird es klar: das österreichische Wesen, wie es im Plane Gottes gedacht ist. Was dem nicht entspricht, gilt nicht. Nach ihm bilde sich der Mensch, er werde seinem Urbild ähnlich. Ahnengeist steht hinter uns, Vätergeist, der die beglückende Gewißheit gibt, die in dem Worte liegt: Heimat, Vaterland, Österreich –"

„Recht hat er."

„Wer? Der Ahnengeist?"

„... Erst, wenn man sagen kann: es ist in mir, ich bin in ihm, ich kann nicht leben ohne dieses Sein, aber es ist auch nicht ohne mich, das heißt, ohne jene, die es künden und verteidigen, dann hat man Heimat, hat Vaterland als Österreichs echter Sohn –"

„Bravo, bravo!"

„Sehr richtig!"

„Was meint er nur?"

„... Denn es ist ja immer dieselbe Seelengeschichte weit hinaus in die vielfältige Pastorale der österreichischen Landschaften und ihrer Menschen, dasselbe, das unausgesungene Grundproblem –"

„Redt der aber geschwollen."

„Pst. Seien Sie still, wenn Sie nichts verstehen."

„Ich bin ganz gerührt. Also, ich sag Ihnen, wie ein Feuilleton."

„Jetzt kommt der Abt. Der hats nicht leicht nach dem Brunnbacher."

„Ruhe. Wartet doch, bis der Brunnbacher fertig ist."

„... um mit der Hymne unseres vaterländischen Dichters zu schließen: Sei gesegnet ohne Ende, Heimaterde wunderhold, freundlich schmücket dein Gelände –"

„So singt doch."

„Was? Was ist? Singen sollen wir?"

„Na hören Sie denn nicht? Unsre Bundeshymne."

„Mir scheint, dort singen sie: Deutschland, Deutschland über alles."

„Das wär gar schön."

„Aber nein, Sie irren, sie singen unsre gute alte Volkshymne. Natürlich, ich hör es ganz genau: Innig bleibt mit Habsburgs Throne Österreichs Geschick vereint."

„Nein, nein: Vaterland, wie bist du herrlich, Gott mit dir, mein Österreich."

„Da soll der Teufel sich auskennen, wenn alles jetzt die gleiche Melodie hat."

„Bitte schön, der hat Deutschland, Deutschland gesungen."

„So ein Nazi."

„Ist ja gar nicht wahr."

„Zurück, zurück!"

„Auseinander, bitte!"

„Eine gemeine Verleumdung."

„Mein Herr, ich war an der Front. Drei Lungenschüsse –"

„Auseinander!"

„Ruhe, man kann ja gar nichts verstehen."

„Was ist denn?"

„Merken Sie nicht, daß der Abt schon spricht."

„Ich kann nichts hören."

„Mir scheint, der Lautsprecher ist kaputt."

„Ruhe!"

„... Große Ideen bedürfen aber zu ihrer Durchsetzung auch geeigneter Organisationsformen. Gott selbst hat uns in Natur und Offenbarung die richtige Organisationsform gegeben."

„Eine schöne Stimme hat er.“

„Der schreit nicht so wie der Brunnbacher.“

„... und ich sage euch: Wer ohne Besitz ist, der hat dafür die Arbeit.“

„Na, ich dank schön.“

„Sie Herr, Sie wollen wohl stänkern.“

„Ruhe!“

„... vor allem aber gegen die Verwerflichkeit der sozialistischen Grundlehre, wonach der Staat allen Privatbesitz einziehen und zu öffentlichem Gute machen würde. Eine solche Theorie gereicht den arbeitenden Klassen zu schwerem Schaden, sie macht jede ruhige und friedliche Entwicklung unmöglich. Bei allen Versuchen zur Abhilfe sozialer Notstände ist also durchaus der Grundsatz der Kirche festzuhalten, daß das Privateigentum unantastbar und heilig sei.“

„Sehr richtig, sehr richtig.“

„Großartig spricht er.“

„Hervorragend.“

„Schauts euch den frechen Vagabunden an. Der kommt wohl grad aus dem Straßengraben.“

„Weg da. Gebettelt wird nicht.“

„... die Besitzlosen aber belehrt die Kirche, daß Armut in den Augen der ewigen Wahrheit nicht die geringste Schande ist –“

„Nicht einmal ein Hemd hat er an.“

„Eine Frechheit, sich so vorzudrängen.“

„Mir scheint gar, besoffen ist er auch.“

„... schon durch ihre Anleitung zur Sittlichkeit und Tugend befördert die Kirche zugleich das materielle Wohl, denn ein geregeltes christliches Leben hat stets seinen Anteil an der Herbeiführung irdischer Güter –“

„Dort ist ein Turnbruder, ein Ordner.“

„Kommen Sie her. Da hat sich so ein Individuum hereingedrängt.“

„Der hat heut früh schon bei mir gebettelt.“

„Ruhe! Man kann den Abt gar nicht hören.“

„.... die Kirche aber scheut sich nicht, auch als Bettlerin zu den Türen der Reichen zu wandern, um den Bedrängten ein Scherflein abzugewinnen. Sie ist es, die gemeinsame Mutter von arm und reich, welche dadurch, daß sie die christliche Nächstenliebe zu hoher Flamme entzündet –“

„Na also, jetzt führens ihn endlich ab.“

„Den hab ich schon einmal im Stiftskeller gesehen, der Ober hat ihn rausgeworfen.“

„Pst. Ruhe!“

„.... soll daher uns allen geholfen werden, dann wird allein die Erneuerung christlichen Lebens und christlicher Einrichtungen helfen. Sie allein kann der übertriebenen Sorge um die vergänglichen Güter, die aller Übel Wurzel ist, abhelfen, sie allein –“

„Was, der Bettler ist schon wieder da.“

„Eine Unverschämtheit.“

„Wie er sich vordrängt.“

„Zurück! Zurück!“

„Der stinkt ja.“

„Ruhe. Man kann den Abt gar nicht hören.“

„Er ist doch schon fertig.“

„Was? Fertig ist er? Was hat er denn am Schluß gesagt?“

„Irgend was von der Autorität und natürlich auch vom Jubiläum.“

„Die Kinder singen schon wieder: Glorwürdige Königin.“

„Da kommt der Bürgermeister."

„Schauts, wie er lacht."

„Er ist immer so freundlich."

„Pst. Schweigt doch. Er hat schon angefangen."

„.... unser geliebtes, unser einziges Maria Blut. Wir feiern ja, wie ich als Bürgermeister mir zu bemerken erlaube, unsre Feste nicht nur, um uns damit die Zeit zu vertreiben, sondern sie sind gerade in wirtschaftlich ernsten Tagen ein wichtiges Mittel zur Förderung des Hotel- und Gastgewerbes –"

„Habt ihrs gehört."

„Der hat das Herz auf dem richtigen Fleck."

„.... und alles, was die Fremdenverkehrspropaganda mit der Wärme freudigen Bekenntnisses zum österreichischen Geist und heimatlichen Wesen verbindet –"

„Sehr richtig."

„Er weiß halt immer, worauf es ankommt."

„.... sie lassen uns und andre die kulturelle Sendung Östereichs in der abendländischen Völkergemeinschaft und insbesondere im deutschen Raum erkennen –"

„Heil!"

„Ruhe!"

„... und geben uns die tröstende Gewißheit, daß der Born unsrer Lebenskraft heute frischer sprudelt denn je. Darum verdienen alle Festlichkeiten und vor allem natürlich die Siebenhundertjahrfeier unseres österreichischen Lourdes, unseres kleinen, heißgeliebten Maria Blut immer wieder von neuem –"

Lohmann geht wie an einem Draht gezogen durch die verödete Bahnhofstraße auf den Kirchplatz zu. Über ihm zittern Girlanden in der heißen Luft. Eigentlich hat er nachhause wollen, aber es schreit jemand, eine ungeheuerliche, eine barbarisch trompetende Stimme schreit, kein Wort kann er verstehen, nur Silben.

Da biegt um die Ecke der Straße ein Gendarm, treibt einen Mann vor sich her wie ein Stück Vieh. Dem hängen die Haare über das Gesicht.

Herrgott, wo hab ich nur diesen Bettler schon gesehen?

Aber er geht weiter, der Doktor Gustav Lohmann, wie gezogen an einem Draht, bis der Kirchplatz vor ihm liegt. Fahnen über einer dichten Menschenmenge, dumpfer säuerlicher Schweißgeruch, auf der Tribüne der Bürgermeister, sein weißer Bart glänzt seidig in der Sonne, er streicht sich mit der Zunge über die Lippen, und der Lautsprecher neben ihm brüllt wie ein offenes Maul: „– und so schließe ich denn meine Ausführungen für alle, die sich um diese segensreiche Veranstaltung in zäher, treuer Festesarbeit bemüht haben, mit einem ehrlichen deutschen Ich danke schön."

VIII.

Also Lohmann, nehmen Sie den Zug zurück?" – „Nein, ich nehme keinen Zug zurück."

„Immer gleich bockbeinig. Da werden wir später noch eine Partie spielen müssen, denn bei dieser sind Sie matt."

Der alte Meyer-Löw rückt das Samtkäppchen in den Nacken, Schweiß tropft ihm über die gewölbte Stirn. Er nippt an dem Glas Limonade, das neben dem Schachbrett steht. Lohmann hat den Kopf gesenkt, das Licht der Stehlampe fällt auf das sonnengebleichte wirre Haar.

„So einer sind Sie, Lohmann. Die Coiffure wie der selige Siegfried und hockt bei einem alten Juden, statt mit den eingeborenen Volksgenossen ihre Feste zu feiern."

„Wollen wir nicht doch ein Fenster öffnen?"

„Und wenn mich der Schlag trifft, ich will jetzt nichts mehr hören. Hab schon genug von dem Glockengebimmel den ganzen Tag lang. Und die Kinderstimmen und der Männerchor."

„Daß die Leute nie gescheiter werden. Singen und jubilieren, als hätten sie das schönste Leben."

„Sie reden wie ein Buch, Lohmann. Daher Unsinn."

„Was hier im Ort allein alles passiert ist. Die Pleite mit der Konservenfabrik, die Urkraftaktion des Herrn Kapeller, Not und Arbeitslosigkeit, Krise, Verzweiflung – es nützt alles nichts, die Leute werden nie gescheiter."

„Weshalb sollten sie auch? Durch Schaden wird man dumm. Haben Sie das noch nicht gemerkt?"

Da sitzt er, der alte Jud, beide Hände gestützt auf die

Krücke seines schwarzen Stockes, darüber schiebt sich lauernd der breite Schädel, die Augen bilden schmale Schlitze.

„Und durch immer mehr Schaden werden die Menschen dümmer und dümmer. Solang es ihnen gut geht, kann man sie noch ertragen. Da fürchten sie sich nur vor dem Tod und trösten sich mit ihrer ewigen Seligkeit. Wenn sie aber im Diesseits auch schon was zu fürchten haben, das liebe Leben selbst – wenn sie nicht wissen, wie es weitergeht, Tag für Tag, nichts ist mehr sicher, das Wasser steigt ihnen bis an den Hals, nu, da rutscht der alte Wunderglaube auf die Erde hinunter, der Herrgott allein tut es nicht mehr, wen schickt er also, natürlich den Messias, einen waschechten aus Fleisch und Blut. Weil ja schon alle nur mehr darauf warten. – Was ist denn das?"

„Es wird die Feuerwehrkapelle sein."

„Sie kennen doch den Marsch, den man bläst. Da beginnt wohl der Fackelzug. Wir sind vom ka und ka Infanterieregiment Hoch- und Deutschmeister Nummer vier. So hab ich sie abmarschieren sehen, zu Hunderten, dann sind sie an den Stacheldrähten verreckt, zu Tausenden."

Lohmann starrt auf das dunkle Blumenmuster des Teppichs. Immer geht ihm in diesem Zimmer eine Uhr ab, immer erscheint ihm die Luft hier atemlos. „So bin ich auch marschiert."

„Und so wird man wieder marschieren, aber nicht nur im Fackelzug. Sagen Sie selbst, wer ist im Krieg schon gescheiter geworden. Der Schaden war groß genug, sollte man meinen. Und wenn Ihre Patienten zum Weileis laufen, kommen sie dann gescheiter zu Ihnen zurück, weil das Wunderstaberl nicht geholfen hat, das heißt, wenn sie überhaupt noch kommen?"

„Ich habe bald keine Patienten mehr."

„Die Eingeborenen wollen den Medizinmann. Oder die Gottesmutter, die Fürbitterin. – Was ist denn das schon wieder?"

„Die schießen."

„Das ist das Feuerwerk."

Lohmann hat die größte Lust, an das Fenster zu laufen, die samtenen Vorhänge auseinanderzureißen. Da draußen geht was vor, so knattert kein Feuerwerk. Was nützen da die gescheiten Bemerkungen, mögen sie noch so treffend sein. Der alte Meyer-Löw hält sich die Ohren zu. Eine Frauenstimme kreischt: „Jesus Maria!" Dann Klirren, als hätte man einen Stoß Teller fallen lassen.

Gleich darauf ist es still. Der alte Meyer-Löw stellt die Schachfiguren auf. Seine Hände zittern ein wenig. „Wir wollen noch einmal beginnen, Lohmann." Auch seine Stimme zittert ein wenig.

„Mir scheint, man schießt schon wieder."

„Ich sage Ihnen doch, es ist das Feuerwerk. Setzen Sie sich, und wenn Sie wollen –"

Da wird die Tür aufgerissen, Marischka steht im Zimmer, im buntgestreiften Unterrock, den kleinen Anselm auf dem Arm. Das schwarze Haar hängt ihr in Strähnen um das Gesicht, sie schnappt nach Luft, das Kind im viel zu langen Nachthemd reibt sich verschlafen die Augen. „Die Gojim", keucht die Marischka, „die Gojim, jetzt tun sie uns auch noch Stadt anzünden." Lohmann sieht, wie sie, eine wütende Madonna, den zarten Knaben an sich drückt, dann ist er auch schon an das Fenster gesprungen, um es aufzureißen. Roter Himmel, wütendes Geknatter, Glocken, viele Glocken läuten durcheinander, jemand schreit: „Die Konservenfabrik!" Autohupen, Rufen,

Donnern. – Und hinter ihm eine Frau, ein Kind, ein Greis in feurigem Dunst. Die Stehlampe ist blaß und überflüssig geworden.

Frau Weinzierl, Frau Weinzierl, so machens doch auf." – „Pst. Pst."

„Lassens mich ein, Frau Weinzierl, ich bins ja nur."

„Was wollens denn?"

„Ihnen die Milch bringen. Die steht ja schon den ganzen Tag vor der Tür."

„Wird nicht mehr geschossen?"

„Aber nein."

„Und brennts auch nimmer?"

„Schon lang nicht."

„Dann kommens nur, Frau Nachbarin, und ich dank auch schön für die Milch."

„Also so etwas. Mir zittern jetzt noch die Knie."

„Setzens Ihnen, Frau Nachbarin."

„Eigentlich hab ich gar keine Zeit. Aber wenn man so eine Nacht hinter sich hat."

„Kann man schon wieder auf die Straße gehen?"

„Mein Mann sagt, lieber nicht. Da stecken überall so Sprengkörper, und überhaupt in Ihrem hohen Alter, Frau Weinzierl –"

„Daß man so was noch erleben muß. Ich hab die ganze Nacht nur immer gebetet. Heilige Maria Muttergottes –"

„Mein Mann ist mit dabei gewesen. Ich sag Ihnen, die ganze Konservenfabrik habens angesteckt."

„Wer denn? Die Hakenkreuzler?"

„Aber Frau Weinzierl, um Himmels willen, was fallt Ihnen denn überhaupt ein?"

„Ja wer denn sonst? Weiß man schon was?“
„Natürlich.“
„So redens doch. Am End gar richtige Verbrecher?“
„Was Ähnliches.“
„Jesus Maria.“
„Bolschewiken.“
„Wie? Was habens gesagt?“
„Bolschewiken. Kommunisten.“
„Ja wo kommen denn die her? Die gibts doch gar nicht bei uns.“
„Frau Weinzierl, bei uns ist alles voll von Bolschewiken. Schon allein die Eisenbahner und die Arbeitslosen und überhaupt, mein Mann sagt, das hat ein jeder gleich gewußt, daß das die Roten waren.“
„Maria und Josef! Und zum allerheiligsten Jubiläum.“
„Seien wir froh, daß es zum Jubiläum war. Da hat der Herrgott ein Einsehen gehabt. Wenn das Gewitter nicht gekommen wär und der Guß, unser ganzes Maria Blut wär ein Aschenhaufen, wir selber alle nur verkohlte Leichen.“
„Jesus, Frau Nachbarin, so was kann ich gar nicht hören. Wollen Sie nicht ein Schalerl Kaffee. Ich wärm ihn auf. Es ist ja heute so ein kalter Wind. Als ob der liebe Himmelvater noch einen rechten Zorn hätt. Sagen Sie einmal, wie viele sind denn tot und verbrannt und erschossen, und liegen auch recht viele im Spital?“

Der Pater Lambert hockt in seinem Beichtstuhl. Die Füß tun ihm weh, die Augen fallen ihm zu. Ein Andrang ist das jetzt. Die Leut können es gar nicht erwarten, ihre Sünden loszuwerden, als käm morgen schon das Jüngste Gericht. Dabei ist eigentlich nichts passiert. Die

Konservenfabrik abgebrannt, war eh nur ein Sauhaufen. Natürlich hätte es auch ärger kommen können, ohne das Gewitter und bei schlechtem Wind. Weil auch so viele Menschen beisammen waren im Fackelzug und überhaupt der gräßliche Wirbel. War das notwendig? Siebenhundert Jahre Maria Blut. Na schön, nächstes Jahr sind es siebenhundert und ein Jahr, das wird auch kein Unterschied sein. War ja alles nur die Streberei von dem neuen Abt, dem Lausbuben. Da macht er einem den ganzen Ort rabiat, so was ist leicht bei diesen schlechten Zeiten, wenn die Leut der Wochentag nicht mehr freut, muß man ihnen lauter Feiertag machen, als ob das helfen könnt –

Ja, ja, schon gut. Drei Vaterunser und ein Avemaria zur Absolution. Wer kommt jetzt dran? Sicher wieder ein altes Weib. Wenn wenigstens die wahren Sünder kämen, die Verbrecher, die Brandstifter, und bissel was erzählen wollten. Aber die kommen nicht.

Wer ist denn das? Die kleine Notburga. Wird was Rechtes sein, was die zu beichten hat. So ein Tschapperl. Wenn sie nur nicht gar so schlecht ausschauen tät. Das Mädel gehört einmal richtig aufs Land, vielleicht hoch in die Berge hinauf, mit recht viel Milch und Butter. Wie es heute nur zieht in der Kirche, das kommt vom Wetterumschlag, der eisige Wind, jetzt wird es bald Herbst. –

Wie? Was? Was redet das Mädel?

„– und muß ich meine sündige Seele entlasten, wo ich doch weiß, wer die wahren Übeltäter gewesen sind, aber kann ich doch nicht den eigenen Bruder vor die Polizei bringen, wo es doch nur ein Zufall war, daß ich den Zettel fand, weil ich den Rock ausbürsten mußte, und die Sprengkörper in der Waschtischlade –"

„Notburga, jetzt wein nicht. Hörst du, du hast zu sprechen und nicht zu weinen. Und wie war das mit den Sprengkörpern?"

„Heilige Maria, und es ist doch eben nur meine Schuld, Herr Pfarrer, weil ich so vermessen war, die Muttergottes hat mich gestraft, die fünf Schilling sind nicht vom Himmel gefallen, der Herr Zimmerl hat mir noch einmal welche zugesteckt und da hab ich es erst gemerkt –"

Das Mädel fiebert wohl. Alles geht so durcheinander, da soll der Teufel sich auskennen. Erst die Sprengkörper, jetzt die fünf Schilling.

„– und weil ich gemeint hab, daß eben ich die Auserwählte bin, hab ich der Muttergottes die fünf Schilling zwischen die Finger gesteckt, sie hat den Kopf gesenkt, richtig angeschaut hat sie mich –"

„Also du warst das? Du tust Unsrer Lieben Frau ins Handwerk pfuschen. Und was war dann noch mit den Sprengkörpern?"

„Ich beichte und bekenne vor Gott dem Allmächtigen, daß ich die Sprengkörper fand und den Zettel in der Rocktasche meines Bruders und daß ich weiß, sie probierten es aus in der Konservenfabrik, der Vinzenz und der Herr Oberlehrer Reindl und die Lohmannbuben und andre, aber kann ich doch meinen eigenen Bruder nicht zur Anzeige bringen, und hatte er auch eine Petroleumkanne mit sich genommen und möchte ich mein Gewissen erleichtern –"

„Eine Petroleumkanne."

So, jetzt heult sie schon wieder. Dem Pater Lambert bricht der kalte Schweiß aus den Poren. Das Mädel schüttelt sich, der Beichtstuhl kommt ins Wackeln, was macht man da nur? Er gibt ihr geschwind eine ganz große Buße, er hat genug, er will gar nichts mehr hören, so ein Beichtgeheimnis ist eine kitzlige Sache und überhaupt, wo doch die Bolschewiken die Konservenfabrik angezündet haben, was ein jeder im Ort bekanntlich schon weiß.

Die Köchin Anna stellt die Suppe auf den Tisch, eine schöne, eine dampfende, eine vollkommene Rindsuppe, aber Exzellenz hebt nicht wie sonst den Deckel von der Terrine, sie schielt auf Tassis Hände: „Geh dich waschen und putz dir die Nägel."

Exzellenz ist wütend. In der Nase kitzelt es, sie kriegt einen Schnupfen, da hilft die Wolljacke nichts und der Tropfen Jod im Glas Wasser. Der Regen schlägt an die Scheiben, das Wetter ist auch verrückt geworden, wär ja gar schön, wenn man schon heizen sollte, jetzt im August.

Die Köchin Neunteufel teilt die Suppe aus.

„Tassi, tummel dich, sonst kriegen wir ein kaltes Mittagessen."

Wo bleibt nur der Bub? Die Person, die Neunteufel, beißt die Lippen zusammen, blinzelt. – „Anna, gehen Sie den Tassi holen."

„Nein, nein, das tu ich nicht."

„Was?" Kerzengerade richtet sich die Exzellenz auf.

Und da stemmt die Köchin Neunteufel sogar auch noch die Hände in die Hüften: „In so ein Zimmer, wo leicht was explodiert, geh ich nicht hinein."

„Anna!"

„Es explodiert jetzt ja oft was im Ort."

Und schon hat sich die Person der Tür zugewandt, durch die eben, die Hände in den Hosentaschen, der Tassi hereinkommt.

„Tassi, geh in dein Zimmer. Ich hab hier mit der Anna zu reden. Und nimm die Hände aus den Hosentaschen."

Ganz ruhig bleibt die Neunteufel vor ihrer Gnädigen stehen, wie ihr jetzt nach zehnjährigen (eigentlich doch treuen) Diensten gekündigt wird.

„Ja, ja, ich geh schon. Also in vierzehn Tagen."

Exzellenz kann nicht essen, Exzellenz kann nicht schlafen, Exzellenz ist krank, sehr krank sogar, das wird nicht nur ein Schnupfen werden, sondern was Ärgeres. Aber bevor sie jetzt ihre Lungenentzündung kriegt, allein und verlassen, womöglich mit einem wildfremden Trampel im Haus, der keine Suppe kochen und sie überhaupt gar nicht richtig pflegen kann, muß noch was geschehen. Denn die Neunteufel, diese Person, ist imstand und nimmt eine andre Stelle in Maria Blut, wo sie dann herumerzählen kann – um Gottes willen, das ist nicht auszudenken.

Exzellenz Materni (von Materni bitte) gibt sich einen Ruck und geht hochaufgerichtet, eine echte Generalsfrau, durch die Küche auf das Dienstbotenzimmer zu. Fröstelnd verschränkt sie die Arme, erst muß sie sich an das Dunkel gewöhnen, das winzige Fensterchen, das auf den Lichthof hinausgeht, ist außerdem noch verhangen. Und die Neunteufel sitzt ganz erschrocken auf ihrem großen Reisekorb. Warum denn heute schon auf dem Reisekorb? Und warum drückt sie mit beiden Händen auf den Deckel?

„Anna, machen Sie sofort den Korb auf!" Eigentlich hat sie ganz was anderes sagen wollen, so was von langen Diensten und gutem Einvernehmen und Treue zum Haus.

„Anna, hören Sie nicht. Sie sollen diesen Korb aufmachen." Sie muß ordentlich schreien, es gießt so stark, der ganze Lichthof ist ein Wasserfall.

„Nein, nein, das tu ich nicht."

„Sie müssen."

„Was da drin ist, gehört mir. Das geht niemanden was an. Und überhaupt, das ist mein Zimmer."

„Was reden Sie da? Ihr Zimmer? In meiner Wohnung ist es Ihr Zimmer? Eine Frechheit. Eine Unverschämtheit. Ich weiß genau, was Sie da drin haben."

„Na, was denn?"

„Mein Eigentum. Gestohlenes Eigentum. Sie Diebin. Zucker, Mehl und Marmelade, meine Hemden, meine Strümpfe, Diebin! Diebin! Also nicht nur Verleumderin."

Die Neunteufel lacht. Wirklich, sie lacht.

„Aber warten Sie nur, ich hol die Polizei. Sie kommen mir nicht aus dem Zimmer heraus. Sie werden schon sehen –"

Und die Exzellenz reißt den Schlüssel aus dem Schloß, draußen ist sie, von draußen sperrt sie ab, ehe der Neunteufel einfällt, daß sie ihr eigentlich an die Gurgel hätte springen sollen, der alten Hexe.

Denn nun ist alles verloren.

Die Köchin Neunteufel sieht sich um, als sähe sie ihr Zimmer zum erstenmal. Das schmale Eisenbett, die graue Tapete, die rotkarierten Bettüberzüge, den kahlen Tisch. So also schaut es im Gefängnis aus. Über ihr an der Wand das Bild der Schwester, die einmal Tänzerin war und verschwunden ist, man weiß nicht wohin. Einsame Stunden, einsame Nächte, einsame Sonntage, wie viele –

Auf dem Stuhl steht ein Kerzenstumpf. Nirgends Zündhölzchen. Der Petroleumofen, den sie im Winter manchmal benützen darf, ist auf dem Dachboden. Sie kann nicht einmal ein paar Briefe verbrennen. Vielleicht, daß sie sie unter die Matratze steckt oder in die Matratze hinein, man näht den Riß wieder zu, mit Stopfwolle.

Ach Gott, es nützt ja alles nichts. Und dabei hätte man gerade jetzt den Koffer so schön fortbringen können. Was der Wipplinger täte? Oder die Toni? Sie ist halt doch nur ein dummes altes Weib. Jetzt weint sie auch.

Was ist? Was habens gesagt?" – „Die Gendarmen waren bei Maternis."

„Ist es denn wirklich wahr, daß der Tassilo –"

„Pst. Redens nicht. Die haben die Köchin geholt."

„Was? Die Neunteufel? Warum denn?"

„Gestohlen hat sie. Ganze Kisten voll Mehl und Zucker."

„Aber ich bitt Sie, deshalb kommen doch nicht gleich drei Gendarmen."

„Ich hab ganz etwas anderes gehört."

„Und ich hab selber die Kisten gesehen. Solche Kisten. Am Abend hat man sie abtransportiert. Mit einem Polizeiauto."

„Was war denn drin? Wirklich Mehl und Zucker?"

„Ich hab nicht neingeschaut."

„Aber Sie wissen doch, daß der Lausbub, der Tassi, nicht einmal grüßen tut er, wenn er einen sieht, unlängst fast das Haus in die Luft gesprengt hat."

„Sie, passens auf. Das sind ganz unkontrollierbare Gerüchte."

„Es waren doch so viel Leut dabei. Jubiläumsgäste. Lehrerinnen von der katholischen Frauenorganisation. Am selben Tag noch sind sie in den Löwen übersiedelt."

„Also so was. Wenn man bedenkt, aus einer besseren Familie."

„Ist alles nicht wahr. Alles nur Tratsch und Verleumdung. Ich weiß es besser. Die Köchin hat das so herumerzählt. Dabei hat sie selber Dynamit in der Wohnung gehabt."

„Dynamit?"

„Kisten und Koffer voll Dynamit."

„Herrschaften, ich geh nachhaus. Es fangt schon wieder an zu regnen."

„Gute Nacht, Herr Drexler."

„Zeiten sind das heutzutag, Herr Nachbar. Wenn sogar die Köchinnen –"

Der Hermin fällt es nicht ein, aus der Küche zu gehn. Freilich, das möcht den beiden so passen. Sie hat sich an das Fenster gesetzt (es wird ja schon so zeitlich dunkel und das Elektrische hat man ihnen gesperrt, weil sie seit Monaten die Lichtrechnung nicht zahlen können, wie wird das erst im Winter werden), sie putzt die Messer, die werden sowieso nicht mehr blank, da kann sie lange putzen, während der Wipplinger vor dem Herd hockt mit einer Zeitung in der Hand (für Zeitungen, da treibt er immer noch Geld auf) und die Toni, das Mensch, auf der Kohlenkiste mit ihren dicken Beinen baumelt. Weil sie auch immer zu kurze Röcke hat.

Oh nein, die Hermin geht nicht hinaus, gerade weil sie merkt, daß die beiden gar so gern allein sein wollen, gar nicht mehr aushalten können sie es, deshalb reden sie auch kein Wort. Sie aber bleibt, sie bleibt, wo sie ist, sie bleibt auf ihrem Posten, sie putzt die Messer mit dem abgewetzten Schmirgelpapier, sie weiß, was sie sich schuldig ist, sich und ihren armen Kindern.

Aber plötzlich sagt sie, sie weiß selbst nicht warum, nur weil sie es nicht mehr aushalten kann, daß die beiden so schweigen: „Na also, da habt ihrs."

„Wieso denn? Was?"

„Daß ein jeder sagt, die Arbeiter sind es gewesen, die was das Feuer gelegt haben."

„Ja, was können denn die dafür?"

„Weil ihr immer so hetzen müßt. Gegen die Kirche und gegen die feinen Leut. Und das Jubiläum war euch auch nicht recht. Ich hab selber gehört, was die Neunteufel bei der Birnstingel gesagt hat. Daß davon nur die Pfaffen fett werden. Und überhaupt jetzt, wo man das Weibsbild noch verhaftet hat mit ihrem ganzen Dynamit."

„Geh, laß dich nicht auslachen."

„Und es war Dynamit. Der ganze Ort hätt in die Luft gehen können. Wer weiß, ob die nicht auch bei dem Feuer dabei war."

Der Wipplinger dreht sich langsam um auf seinem Küchenhocker. Da fällt der Hermin plötzlich ein, daß sie doch einmal nachschauen muß, was der Peperl eigentlich macht; wenn er gar so ruhig ist, stellt er immer was an.

„Weißt du was von ihr?"

„Nur, was in der Zeitung steht."

„Das arme Luder."

„Es sind doch bloß ein paar Revolver."

„Was kann ihr geschehen."

„Nicht viel. Meinst, daß sie schweigt?"

„Die? Da leg ich beide Hände ins Feuer."

„Mit Weibern soll man nie was anfangen."

„Geh, red nicht so."

„Toni."
„Pst. Sei still."
„Du Toni, du hast mir doch was sagen wollen."
„Nicht jetzt."
„Toni, ist es was mit deiner Ausweisung?"
„Das auch."
„Ja, was denn noch?"
Die Hermin kommt herein mit einer flackernden Kerze in der Hand.

Bei den Reindls geht es heut hoch her. Sie haben zwar die Vorhänge zugezogen, aber man merkt doch, daß alle Lichter brennen, überhaupt, sie sind so vornehm geworden in letzter Zeit, sie hat Ohrringe, die verrückte Mitzi, sie sagt, sie sind aus echtem Gold, und Schlangenlederschuhe und heute soll schon wieder ihr Geburtstag sein, wie oft im Jahr hat die denn Geburtstag? Aber es geht schließlich niemanden was an. Das Radio bei Reindls spielt schon stundenlang nichts als Tanzmusik (oder ist das ein Grammophon?), so daß die Nachbarn alle nervös werden, jeden Augenblick kommt noch ein Gast, es müssen mindestens schon zwanzig sein, und was das Geld kostet und überhaupt in diesen schweren Zeiten, wo doch eben erst so viel passiert ist im Ort.

Die Reindl Mitzi trägt ein himmelblaues Seidenkleid und eine Korallenkette im halb gelösten Haar. „Bitte nur einzutreten in den Salon, oh gewiß, ich werde die Herren nicht stören, nein, nein, ich mische mich nicht in Männergespräche, ich verstehe ja doch nichts von Politik, aber was denken Sie, nein, nein, ich trage nur mein Scherflein bei in meiner stillen Küche, Sie werden schon sehen, es ist auch noch ein Abgesandter da, ein Herr von, ein Baron sogar, ein schöner Mensch, er hat eben gar so nordische Augen, den Mantel können Sie dorthin hängen, er ist ganz naß, es regnet doch nicht schon wieder."

Da kommt der Heberger Vinzenz, der fade Pimpf, und glotzt sie an mit seinem stieren Blick, als hätt er sie sein Lebtag noch nie gesehen.

„Nur herein, Herr Heberger, machen Sie keine Umstände nicht. Heut werden Sie nicht lange abstinent bleiben können, heut gibt es keine Milch bei uns, die Herren wünschen ganz ein andres Getränk."

Und sie gibt ihm noch einen kleinen Stoß, ehe sie in der Küche verschwindet, um einen Schluck Gumpoldskirchner zu sich zu nehmen. Man muß sich stärken, wenn es gar so viel zu tun gibt.

Vinzenz steht wie geblendet in den ihm wohlbekannten Räumen. Warmer Zigarrenrauch umhüllt ihn, es riecht leider ein wenig stark nach Alkohol und das Gespräch ist in vollem Gang. Der Herr Oberlehrer winkt ihm flüchtig zu, etwas mehr Beachtung könnte er ihm schon schenken, aber er ist wohl sehr beschäftigt mit dem fremden jungen Mann, dem er in wohlwollender Zärtlichkeit den Arm um die Schultern legt. Adalbert Lohmann scheint stark angeheitert, er hebt sein Glas und trinkt Vinzenz zu: „Prost, Heberger, sollst leben. Damit wir noch ein paar Konservenfabriken anzünden. Oder gleich auch das Parlament in Wien."

„Aber Adalbert." Einer der Herren legt dem Jüngling die Hand auf den Mund.

„Ja, ja, ich weiß schon, die Kommunisten haben es gemacht, natürlich nur die Kommunisten. Eine großartige Idee, eine hervorragende Idee –"

„Der Adalbert braucht eine kalte Dusche."
„Schmeißts ihn hinaus."
„Ja freilich, den kann man doch nicht auf die Gasse lassen."
„Laßts ihn doch reden. Wir sind heut ganz unter uns."
„Nein, nein, so geht das nicht."
Vinzenz zieht sich in die Ecke neben dem Klavier zurück. Ganz anders hat er sich den Kameradschaftsabend vorgestellt. Wieder einmal fühlt er sich hier recht als einer von den vielen Millionen, die das Schicksal bestimmt hat, namenlos und unbekannt im gleichen Schritt der andern zu marschieren. Heute jedoch – gerade heute wäre die Zeit und der Ort, aus dem bescheidenen Dunkel, in das der Wille des Allmächtigen ihn bisher versetzt hat, hervorzutreten, um mit fanatischer Leidenschaft zu verkünden, was er der Welt zu verkünden hat. Wem diese Leidenschaft versagt und der Mund verschlossen bleibt, den hat der Himmel nicht zum Verkünder seines Willens ausersehen.
Vinzenz räuspert sich. Fräulein Reindl trägt Kuchen auf, braune Kuchen in Hakenkreuzform. Hurra und Heil! Er wird warten, bis die Kuchen gegessen sind.
„Wer ist denn das?"
„Pst. Wissen Sie nicht –"
„Also so was."
„Ja, es ist wirklich ein leiblicher Verwandter –"
Vinzenz hat ein paar Sätze aufgeschnappt. Stolz reckt er sich. Hochaufwallend fühlt er in sich das Blut der Krückelgruber. Der Oberlehrer klopft eben an sein Glas: „Ich bitte die Herren, sich zu Wort zu melden."
In diesem Augenblick tritt Vinzenz vor. Er sieht aller Augen auf sich gerichtet, noch sind es wenige, aber aus

diesem Häuflein Menschen, aus diesen ihm so gleich gesinnten Getreuen, werden viele werden, Hunderte, Tausende, Millionen, Völkerschaften, Erdteile, die ganze Welt. Schon hört er seine tiefe, männliche, vor Erregung bebende Stimme – da kreischt eine helle weibliche Stimme: „Jessas nein, der Pimperl spricht." Und dann ist alles vorbei. Tosendes Gelächter schlägt über ihm zusammen. Alles nur, weil dieses Frauenzimmer, das Fräulein Mitzi Reindl, die Schwester des Herrn Oberlehrer, einen geradezu unverantwortlichen Schwips hat.

Schwer legt sich ihm die Hand des Oberlehrers auf die Schulter: „Lieber Freund, das Reden wollen wir doch lieber unserem großen Vetter überlassen."

Vinzenz wankt die Treppe hinunter. So ist es also doch nicht der richtige Zeitpunkt gewesen. Und eben auf den richtigen Zeitpunkt kommt es an. Im richtigen Zeitpunkt vom Schicksal auf den richtigen Platz gestellt werden nach dem unergründlichen Willen der allmächtigen Vorsehung. Ihm bleibt es versagt.

Doch kann er jetzt nicht länger grübeln und denken. Vor der Tür stehen zwei Wachleute.

„Halt! Woher kommen Sie?"

„Vom Herrn Oberlehrer Hubert Reindl. Wollen Sie mich vielleicht verhaften?"

„Aber Vinzenz, wo treibst denn du dich herum. Das ist doch keine Gesellschaft für dich. Geh geschwind nachhause, ich werde dem Vater nichts sagen."

Langsam und mit schweren Schritten entfernt sich Vinzenz durch die dunkle Straße.

„Das ist nämlich der junge Heberger. Den hab ich

schon als Buben gekannt. Den lassen wir laufen, der ist nur ein Narr."

Na Herr Untersuchungsrichter, viel zu tun in diesen Tagen?"

„Es geht, es geht."

„Das müssen ja Berge von Akten werden."

„Ist nicht so arg."

„Wirklich unglaublich. Wenn man so denkt, unser Maria Blut, dieses bescheidene liebliche Örtchen."

„Wird sich schon alles wieder beruhigen."

„Und dazu dieser Wetterumschlag. Bei uns ist das ganze Haus malad. Sogar das Kindermädel hat über achtunddreißig. Ich komm gerade nur auf einen Sprung in das Café."

„Was Sie nicht sagen."

„Sie sind auch nicht wohl, ich seh es Ihnen an, Herr Untersuchungsrichter. Oder vielleicht ist es die Überarbeitung. Diese Ringe unter den Augen."

„Mir fehlt wirklich nichts."

„Sagen Sie, was wird nun eigentlich aus den Leuten werden. Hat man sie schon?"

„Wen meinen Sie?"

„Na, die Verbrecher, die Brandstifter, die Kommunisten."

„Aber lieber Herr, das fällt doch nicht in meine Kompetenz, da müssen Sie sich bei der Gendarmerie erkundigen."

„Ja richtig, richtig, selbstverständlich. Ich hab nur gemeint, Sie hätten vielleicht was gehört."

„Leider nein."

„Und die Sache mit dem Doktor, dem Gattenmörder?"
„Wie bitte?"
„Ich mein doch nur. Von dem großen Abtreibungsprozeß weiß ein jeder. Aber der kommt wohl erst im November."
„Sie sind wirklich sehr unterrichtet."
„Ja, ja, unsereiner ist nicht auf den Kopf gefallen. Man erfährt so manches. Und was den Oberlehrer betrifft, meine Frau hat eine Kusine, die ist verlobt mit dem ältesten Bruder von dem kleinen Rohrauer, wo die Eltern die Anzeige erstattet haben. Ist ja nicht auszudenken. Ich weiß schon, daß Sie darüber nicht reden dürfen. Berufsgeheimnis, schwebendes Verfahren oder wie das heißt. Dabei soll der doch sonst ganz ein anständiger Mensch gewesen sein. Frontkämpfer und stramm national."
„Herr Ober, zahlen!"
„Aber Herr Untersuchungsrichter, Sie haben ja noch nicht einmal Ihren Kaffee getrunken. Warten Sie doch noch einen Augenblick, dann begleite ich Sie. Ich muß nachhaus zu meiner kranken Familie. Sagen Sie mir nur noch eines: Was ist mit dieser Köchin los? Meine Frau ist gleich in unserer Resi ihr Zimmer gegangen, alle Laden hat sie aufgemacht –"
„Aber, aber –"
„Mein Gott, man tut es ja nicht gern. So ein Mädel ist auch ein Mensch. Aber wenn man denkt, daß bei andern Leuten im Dienstbotenzimmer ganze Kisten voll Dynamit stehen –"
„Dynamit? Herr Ober, ich möchte zahlen."
„Oder was war es sonst? Man spricht sogar von Giftgasbomben, angefertigt im roten Rathaus in Wien, in der Fürsorgeabteilung – ja was ist denn – was ist denn?"

„Hier, nehmen Sie diesen Schilling. Zahlen Sie doch bitte für mich. Ich muß noch einmal zurück ins Gericht. Ich habe meinen Regenschirm vergessen. Habedieehre."

Haben Kaiserliche Hoheit noch einen Wunsch?" – „Warum denn nur noch einen Wunsch? Ich hab mehrere Wünsche, viele sogar. Vor allem heizen Sie endlich ein. Was ist denn das für eine infame Kälte. Nicht einmal im Bett wird einem mehr warm. Und dann will ich Zeitungen. Zeitungen! Glotzen Sie nicht so, Sie Depp. Wiener Zeitungen und nicht die blöden Provinzblätter, da schlaft man ja ein. Und – hallo, Liebold, was rennen Sie denn schon wieder davon, immer rennen Sie davon, wenn ich was verlange, laßt einen kranken Menschen mutterseelenallein, meine Tropfen will ich."

„Kaiserliche Hoheit haben doch eben erst –"

„Na und. Ich will halt noch mehr Tropfen haben. Der Doktor sagt, ich kann nehmen, soviel ich will. Vielleicht werd ich davon so müd. Was meinen Sie, Liebold?"

„Kaiserliche Hoheit werden sicher davon so müd."

„Na, dann lassen wirs."

Der alte Liebold geht rasch aus dem Zimmer. Da hat der Herr schon den ganzen Tag von diesen Tropfen genommen, die Tropfen sollen ihn lebendig machen, sie pulvern auf, hat der Doktor gesagt, aber statt dessen wird er nur immer müder, der Arme ist ja beinahe schon tot, kann sich kaum mehr von einer Seite auf die andere legen, und Zeitungen will er, du lieber Himmel, seine Hände können sie nicht mehr halten, Wiener Zeitungen, wo soll man die denn herschaffen, die Trafikantin gibt nichts mehr auf Kredit, und das Holz und die Kohlen, oh Gott, oh Gott, man will sich nicht versündigen, aber vielleicht ist es ein Glück, wenn der Herr den Winter nicht mehr erlebt.

Im Salon an der Wand hängen die hohen und allerhöchsten Herrschaften in Glas und Rahmen und mit Unterschrift auch noch dazu, aber was nützt das und was hat man schon von ihnen, der Pfandleiher lacht einen aus, wenn man damit kommt. Bleibt noch der Teppich – wenn aber Kaiserliche Hoheit doch noch einmal aufstehen sollte? Die silbernen Leuchter sind schon versetzt, den Lüster will keine Katz mehr haben. Und die Möbel –

„Liebold!"

Mein Gott, jetzt ruft er schon wieder.

„Liebold! Heizen!"

„Sofort, Kaiserliche Hoheit!" Und der Alte greift nach dem nächsten geschnitzten Stühlchen mit den seidenen Troddeln, es ist sehr leicht, brennt rasch, doch gibt es nur noch fünf solcher Stühlchen.

Wie dem Erzherzog dann endlich warm wird, verlangt er den Pfarrer.

„Ja, ja, glotzen Sie nicht. Deshalb bin ich noch lang nicht gestorben. Er soll auch ja nichts mitbringen. Eine Aussprache möcht ich haben."

Den Pater Lambert trifft fast der Schlag, wie er zur Hoheit gerufen wird. Das ist ja auch ein Patient vom Lohmann und dem möcht er um alles in der Welt nicht mehr an einem Krankenbett begegnen. „So, so, nur eine Aussprache. Sagen Sie das gleich dem Doktor, wenn er kommt."

„Der Doktor kommt heut nicht mehr. Der war schon da."

Beinahe dunkel ist es in dem Zimmer, obwohl die Dämmerung noch kaum begonnen hat. Die Hand des Erzherzogs ist grau und schlaff, der Mund merkwürdig zur Seite gezogen. Fliegen summen in der stickigen Wärme.

„Hochwürden haben doch nichts mitgebracht."

„Aber nein."

„Ich mein auch selbst, damit hats noch Zeit. Es ist nur, man hört so gern was von der Welt. Da liegt man hier, als hätten alle einen schon vergessen. Nehmen Sie Platz, Hochwürden. Liebold, bringen Sie die Zigarren. Und Wein. Wie? Was? Keiner im Haus? Na, dann holen Sie eben einen. Sie sehen, Hochwürden, der Hausherr ist krank und auf die Domestiken kann man sich nicht verlassen. Rücken Sie näher, Hochwürden, ich bin nicht ansteckend. Nur so, halt so eine Schweinerei im Blut. Man hat eben seine Jugendsünden. Obwohl der Doktor meint, daß das gar nicht zusammenhängt. Ein netter Kerl, der Lohmann, andere Anschauungen, aber doch ein besserer Mensch. Zu unserer Zeit, da hat man noch mit einem reden können, wenn er auch nicht derselben Meinung war. Nicht wahr, Hochwürden. Das waren Manieren, das war ein Ton, laisser faire, laisser aller, alles verstehen und alles begreifen. Das war noch eine Zeit, Hochwürden. Ich sag Ihnen, den Krieg, den hätten wir nicht mehr erleben sollen. Die ganze Welt ist jetzt verproletarisiert. Hab ich nicht recht?"

„Ja, ja, das ist schon wahr."

„Ein bissel leid tät mirs zwar doch, wenn ich schon gar so lang gestorben wär. Ich war ja auch im Schützengraben, vier Tage, meine Mama hat mich herausgeholt. Die arme Mama. Hat auch nichts Gutes mehr gehabt. Na, und was steht mir jetzt noch bevor? Der Doktor sagt, ich kann noch hundert werden. Aber der lügt ja. Meinen Sie nicht auch, Hochwürden?"

„Ich weiß nicht recht."

Sie sollten aber die Wahrheit sagen, weil Sie doch eigentlich ein Pfarrer sind. Na, mir ists wurscht. Wenn es nur nicht so fad wär, das Sterben. Ich hab mir das ganz anders vorgestellt. So mit: ich pfeif darauf und habts mich alle gern. Die Herren Gläubiger können das Nachsehen haben. Jetzt aber freut mich auch das nicht mehr. Immer so ein lausiger Geschmack im Mund."

„Wollen Sie was trinken, Herr Baron?"

„Ich versteh gar nicht, wo dieser Liebold bleibt mit Ihrem Wein und mit den Zigarren. Er muß gleich kommen, gehen Sie jetzt nicht fort, Hochwürden, es tut so wohl, eine Aussprache zu haben, eine Beichte oder so was Ähnliches. Bin schon lange nicht im Beichtstuhl gewesen, mein Gott, was ich schon für Sünden hab. Die Konservenfabrik hab ich einmal bestimmt nicht angesteckt. Weiß man schon, wer die Bolschewiken waren?"

Dem Pater Lambert ist sehr warm geworden, und die Fliegen setzen sich ihm auf die Hände. „Ich hab nichts gehört."

„Und ich hab keine Köchin mit Dynamit versorgt und mit keinem Oberlehrer was gehabt. Bin auch am Schellbach seinen Schwindeleien ganz unschuldig, im Gegenteil, der hat mich noch hineinfallen lassen. Bissel viel passiert in letzter Zeit. Und da soll man so einfach abkratzen und weiß nicht, was noch kommen wird. Denn so gehts nicht weiter. Meinen Sie nicht auch, Hochwürden?"

Der Pater Lambert nickt.

„Manchmal denk ich, es kommen eh die Bolschewiken,

dann gute Nacht, lieber gleich tot und gestorben, aber manchmal denk ich –"

Das Bett kracht. Der Baron, die Kaiserliche Hoheit, der falsche Erzherzog, hat sich aufgesetzt.

„Manchmal denk ich, es könnte doch auch anders werden und alles kommt noch einmal, wie es war. Das ganze Unrecht wieder gutgemacht, das Herrscherhaus, es kehrt zurück, die Ringstraße voll goldener Räder, Uniformen, schwarzgelbe Fahnen, das Volk drängt sich, die Glocken läuten vom Stephansturm, hören Sie, Hochwürden, dort spielt man jetzt die Volkshymne, die echte, alte: Gott erhalte, Gott beschütze unsern Kaiser, unser Land –"

Der Erzherzog hat die Knochenhände erhoben. Selber beinahe schon ein Gespenst, sieht er Gespenster.

„– und jetzt – und jetzt, zum Burgtor herein reitet auf einem Schimmel Seine Majestät – unser allergnädigster Kaiser Otto – hoch! hoch! hoch!"

Dem Pater Lambert graut. Er wendet sich ab. In der Tür steht der Liebold, kerzengerade, und salutiert.

Na Frau Birnstingel, die Neunteufel, die wird jetzt nicht mehr viel bei Ihnen einkaufen."

„Ich bitt Sie, redens nichts mehr von der Person."

„Also so was. Da hat sie gemacht, als hätt sie nix als Suppen im Kopf: ein Puri, ein Petersill und die gelben Rüben dort – erinnerts ihr euch –"

„Und gar so eilig hat sies immer gehabt."

„Und einem überhaupt nicht zugehört. Mich gehts nix an."

„Jetzt aber wird es sie schon etwas angehen."

„Da möcht ich dabei sein, wenn die ihr Geständnis macht."

„Sie wird gar kein Geständnis machen."

„Ja wieso denn. Wenn man das Dynamit gefunden hat."

„Es war doch gar kein Dynamit."

„Wenn Sies besser wissen."

„Frau Birnstingel, ich möcht noch einen Kürbis."

„Es sollen Maschinengewehre gewesen sein."

„Maschinengewehre? Gehn die denn in einen Koffer hinein?"

„Na halt Gewehre. Die Exzellenz hat es meiner Herrschaft erzählt, ich war selber dabei."

„Frau Birnstingel, was kosten die Trauben?"

„Und sie hat furchtbar geweint, die Neunteufel, wie sie sie abgeführt haben."

„Da hat es ihr also doch leid getan."

„Richtig geschrien hat sie sogar."

„Geschrien? Was denn geschrien?"

„Mein Herz klopft wie ein Lampelschwanzel. Mein Herz klopft wie ein Lampelschwanzel."

„So eine verrückte Person."

„Die Exzellenz meint auch, bei der stimmts nicht im Kopf. Und sie hat gesagt, sie gibt den Koffer nicht her, weil er doch ihr Eigentum ist. Und sie braucht die Gewehre, hat sie gesagt, weil jetzt lauter Räuber und Mörder kommen werden."

„Räuber und Mörder?"

„Und weil sie sich verteidigen muß, hat sie gesagt."

„Also so was. Räuber und Mörder bei uns in Österreich. Und womöglich noch am hellichten Tag."

„Die Exzellenz meint auch, das Frauenzimmer kommt ins Irrenhaus."

„Da hätt sie Glück, sonst wird sie eingesperrt."

„Räuber und Mörder."

„Wer kann es wissen. Und vielleicht ist sie gar nicht verrückt."

„Also hören Sie. Wie meinen Sie das?"

„Frau Birnstingel, ich möcht noch gern ein paar Zwiebel."

IX.

Schau, Großpapa, wie schmutzig das Wasser ist." Der alte Meyer-Löw sieht zur Seite. Braungelb wie abgestandener Milchkaffee ist heute der Strom. – „Das kommt vom Regen, Anselm. Aber guck dir den Himmel an. Der hat sich dafür gründlich gewaschen."

Und der Großpapa hebt den schwarzen Stock gegen das hohe, klare Blau.

„Warum stehen denn die Sträucher alle im Wasser?"

„Das sind Weiden, Anselm. Die sind das gewohnt, so oft es eine Überschwemmung gibt."

„Und die Häuser, Großpapa? Wie kommt man hinein?"

Sind nur Badehütten, Anselm. Die stehen auf ihren Pfählen. Mit einer Leiter kommt man auch jetzt hinein. Dort hängt noch eine an der Tür."

„Und die Gärten?"

„Badehütten haben keine Gärten. Nur ein bißchen Rasen, und der steht heut unter Wasser." (Warum hängt eigentlich die Leiter dort?)

„Da kann einem der Rasen gar nicht gehören."

„Warum denn? Weil das Wasser ihn wegnimmt? Ja, hier gehört alles dem Strom und dem Regen und dem Wind." (Mit dieser Leiter stimmt etwas nicht.)

„Komm weiter, Anselm."

„Da kann man also gar nicht richtig wohnen."

„Nein, Gott sei Dank." (Die Leiter hängt ja ins Wasser hinein.) „Weißt du, Anselm, nicht alles muß dem Menschen gehören." (Ach was, es wird sie eben wer vergessen haben.) „Denn wenn dem Menschen was gehört, benützt er es auch, beutet es aus, nimmt es in Beschlag, schlägt womöglich seine Wurzeln, wie das so schön heißt. Aber hier unter den Weiden kann man keine Wurzeln schlagen, unberufen, hier reißt der Strom alles weg, hier ist man nicht zuhaus, hier kommt man nur auf Besuch und das ist eben das Richtige. Man muß ein Gast sein auf dieser Welt."

„Warum ein Gast?"

„Weil es nirgends so schön ist, daß man sich für immer niederlassen soll. Das tun nur die Dummen und Beschränkten. Die haben ihre Kindheit und ihr Alter, sogar ihren Himmel und ihre Hölle immer nur in ein und derselben Gegend. Sind eingeboren und auch noch stolz darauf. Geh zur Seite, mein Kind, damit du nicht in die Pfütze trittst. Alle wilden Völkerschaften, Anselm, kennen nur ihre eigene Erde. Heilig ist sie, weil sie ihnen gehört. Deshalb kleben sie fest an ihr."

„Gehören wir auch zu den Völkerschaften?"

„Du bist ein Jude, Anselm, und du sollst wandern. Auf Schiffen und in großen Eisenbahnen. Fliegen sollst du, hoch über den Wolken. Länder sollst du durchwandern, Sprachen und große wachsende Städte. Das Fremde sollst du kennenlernen, das weit Entfernte."

Und der Alte bleibt stehen, sieht auf das Kind in seinem ausgewachsenen Mäntelchen, das ihn erstaunt anblickt aus mandelförmigen Augen. Der Alte sieht vorbei an dem Kind in einen unentwirrbares glitzerndes Weidendschungel. „Wir wollen nachhause, Anselm, es ist kalt."

Sie gehen langsam zurück. Der Wind, ein harter, gehässiger Wind, schlägt ihnen entgegen (knöpf den Mantel zu, Anselm), jeder Schritt wird beschwerlich, wenn man alt wird und steif und den Stock gebrauchen muß, als drittes Bein. Der Kleine hüpft wie ein frierendes Vögelchen. In den Weiden knackt es, der Strom schlägt an das Ufer mit winzigen, jappenden Wellen, die Septembersonne blendet, gibt keine Wärme mehr (stell den Kragen auf, Anselm.) Von der Wallfahrtskirche läuten die Glocken zwölf, von Sonntag zu Sonntag werden die Spaziergänge jetzt kürzer werden, bis der Frühling kommt, wer weiß, ob man den noch erlebt, so ein Winter ist lang, viele gibt es, die haben nichts, womit sie heizen können, das Essen wird teurer, die Not steigt, mit ihr der Haß und die Unruhe. Gott sei Dank, da kommen endlich die Pfahlbauten (und die Leiter, richtig, die Leiter?), die Tür ist auch nicht anständig geschlossen, vielleicht ist das die Badehütte der Lohmanns, schaut ihnen ähnlich, die Schlamperei, aber haben Lohmanns nicht die andre Badehütte nebenan, wer soll das wissen, sieht ja eine jede gleich aus, was ist das nur an dieser Tür, wie rot verschmiert, wenn man doch bessere Augen hätte –

Der Alte bleibt stehen, sucht seine Brille, putzt sie, setzt sie auf.

„Großpapa, ich hab was gefunden."

Das Jagdmesser ist voll dunkler Flecken. Rost? Oder?

„Gib her, Anselm, das ist nichts für dich."

Dicht an der Klinge die Initialen G. L. „Lauf voraus, Anselm."

Noch einmal sieht der Alte durch die Brille zu dem Pfahlbau auf. Mit der Tür ist etwas geschehen. Soll er durch das eisige Wasser waten? Ja, wenn man jünger wäre, keine Gicht hätte, zwei gerade, gesunde Beine –

„Hallo!“ ruft er, „hallo! Ist wer da?“ Und dabei haßt er die eigene krächzende Greisenstimme.

Toni, Toni, wo sind meine Socken?“ – „Herr Doktor habens doch gerad noch hier am Sessel gehabt.“

„Sie sind aber fort, futsch, verschwunden. Verschaffen Sie mir rasch ein Paar andre. Und ein Taschentuch, aber ein frisches.“

„Herr Doktor haben keine Taschentücher mehr.“

„Ist ja gar schön.“

„Ich kann nichts dafür.“

„Ist mir wurscht, ob Sie was dafür können. Muß mich trotzdem in was schneuzen. Und die Schuhe, warum sind meine Schuhe nicht geputzt? Himmelkreuzmillionendonnerwetter. Haben Sie den Anzug bügeln lassen, den blauen, den es mir so eingeregnet hat? Und überhaupt – Toni – was ist denn –“

Draußen ist sie und haut noch die Tür hinter sich zu. Da steht er bloßfüßig in seinem Schlafrock (viel zu spät auf gestanden, natürlich), darf sich so was gar nicht gefallen lassen, ganz verrückt ist das Mädel seit der Ausweisung, nein, nein, er wird sie nicht bei sich behalten können, diese verdammten Gesetze, sie hat schon gesagt, sie tut sich was an, ordentlich mager ist sie geworden und mit Ringen unter den Augen –

„Toni, Toni, kommen Sie sofort!“

Da sind ja die Socken, zerrissen natürlich (liebe, gute, einzige Johanna, schau nicht die ganze Zeit herunter von der Wand), ein verhexter Tag ist das heut überhaupt, der Adalbert hat schon eine Ohrfeige bekommen, auch nicht gerade im richtigen Augenblick, Ohrfeigen sind überhaupt kein Erziehungsmittel, aber es reißt einem eben einmal die Geduld –

„Toni! Toni!"

Und er wär doch so gern nach Wien gefahren, gerade heut, weil die Sonne so schön scheint, hätte auch alles Mögliche mit Alice zu besprechen, das geht nicht so weiter hier, es wird ein Riesenskandal, Gattenmörder und Engerlmacher und Rezeptenfälscher, gerad, daß sie ihm noch nicht nachsagen, er hat die Konservenfabrik angesteckt, das heißt, wer weiß, die sind ja wie die Wilden hinter ihm drein, seinen Kopf wollen sie, diese Kopfjäger, und einmal sind die Kopfjäger schwarz und einmal sind die Kopfjäger braun, aber Kopfjäger sind sie halt immer, was ihnen das für ein Vergnügen macht, einen Menschen zu Tod zu hetzen. Alice versteht das nicht, sie hat ja nie unter ihnen gelebt, Herr Gott, wie gern möcht er heute zu ihr, aber der Liebold hat eben erst telefoniert, daß es dem Erzherzog schlechter geht, den armen Teufel darf er nicht allein lassen, wenn er ihm auch nicht mehr helfen kann, er wird den Feßler nochmals zum Konsilium bitten, damits nicht wieder heißt, er hat wen umgebracht, obwohl er diesen Feßler auf den Tod nicht ausstehen kann, aber der Brunnbacher ist womöglich noch ärger und überhaupt, der grüßt ihn nicht mehr –

„Herr Doktor! Herr Doktor!"

„Na endlich, daß Sie wieder da sind."

„Herr Doktor sollen ans Telefon."

„Wer ists denn? Der Liebold?"

„Nein, der Meyer-Löw."

Was? was? ... wo meine Badehütte steht ... ja, ja, das ist sie schon ... andere Sorgen haben Sie keine an einem schönen Sonntagvormittag ... warum denn ... und warum denn gar so geheimnisvoll? ... Wo sind Sie? ... in der Waldschänke ... na meinethalben ... schön, ich komme sofort mit dem Wagen ...“

Ist der Alte auch schon verrückt geworden? War doch bis jetzt der einzig vernünftige Mensch im Ort. Warum so aufgeregt? Blödsinn. Da wird man eben eingebrochen haben. Vielleicht hat die Hanni die Tür nicht abgesperrt. Wollen rasch einmal fragen.

„Du, Hanni –“

Sie liegt in ihrem Bett, den Kopf unter der Decke, alle Fenster geschlossen, alle Vorhänge zugezogen, eine Luft zum Ersticken.

„Hanni, was ist denn?“

„Mir ist nicht gut.“

„Was fehlt dir?“

„Schnupfen.“

„Schnupfen? Und da liegst du gleich im Bett?“

Habens schon gehört? Das Allerneueste.“ – „Was gibts denn wieder?“

„Beim Lohmann habens eingebrochen.“

„War er versichert?“

„Ich weiß nicht.“

„Dann wird er selber eingebrochen haben.“

„Aber Herr Patzelt, wie können Sie nur gleich so was sagen.“

„Warum denn nicht. Der Herr Patzelt hat vollkommen recht. So ein Bolschewik ist zu allem imstand.“

„Er hat es aber gar nicht angezeigt.“

„Was? Nicht einmal angezeigt hat er den Einbruch?“

„Man weiß es nur, weil so ein schöner Sonntag war. Da sind die Leut bei seiner Badehütte spazieren gegangen."

„Hat man denn in der Badehütte eingebrochen?"

„Herrschaften, wenn der Mann es nicht angezeigt hat, so hat das ganz gewiß was zu bedeuten."

„Was denn? Was meinens denn, Frau Huber?"

„Ich mein halt nur, heutzutag, wo sogar in den Dienstbotenzimmern das Dynamit umeinand liegt."

„Ah so."

„Die Neunteufel soll noch immer nicht gestanden haben."

„Mir wachst das alles schon zum Hals heraus. Habts ihr denn gar nichts anderes zu reden als immer nur das fade Zeug."

„Aber Frau Zackinger, ich versteh Sie nicht. Wenn beinah unsre liebe Heimatstadt in die Luft fliegt und es brennt lichterloh und noch dazu an einem hohen Feiertag –"

„Erstens sind wir nicht in die Luft geflogen und zweitens war da auch nichts dabei."

„Frau Zackinger!"

„Ich muß schon sagen, Sie haben merkwürdige Ansichten, liebe Frau."

„Regens Ihnen nur nicht auf, lieber Herr. Sie fürchten sich noch davor, in die Luft zu fliegen, weil Sie den Winter noch was zu fressen haben. Sie sitzen einstweilen noch auf Ihrer Beamtenpension."

„Einstweilen?"

„Einstweilen. Oder wissen Sie vielleicht, was im Winter passiert? Mein Mann ist arbeitslos, wird im nächsten Monat ausgesteuert, mein Bub hockt zuhaus, findet keine Arbeit, hat nie eine gefunden, keine Kohlen im Keller, kein Holz in der Kiste, wenns friert, legen wir uns ins Bett, wenn wir Hunger haben, können wir ja unser Katzerl schlachten –"

„Aber Frau Zackinger!"

„So weinens doch nicht."

„Sie werden sehen, es wird schon irgendwie gehen."

„Im Herbst sind eben alle Leut so nervös."

Der Bürgermeister liegt im Bett. Eine Grippe ist das, bestimmt eine Grippe. Diese Hundekälte und dazu die Last der Verantwortung, die Sorgen, das Gemeindebudget, der Straßenbau, wenn es schneit, er hat nicht das Geld, ein paar Schneeschaufler aufzunehmen, überhaupt bei den Forderungen, die die Arbeitslosen heutzutag stellen, sind eben gewohnt als Staatsrentner zu leben, die Herrschaften. Na, das wird jetzt bald anders werden.

Fröstelnd hüllt er sich in die Decke (Kathi, Kathi, der Ofen geht schon wieder aus), er zieht das Thermometer aus der Achselhöhle, was, nicht mehr? Wo er das Fieber doch so deutlich spürt. In der Schulzeit pflegte er vor ganz besonders unangenehmen Prüfungen an dem Thermometer zu reiben, aber man ist doch ein erwachsener Mensch, mehr als das, Gott seis geklagt, weißer Seidenbart, Familie, rosa Ampel über dem Bett, dicke Samtvorhänge, Orden und dergleichen, Verpflichtungen, Würden. Hols der Teufel. Und jetzt läutet es. (Kathi, niemand darf zu mir herein, das Fieber steigt, natürlich steigt es.) Einen Tag wird man noch ruhig im Bett liegen, die Frau wird die Besuche abhalten, dazu ist sie da, und eine heiße Limonade bringen könnte sie auch, nicht immer alles nur den Dienstboten überlassen. „Kathi!"

Da klopft es und die Tür geht auf: „Ergebenster Diener, Herr Bürgermeister."

Das ist der Brunnbacher, und hinausschmeißen kann man ihn nicht, weil er doch der Hausarzt ist.

„Was ist denn los mit dem werten Befinden?"

Der Bürgermeister sagt nicht, daß er das Thermometer in der Achsel hat. Er mißt sich nicht, ach wo, wegen dem bissel Fieber, und morgen ist er wieder im Bureau, da kann der Doktor sagen, was er will.

Der Doktor sagt gar nichts, nimmt sich kaum die Mühe, nach dem Puls zu greifen, er reißt den Mund auf, jappt nach Luft wie ein Fisch, das macht er immer, wenn er mit was Besonderem herausrücken will: „Es sind also wirklich die Kommunisten gewesen."

„Wie? Was?"

„Herr Bürgermeister, wenn Sie sich zu erinnern geruhen, es war von Anbeginn an meine feste Überzeugung, daß nur allein diese staatsfeindlichen Elemente es gewesen sein konnten."

„Sie meinen den Brand. Aber Herr Doktor, Sie waren doch der erste, der gesagt hat, das werden sicher wieder diese Lausbuben, die Nazis, sein."

„Herr Bürgermeister, da muß ich schon sehr bitten. Solche Erinnerungsstörungen, in Ihrem Fall vielleicht hervorgerufen durch Krankheit und Fieber, können äußerst peinlich werden. Ich wiederhole, ich sprach sofort von staatsfeindlichen Elementen –"

„Schon gut, Herr Doktor, ich glaub Ihnen schon. Und drehen Sie das Licht an, dort ist der Schalter, es wird jetzt immer so zeitlich dunkel."

„Bitte, bitte. Aber was ich eben sagen wollte – wen hat man jetzt? Das verlotterte Individuum, das auf dem

Kirchplatz die Jubiläumsreden zu stören versuchte, meine Frau hat mir gleich von ihm erzählt, ein Bettler, angeblicher Bettler natürlich, wurde abgeführt von einem Gendarm, leichtsinnigerweise aber nach ein paar Stunden wieder freigelassen –"

„Lieber Herr Doktor, seien Sie mir nicht bös, aber mein Kopf, mir schwindelt, ich kenn mich schon gar nicht mehr aus. Was ist mit dem Bettler?"

„Man hat ihn. In einem Straßengraben ist er gelegen, beinahe erfroren. Und wissen Sie was? Zwei Wunden hat der Mann. Zwei Stichwunden im Oberarm."

„Na und –"

„Jetzt ist es klar. Der Mann wird auf dem Kirchplatz gesehen, macht sich dort durch seine Stänkereien bemerkbar, verschwindet dann, es brennt, kurze Zeit darauf findet man ihn verwundet. Es ist ja eine beliebte Art gewisser Kreise, sich solcherart der eigenen Komplizen zu entledigen –"

„Doktor Brunnbacher, der selige Sherlock Holmes ist ein Stümper gegen Sie."

„Herr Bürgermeister, ich muß schon bitten, mich bei solchen ernsten Gelegenheiten mit Ihrem Spott zu verschonen. Meine Gedankenschlüsse sind durchaus logisch und klar. Und darf ich Ihre Aufmerksamkeit noch auf eines lenken –"

„Bitte –"

„Am letzten Sonntag wurde in der Badehütte des Herrn Genossen Lohmann eingebrochen. Es soll aber merkwürdigerweise überhaupt nichts verschwunden sein. Auch hat der Mensch es unterlassen, eine Anzeige zu erstatten. Man braucht kein Sherlock Holmes zu sein, um das alles mehr als verdächtig zu finden."

Der Bürgermeister hat die Augen geschlossen. Er ist doch ein Patient, er darf sich das erlauben. „Na, und hat der Bettler schon gestanden?"

„Bettler gestehen nie."

Der Bürgermeister richtet sich auf. „Da haben Sie recht, Bettler gestehen nie was. Und weil wir eben bei den Bettlern sind, ich hab da längst so meine eigenen Gedanken. Nicht nur Gedanken, beinahe schon ein Programm. Ich wüßte, wie uns zu helfen wäre. Oberösterreich von der Bettlerfrage befreit. Große Razzien. Alle diese arbeitsscheuen Elemente kommen in ein eigenes Lager. Ein Bettlerlager. Und dann wird gearbeitet. Schneeschaufeln. Straßenbau. Doktor, Sie glauben es nicht, aber ich schaff Ihnen die größte und vornehmste Autostraße aus nichts. Und wissen Sie auch, wie sie heißt? Die Nibelungenstraße. Am schönsten deutschen Strom die schönste deutsche Straße."

Doktor Brunnbacher sieht mit nachdenklichem Ärzteblick auf seinen Patienten. Vielleicht fehlt ihm doch mehr als eine leichte Grippe. Unwillkürlich greift er nach dem glatten weißen Handgelenk.

„Nein, nein, lassen Sie nur, lieber Doktor, das sind jetzt keine Fieberphantasien, das hab ich mir in ganz gesunden Tagen ausgedacht. Daß die Ärzte die schönsten Zukunftsträume immer gleich für krankhaft halten. Sie werden schon sehen." Erschöpft sinkt er in die hohen, blütenweißen Kissen zurück. „Einstweilen, mein lieber Brunnbacher, sind Sie eben auch noch angekränkelt von der modernen widerlich humanen Moral. Sie meinen, so was ließe sich nicht durchführen, weil dann die jüdischen Zeitungen in Wien und die Herren Sozi im Parlament einen Riesenkrach schlagen werden. Aber wissen Sie denn, wie lange diese Herrschaften überhaupt noch –"

Der Bürgermeister kann nicht weitersprechen. Wildes Gekreisch, keifende Weiberstimmen, der Hund bellt, Türen werden zugeschlagen.

„Was sagen Sie. Da soll man krank sein. Nicht einmal im eigenen Haus hat man Ruh."

Die Frau Bürgermeister stürzt herein: „Also Josef, ich sag dir, ein Skandal war das, ein Skandal."

„Kathi, ich bitt dich, mach dir die Bluse zu. Und überhaupt, hier ist der Doktor Brunnbacher."

„Es ist unerhört, Sie werden es nicht für möglich halten, Herr Doktor, die Reindl, die Person war eben hier, sie hat gesagt, sie verläßt das Haus nicht wieder, ehe sie mit meinem Mann gesprochen hat, ein Skandal ist das, also wirklich ein Skandal, mit meinen Händen hab ich sie zur Tür hinausgeworfen, nähen will sie bei uns, Geld will sie haben, eine Person, die so einen Bruder hat, das ist ja überhaupt eine Erpresserin: auf deinen Knien hast du sie angefleht, daß sie nur ja als Ehrenjungfrau mitgehen soll, also so was, und im ganzen Ort wird sies weitererzählen –"

Notburga läuft nachhause in der Dunkelheit. Durch das verschlissene Jäckchen beißt der Wind. Sie hat ihre Arbeit in der Stiftsküche stehenlassen, was immer auch daraus werden mag, sie muß nachhause, eine innere Stimme befiehlt es ihr. Wenn der Vater noch immer nicht zurückgekehrt ist – heilige Jungfrau Maria, welches Gelübde willst du annehmen von deiner sündigen Magd. Sie hat der Mutter schwören müssen, zu niemandem ein Wort davon zu sagen. Seit drei Tagen ist der Vater verschwunden, ganz so wie damals. Ob er auch ganz so wie damals zurückkommen wird? Und wenn er so wie damals durch die Wälder irrt, er holt sich noch den Tod bei diesem Wetter, das ist so gut wie ein Selbstmordversuch, heiliger Himmel, was nützt es da, auf Erden fromm und brav zu sein, was nützt die ewige Seligkeit in Gottes herrlichem Paradies, wenn der leibliche Vater in der Hölle schmort.

„Paß auf, dummes Frauenzimmer", schreit ein Radfahrer, der eben ohne Licht um die Ecke biegt.

Sie fährt zurück. Nein, es war nicht ihre Schuld. Oder doch? Ihre Schuld ist es jedenfalls, wenn die Unschuldigen der Brandlegung verdächtigt werden, denn sie weiß es besser, sie und der hochwürdige Pfarrer. Ihre Schuld ist es, wenn dem Vater was zustößt in seiner Verzweiflung, denn sie müßte den Verschwundenen suchen lassen. Ihre Schuld – oh Gott, wie schwer ist es, ohne Schuld zu sein.

Mit den Händen tastet sie die Wände des Vorzimmers ab. Nein, der Vater ist noch nicht nachhaus gekommen, sein Mantel mit dem alten Biergeruch im verfilzten Stoff hängt wieder nicht hier. Und die Mutter –

Ganz still und mit gefalteten Händen sitzt sie im Speisezimmer vor einem Brief. Ihr Atem ist lautlos.

„Mutter!"

„Du bists, Notburga."

„Ist er –"

„Ja, ja – ich hab es immer so kommen sehen."

„Ist er –"

„Ich hab es immer gewußt."

„Wann, Mutter? Wo? Und von eigener Hand?"

Die Wirtin steht auf. Ihr Gesicht ist sehr rot. Auf der stramm vorstehenden Brust glänzt ein silbernes Kreuz.

„Was redest du? Der stirbt noch lange nicht. Der bringt uns alle erst unter die Erd. Der krepiert nicht, bis er mein letztes Beuschel vertan hat. Da schau her", plötzlich pfeift ihr Atem schrill, „da schau her, abgehoben hat er mein Geld aus der Sparkasse, der Lump, der Schuft, der Gauner, der Betrüger, wo ich krank und elend bin, mich nicht mehr trau, zum Doktor zu fahren, da geht er hin und verspekuliert alles, ohne mir ein Wort davon zu sagen. Auf einen Herrn Attila gibt er es aus, ein Wirtshaus zum Attila will er jetzt gründen, und wieder ist es der verfluchte Kapeller –"

Habens schon gehört. Die Elli Schellbach ist wieder da."

„Ich hab sie gesehen in einem kakerlgelben Auto und mit brennrotem Haar. Aber in Trauer."

„So eine Hur."

„Daß die den Mut hat."

„Wird keinen mehr finden, der ihr die Urkraft abnimmt."

„Wieso die Urkraft? Die haben doch jetzt den Attila?"

„Was für einen Attila?"

„Na den, von dem man in der Schule lernt."

„Den Hunnenkönig?"

„Ja, ja, den haben sie ausgegraben."

„Aber gehens, nicht möglich."

„Der liegt gerade unter Gaurolzmünster."

„Und was soll man jetzt mit dem Gespenst?"

„Ist nicht nur ein Gespenst. Überhaupt, was das für Ausdrücke sind. Der ist mit all dem Gold begraben, das er sich zusammengeräubert hat, so viel Gold, das hats noch nie gegeben in ganz Österreich, nicht einmal unter der Monarchie. Wenn das herauskommt, nachher kriegen wir goldene Schilling und sein alle miteinander saniert."

„Wers glaubt, wird selig."

„Na ja, es gibt eben Leut, die glauben nie an was. Aber ich fahr selber nächsten Sonntag nach Gaurolzmünster und schau mir das Grab an."

„Ja wieso denn? Das Grab ist ja noch gar nicht gefunden."

„Das Grab muß direkt unter dem Schloßhof liegen. Das haben die Wünschelrutengänger gesagt und der Kapeller läßt es ausheben."

„Wird schon wieder ein Schwindel sein. Genau wie die Urkraft. Oder das Muttergotteswunder."

„Sie, Herr, mir scheint, Sie sind ein Atheist."

„Warum? Weil ich an Ihren Attila nicht glaub?"

„So hörts doch auf. Immer gleich streiten."

„Der Hunnenkönig hat mit der Gottesmutter nichts zu tun. Und wenn Sie beide in einem Atem nennen –"

„Ob die goldenen Schilling aus der Erd kommen, oder ob die Fünfschillingnoten vom Himmel herunter regnen, es muß einer ein Trottel sein, wenn er daran glaubt."

„Was habens gesagt. Trottel habens gesagt."

„Ja, ja, Trottel. Alleweil noch auf Wunder hoffen und dabei am Elend krepieren."

„Aber meine Herren –"

„Sie werden mir das noch büßen müssen. Trottel haben Sie gesagt."

„Alleweil auf einen warten, der hilft, anstatt sich selber zu helfen, alleweil auf einen Erlöser warten, und wenns der gottselige Attila ist –"

„Trottel haben Sie gesagt. Nehmen Sie das zurück."

„Gar nichts nehm ich zurück. Trottel! Trottel!"

„Haltets ihn fest! Um Gottes willen, der geht ja los."

„Aber meine Herren –"

„Und noch dazu mit dem Regenschirm."

„Was ist denn da? Was raufen sich die Leut?"
„Ach Gott, schon wieder diese Politik."

Vinzenz steht abseits vom Schauplatz des entfesselten Volksempfindens. Niemand beachtet ihn, schweigend sieht er auf das unwürdige Getümmel. Arme Verblendete! Wann wird die Zeit kommen, die euch wieder Zucht und Ordnung lehrt, die euch die langen Jahre des Schmachfriedens vergessen läßt, die euch eingliedert in den Pflichtkreis der gesamten nationalen Belange? Wann wird der Erlöser kommen, der euch in die Höhen wahren völkischen Erlebens führt? Und wer wird der Erlöser sein?

Sinnend wendet er sich ab, schlendert durch die menschenleeren Gäßchen seines Heimatstädtchens. Vor dem Hause des Oberlehrers macht er halt. Bitterkeit überflutet ihn, wie er jetzt der Worte des schamlosen Weibes gedenkt, das ihn in seiner ersten Rede unterbrach. Nur mit der krankhaft degenerierten Veranlagung des Bruders läßt sich erklären, daß dieser solches in seinem eigenen Hause dulden konnte. Nein, das deutsche Volk braucht andere Männer, andere Kampfgenossen gilt es zu suchen. Schon mancher war in seiner Jugend einsam, der dann im stolzen Mannesalter über Heerscharen gebieten sollte. Vinzenz fühlt, er ist an einem Wendepunkt seines Lebens angelangt.

Vor dem stillen Städtchen weiten sich die herbstlichen Stoppelfelder. Langsam geht Vinzenz Heberger ihren Rain entlang. Muß er doch nun endlich seine Entschlüsse fassen. Der Aufforderung des Vaters, ihm bei der Einrichtung des Gasthauses „Zum Attila" in Gaurolzmünster behilflich zu sein, kann er leider nicht Folge leisten.

Lag doch von vornherein seine Sympathie auf keinen Fall in der Linie des Lebenslaufes seines Vaters. Sollte der alte Herr sich nun jedoch anschicken, seine Autorität rücksichtslos durchzusetzen, so bleibt nichts übrig, als nochmals das Bündel zu schnüren und sich Frau Sorge in die stets nur allzu weit geöffneten Arme zu werfen.

Vinzenz macht halt. Auf dem sumpfigen Feldweg, der hier in die große und breite Reichsstraße mündet, steht ein düsteres, einsames Kreuz. Wohin willst du, stiller Wanderer, scheint es zu fragen.

In diesem Augenblick bricht die Sonne leuchtend durch den Wolkenhimmel. Der stille Wanderer sieht um sich nach allen Himmelsrichtungen. Heimatland. Im Norden und im Süden frißt das fremde Volksgift am Körper des deutschen Volkstums. Der Blick des Wanderers schweift nach Osten, wo sich fern und unsichtbar, einem ungeheuren Wasserschädel gleich, die Stadt der Phäaken erhebt. Wien. Für ihn ist es kein Inbegriff harmloser Fröhlichkeit, für ihn ist es kein festlicher Raum vergnügter Menschen. Elend und Jammer sind in diesem Namen für ihn enthalten. War ihm doch die Riesenstadt schon immer als die Verkörperung der Blutschande erschienen. Schaudernd gedenkt er der sittlichen und moralischen Roheit, des Tiefstandes der geistigen Kultur ihrer Bevölkerung, die von Marxismus und Judentum zu gleichen Teilen zersetzt wird. Wieder sieht sein geistiges Auge vor sich den schwarzhaarigen Judenjungen, der stundenlang, satanische Freude im Gesicht, auf das ahnungslose Mädchen lauert, das er mit seinem Blute schändet und damit seinem, des Mädchens, Volke raubt. Ein leichtes Frösteln läuft ihm über den Rücken. Dann aber flammt er auf. Hier steht er, rank und schlank, ein echter Krückelhuber, Angehöriger der Rasse, die Träger der menschlichen Kulturentwicklung war und ist, hier steht er, einsam und verfemt und verachtet, in Gottes freier Natur, während krummnasige Zeitungsschmierer, an ihren Schreibtischen hockend, seinem Volke die Erniedrigung diktieren.

Ha!

Nicht länger will er der armselige Kellner sein. Er wendet sich ab, starrt der Sonne entgegen, dem großen und uralten Gotte der Germanen, wie sie eben über seiner Heimat, seinem Volke, seinem ach noch ungeeinten Reiche untergeht. Das heilige Feuer brennt ihm in die Augen, so wie einst der Wein, das Blut des Heilands, in seinen Knabenjahren die Kehle verbrannte. In diesem Augenblick schwört er vor dem Allmächtigen, dem Schicksal und der ewigen Vorsehung mit zäher und fanatischer Verbissenheit, daß er seinem armen, verirrten, zerrissenen, vom Feinde vergewaltigten, vom jüdischen Mammon verkauften Vaterland die Befreiung und die Erlösung bringen wird. Im Flammenglanz des Himmels ersteht vor seinem geblendeten Antlitz ein neues, ein tausendjähriges Reich. Am deutschen Wesen soll und wird dann endlich eine ganze Welt genesen. Er aber, hervorgegangen aus den Millionen schmachtender Volksgenossen, ein einzelner und unscheinbarer Soldat aus dem namenlosen Heere, das einst Deutschland heißen soll, er wird es vollbringen. Und wenn es nicht gelingt, dann möge mein Volk mich kreuzigen.

Er senkt den Kopf, will auf das stille Kreuz neben sich blicken. Er sieht es nicht. Um ihn ist es finster geworden. Tiefe Nacht.

Hanni, kann ich deinen Vater sprechen?" – „Nein." Hanni wendet sich ab, starrt zum Fenster hinaus in den grauen Himmel. Diese Notburga ist ihr nur mehr lästig.

„Hanni, ich muß deinen Vater sprechen."

„Du, meinen Vater?"

„Hanni, dreh dich doch um. Sei barmherzig, Hanni. Dein Vater – wo ist dein Vater?"

„Mein Vater ist in Wien."

„Ach Gott!"

Da sieht Hanni sich die kleine gekrümmte Notburga an, wie sie schluchzend an der Tür lehnt. Uralt könnte sie sein. Aber Hanni wundert sich selbst, wie gleichgültig die eigene Stimme klingt, als sie nun fragt: „Was ist denn?"

„Mein Bruder, der Vinzenz. Weißt du es denn noch nicht?"

„Nein."

„Blind ist er geworden, plötzlich, auf einmal, mitten auf der Straße. Ein Auto hat ihn nachhause gebracht. Und der Doktor, der Doktor Brunnbacher sagt, er wird nie wieder sehend werden."

„Geh, Notburga, wein nicht so. Und überhaupt, weil es der Brunnbacher sagt, deshalb muß es noch lang nicht wahr sein. Mein Vater meint immer, das ist ein furchtbarer Esel."

„Deshalb bin ich auch gleich zu deinem Vater gelaufen. Obwohl der Vinzenz es mir verboten hat."

„Ich werde es jedenfalls dem Vater sagen, sowie er zurückkommt. Morgen vielleicht oder übermorgen. Wer weiß, vielleicht ist das ganze nur so wie bei deiner heiligen Therese."

„Wieso denn?"

„Die war doch auch vier Jahre lang blind, hast es mir selber erzählt. Und plötzlich ist sie wieder sehend geworden."

„Ja, wirklich, das hab ich beinahe vergessen. Aber der Vinzenz ist doch kein Heiliger."

Der Wipplinger steht vor dem Doktorhaus. Es ist stockfinster, doch er weiß genau, wo die Toni ihr Fenster hat. Er wirft ein Steinchen hinauf. Dann noch eines. Sie wird doch nicht schon schlafen? Das dritte Steinchen. Das vierte. Das fünfte. Eine Handvoll Kies prasselt an die Fensterscheibe.

Aha, das hilft. Licht wird angezündet, Stimmen im Haus, Schritte, klingt das nicht wie Weinen? Der Wipplinger tritt zurück in nasses Gesträuch. Da geht die Haustür auf und die Toni kommt in einem langen, hochgeschlossenen Mantel.

„Bist du es?"

„Toni!"

„Was fallt dir denn ein. So ein Spektakel. Und überhaupt, wo die Hanni jetzt immer so schreckhaft ist."

Er legt den Arm um sie. „Mir scheint, du bist auch schreckhaft."

„Laß das."

„Du zitterst ja."

„Geh nachhaus."

„Ich hab mit dir zu reden."

„Wird was Rechtes sein."

„Jetzt gehst mit mir." Langsam führt er sie aus dem Garten hinaus. Die Luft ist feucht und dumpf. „Ich halt es nicht mehr aus. Und schau, es nützt doch nichts, daß du nie mehr zu uns kommst. Da wird sie nur erst recht mißtrauisch und meint, wir treffen uns woanders."

„Mir ist das gleich."

„Und der Peperl fragt auch immer nach dir."

„Red nicht vom Peperl."

„Toni!"

„Ich kann von kleinen Kindern nichts hören."

„Toni!" Er hält sie von sich. Aus der Dunkelheit leuchtet weiß ihr Gesicht. „Du wirst doch nicht –"

„Mich brauchens gar nicht erst auszuweisen. Ich geh gleich ins Wasser."

Der Wipplinger zündet sich eine Zigarette an. Es ist seine letzte.

„Daran hab ich gar nicht gedacht."

„Ihr Männer denkt ja nie an was."

Der Wipplinger macht ein paar Züge. Ganz tief atmet er den Rauch in sich ein. „Du mußt es deinem Doktor sagen."

„Nein, nein, das will ich nicht, ich genier mich zu sehr."

„Genieren tust dich. Toni, hast du mich denn nicht gern?"

Sie legt die Arme um seinen Hals.

„Was macht man da. Wenn du es kriegst –"

„Bist du verrückt. Noch ein Arbeitsloser mehr auf der Welt."

Sie hat die Arme sinken lassen. Wendet sich ab.

Der dünne Rauch der Zigarette liegt zwischen ihm und ihr. Er muß langsam rauchen, es ist ja seine letzte, seine einzige Zigarette. Noch ein Arbeitsloser mehr –

„Du mußt halt doch mit deinem Doktor sprechen."

Also, ihr könnt mirs glauben, ich hab ihn mit meinen eigenen Augen gesehen."

„Nicht möglich."

„So wahr ich leb. Ich sag eben zu meinem Mann, gehen wir geschwind nachhaus, wirst sehen, gleich kommt wieder so ein Guß, da biegt der Mensch um die Ecke, so als wäre überhaupt nie was passiert, an seinem Arm die geliebte Schwester, wie eine Königin ist sie stolziert, das Fräulein Reindl, unsre Ehrenjungfrau –"

„Ist denn alles nicht wahr gewesen?"

„Da müssens halt den Herrn Untersuchungsrichter fragen."

„In der Schul ist er aber noch nicht. Das hätt ich gehört. Der Bub von meiner Schwester ihrer Freundin, der geht nämlich in seine Klasse."

„Interessant."

„Und er sagt, er hat nie was gemerkt. Der Herr Oberlehrer ist immer nur freundlich gewesen, und wenn er zornig war, hat er ganz richtige Watschen gegeben."

„Also bitte."

„Wer weiß, vielleicht wars gar nur eine Verleumdung."

„Ganz richtig, meine Damen, wenn Sie gestatten, daß ich mich einmenge. Mein Name ist Mottentaub, Gewerbetreibender, ich bitte. Man darf den kindlichen Phantasien niemals allzu viel Gehör schenken."

„Wer redet denn von Phantasien. Und überhaupt, wie lange dauerts heut, bis man den Schalter aufmacht. Es frieren einem ja die Zehen ab."

„Es ist erst halb und das Kino beginnt um sieben. Ich wollte mich gewiß nicht einmengen."

„Aber bitte."

„Ich weiß nur, daß der kleine Rohrauer ein sehr verlogenes Kind sein soll und daß man von gewisser Seite aus Leuten in einer gewissen Stellung gern etwas nachsagt."

„Was reden Sie da? Wer hat wem was nachgesagt?"

„Aber meine Damen, ich mein es doch gewiß nicht gegen Sie. Der Vater des kleinen Rohrauer, es wird Sie vielleicht interessieren, das zu erfahren, der soll nämlich einmal Sozialdemokrat gewesen sein. Und bei unseren Gerichten stimmt es ja auch nicht immer."

„Na hören Sie –"

„Wenn man zum Beispiel den Fall Neunteufel nimmt. Zweihundertfünfundsiebzig Kilogramm Dynamit hat man bei der Person gefunden. Und nun reist sie nach Wien."

„Was? Nach Wien?"

„Ja natürlich, nach Wien reist die feine Dame, damit dort ein paar Juden sie auf ihren Geisteszustand untersuchen. Weil sie von lauter Räubern und Mördern spricht."

„Ist das wahr, Herr, Herr –"

„Mottentaub, meine Gnädigste. Ich hab es aus bester Quelle. Und denken Sie an die brennende Konservenfabrik, an den Bettler mit dem durchschossenen Arm, an gewisse Leute, die als Gattenmörder offenkundig und stadtbekannt unter uns herumspazieren, während man in ihre Badehütten einbricht. Ich frage Sie, ich frage Sie, meine Damen, ich appelliere an ihr einfaches, an Ihr natürliches Volksempfinden –"

„Kommens, Frau Pichler, beim Büffet wird es wärmer sein."

„Aber meine Damen, ich wollte doch nur sagen und beweisen, daß der Oberlehrer ganz unschuldig ist, daß es eine gemeine Verleumdung ist, daß man ihm gar nichts beweisen kann und überhaupt – so hören Sie doch."

„Wer war denn dieser ekelhafte Kerl?"

„Was weiß denn ich. Aber ich sags ja immer, man soll an öffentlichen Orten nie was reden, obs jetzt im Kino oder im Kaffeehaus ist."

„Warum denn? Wenn der Reindl so ein Schwein und Kinderverzahrer ist."

„Pst. Schweig still. Heutzutag ist alles politisch."

„Aber Mama –"

„Halt den Mund, Lina, und geh die Karten kaufen. Nicht zu weit hinten, wir sind kurzsichtig."

Der Pater Lambert geht auf die letzten Füß. Sind keine schönen Fuß, geschwollene Füß, mit denen er da hinter dem Sarg des Erzherzogs herstapft, die Friedhofserde ist aufgeweicht, es nieselt, alle Leute schneuzen sich, man weiß nicht, ob aus Trauer oder weil ihnen die Nasen rinnen. Der arme Kerl da vorn hat es überstanden, ganz kalt war er schon, als ihm die Letzte Ölung erteilt wurde, früher hat der Herr Doktor Lohmann einen ja nicht an ihn herangelassen, erst kommt das Morphium und dann die Letzte Ölung, hat er sogar zum Liebold gesagt, dieser Grobian, dieser blasphemische.

Ist eine schöne Leich, eine vornehme Leich. Der Erzherzog hätt sich gefreut, wenn ers noch hätt erleben können. Allen voran marschiert natürlich die Exzellenz. Schließlich, es ist ja keine Frau da, die die Honneurs macht. Und wer weiß, vielleicht ist es doch der arme Tote gewesen, mit dem sie einmal, wo sind die Zeiten, in Ljubljana getanzt hat. Ein unehelicher Sohn von einem Erzherzog war es jedenfalls auch, warum denn nicht schon gleich vom Erzherzog Otto, wo ders doch immer so getrieben hat mit den schönsten Weibern vom Opernballett. Exzellenz winkt im Vorbeigehen ganz unauffällig dem schönen schwarzen Grabstein des seligen Mathias Dorfleitner zu, Exzellenz wirft einen zornigen Blick auf das Grab der armen ermordeten Johanna Lohmann, schaut aus wie ein unaufgeräumtes Vorzimmer, eine Schande ist das, Exzellenz geht hocherhobenen Hauptes vorbei an den letzten Ruhestätten der kleinen Leute, Bauern, Postbeamten und was halt sonst noch alles stirbt. Dort ist auch das Bild, die Photographie von dem ordinären Menschen mit dem aufgezwirbelten Schnurrbart. Ach was, gar nicht hinschauen.

Jemand schluchzt. Das ist der Liebold. Gehört sich so. –

Eine tiefe Stimme sagt: „Ja, wenn er das noch erlebt hätte."

„Was denn?"

„Wissen Sie denn nicht, was der Gemeinderat heute beschlossen hat?"

„Ich hab nichts gehört."

„Unser kleines Maria Blut geht eben heutzutage in allem und jedem voran. Da kann das große Wien sich ein Beispiel nehmen."

„Sie machen mich aber neugierig."

„Seine Majestät, unser allergnädigster Kaiser Otto, ist vom heutigen Tage an Ehrenbürger von Maria Blut. Was sagen Sie jetzt."

Exzellenz wirft rasch einen Blick auf die beiden Herren hinter sich und schlägt das Kreuz.

„Es wird schon noch in der Zeitung stehen. Und wie ich heut im Kaffeehaus war –"

„Pst, pst. Der Pfarrer spricht."

„Das ist nicht der Pfarrer. Das ist ein fremder Herr. Vielleicht ein Anverwandter."

„Das ist ein Graf."

„Woher wissen Sie das?"

Die Leute drängen sich so sehr, daß Exzellenz mit einemmal ihre alte Kommandantenstimme kriegt. „Zurück!" Ganz dünn läuten die Glocken der Friedhofskapelle. Die Kleider dampfen. Und mitten in der Menge steht die Wipplinger Hermin, den kleinen Peperl hat sie auf dem Arm, sie wickelt ihn in ihr Tuch, weil er zu husten anfangt, aber die Rede muß sie noch hören, das ist ein vornehmer Mann mit einem Hahnenschwanz am Hut und er erzählt von der schrecklichen Zeit, wo man den Herren Offizieren die Epauletten heruntergerissen hat und natürlich auch dem armen toten Baron, der eigentlich ein Erzherzog war, aber das soll jetzt anders werden und schön war das ja wirklich nicht, meint die Hermin.

Es regnet stärker, es regnet der Hermin in den offenen Mund. Der Peperl raunzt: „Ich möcht nachhaus."

„Ja, ja, und daß du dem Vater gewiß nichts erzählst. Schau zu, jetzt werfen sie die Erd auf den Sarg."

Die große Dame in Trauer zieht sich die Handschuhe aus, ehe sie nach der Schaufel greift. Mein Gott, so was sieht man eben nicht alle Tage, überhaupt jetzt, wo das Geld auch am Sonntag nicht mehr fürs Kino reicht.

X.

Ist die schwarze Köchin da, ja, ja, ja …" – „Anselm!" – „… einmal muß sie rummarschieren, das zweitemal den Kopf verlieren, das drittemal dann sagen –"

„Anselm, ich halt das nicht aus."

Die Marischka steht in der Tür, einen Kochlöffel in der Hand, Tränen laufen ihr über das Gesicht. „Hör auf, du Goldiger, kann ichs nicht hören." Und sie reißt das Kind an sich.

„Ist es denn was Schlechtes?"

„Ist grausliches Lied, darfst du nimmer singen. Du Goldiger du. Was du nur für ein Stimmerl hast." Und sie küßt das winzige blasse Gesicht.

Der Bub. Das Kind. Verjagen wollen ihn die Gojim. Fort soll er. Der alte Herr Doktor hat es gesagt. Nach England. Ihr Bub. Ihr Kind. Nein, nein, nein, sie wird es nicht überleben. Sie geht ins Wasser. Sie tut sich was an. Aber erst wischt sie den Gojim noch eins aus. Diese Schweine, diese gottverfluchten, lassen nicht einmal ein unschuldiges Kind in Frieden. Die heilige Himmelsmutter solls ihnen heimzahlen.

„Warum weinst du, Marischka?"

„Ach du Herzerl, wein ich doch nicht. Sind das nur die dreckigen Zwiebel für unsere Salat."

Ganz groß und erwachsen sitzt Hanni Lohmann im Wartezimmer des alten Meyer-Löw. Noch einmal will sie sich wiederholen, was sie dem Mann hinter der schwarzen Tür zu sagen hat. Aber das Kinderlied, eben von einem dünnen Stimmchen gesungen, geht ihr nicht aus dem Kopf: Ist die schwarze Köchin da, ja, ja, ja, einmal muß sie rummarschieren, das zweitemal den Kopf verlieren, den Kopf verlieren, den Kopf verlieren –

„Bitte sehr."

Und sie steht vor dem alten Mann mit dem Samtkäppchen auf der erhitzten Glatze und weiß überhaupt nicht mehr, was sie sagen soll.

„Na, Hanni, hast es dir lang genug überlegt. Ist aber gut, daß du gekommen bist. So setz dich doch. Oder soll ich schon Sie zu dir sagen. Nein. Dummheiten machst du, als wärst du längst auf einer Universität. Da setz dich her. Und schau einmal: kennst du das?"

Er öffnet die Schreibtischlade, zieht das Jagdmesser heraus. Große rostige Flecken.

„Ja, jetzt erschrickst du. Aber seit wann rennt ein Mädchen auch mit so was herum."

„Ist er – ist der Bettler noch im Spital?"

„Nein. Sie haben ihn fortgeschickt. Und gleich auch ausgewiesen. Weil er nämlich keine Papiere hat. Er muß ja nicht grad an einem frommen Wallfahrtsort verrecken."

„Ich – es tut mir so furchtbar leid und ich hab auch Geld, nicht viel, und ich hab es mir verschafft und auch noch mein Schmuck von der Großmama –"

„Und damit möchtest du ihm seine Löcher im Arm wieder flicken. Na, laß das jetzt, kannst es später einmal mit mir verrechnen, ich hab ihm heimlich was zugesteckt. Wär nicht gut für deinen Vater, wenn es herauskäme. Und nun sag einmal, was ist dir eigentlich eingefallen?"

„Ich – ich hab doch nicht den Bettler gemeint. Aber wie es so dunkel war und jemand ist in der Hütte drin und gerade erst wieder die Schweinerei an der Tür –"

„Da sticht man dann so einfach los."

„Ja, warum nicht?"

„Aber Hanni!"

„Mir ist nur leid, daß es nicht der Richtige war." Und sie springt auf, schaut wild um sich, auf das Messer, das auf dem verkritzelten Löschpapier liegt.

„Hör mal, Hanni, so geht das nicht, du mußt vernünftig sein –"

„Vernünftig." Das große Mädchen sieht fast mitleidig auf ihn herab, so daß er, der alte Mann, sich mit einemmal klein und greisenhaft fühlt. „Vernünftig – das heißt, sich alles gefallen lassen."

„Du mußt an deinen Vater denken. Wenn man erfährt –"

„Mein Vater, das ist auch so ein Vernünftiger. Der wartet ab, daß es anders wird. Aber es wird nicht anders." Und sie schüttelt den Kopf, eine besorgte, eine erbitterte, eine reife Frau.

„Ich versteh dich nicht. Soll er auch so herumlaufen wie du mit einem Messer?"

Sie wirft sich auf einen Stuhl, schlägt die Hände vor das Gesicht, weint ein Schulmädchenweinen.

„Hier, Hanni, hast du mein Taschentuch. Es ist ganz sauber."

„Danke. Ich mein halt nur –"

„Was meinst du denn?"

„Ich mein – er sollte – er sollte was – er sollte irgendwas dagegen tun."

„Ach Hanni –" Und der alte, viel zu alte Mann möchte diesem großen, blonden, weinenden Kind am liebsten ein Stück Schokolade schenken. Vielleicht, wer weiß, hat sie recht –

Der Doktor Lohmann haut alle Türen zu, daß das Haus dröhnt. „Toni, meinen Hut! Und wo ist denn schon wieder mein Regenmantel?"

„Hier, Herr Doktor. Da sind auch noch die zwei Briefe von gestern."

„Brauch sie nicht. Können auf meinem Schreibtisch liegen bleiben. Und da, nehmen Sie sich Ihren Wisch, Tbc, merken Sie sichs, Tuberkulose, Lungenspitzenkatarrh. Fahren Sie damit nach Wien. Verlieren Sie die Adresse nicht. Und sprechen Sie davon zu keiner Menschenseele."

„Herr Doktor –"

„Ja, ja, schon gut, ich pfeif auf Ihren Dank. Und waschen Sie sich das Gesicht. Es muß nicht jeder wissen, daß Sie etwas zum Heulen haben. Herrgott, ihr Weiber. Es soll euch alle miteinand der Teufel holen!"

Und er läuft aus dem Haus. Wütend ist er. Gerade das hätte er jetzt, in dieser Situation, nicht tun dürfen. Ausgeschlossen, unmöglich, Gustl. Wenn es herauskommt, und was kommt nicht alles heraus, heutzutage, überall wimmelt es von Spitzeln und Denunzianten, und dazu noch die dumme Geschichte mit dem Chininrezept – nicht daran denken.

Die Straßen stehen merkwürdig starr in einem kalten klaren Mittagslicht. Wohin will er denn?

Das Mädel hat ihm leid getan, das war es. Ist ein anständiger Kerl, die Toni. Lebt mit einem im eigenen Haus, sorgt für das Mittagessen und für die Kinder, soll man sie da zugrunde gehen lassen? Und dabei ist sie nicht die einzige. Und eine Dummheit war es doch. Überhaupt, Gustl, was geht es dich an. Hast immer deine Nase in viel zuviel hineingesteckt. Verschreib du den Leuten ihre Pulver, schick sie ins Spital, zweiter Klasse, dritter Klasse, wie es sich gerade trifft, vergiß das nicht auf deinen Rezepten, laß ihnen den Blinddarm hinausschneiden oder sonst was Harmloses, und wenn wieder einmal ein Mädel kommt oder eine Frau, die nicht mehr weiter kann, das sechste, das siebente, wo nimmt man nur Brot her und Milch – ja, allen kann man nicht helfen, wenn man nämlich ein Kammerdiener ist, ein Kammerdiener für die regierenden Herrschaften, eine Art Leibarzt für die sogenannten besseren Leute – pfui Teufel, Gustl.

Die Kirchenglocken schlagen zwölf. Ihn fröstelt. Eben steht er vor dem Stiftskeller. Er geht hinein. Ein Glas Schnaps. Oder zwei. Oder drei. Am liebsten möchte er sich besaufen.

Still und verbissen hockt er in einer Ecke. Es ist noch ganz leer, der Kellner hat einen lautlos feierlichen Schritt. Um so besser hört man, wie der beleibte Herr am Tisch gegenüber bei seinem Gulasch schmatzt. Sein Begleiter nippt an einem bescheidenen Seidel Bier.

„Ich meine nämlich – Herr Hofrat dürfen mich nicht mißverstehen."

„Ja, ja, schon recht." Und der Beleibte wischt sich mit der Serviette den Saft vom Schnurrbart. „Sie sind nur überängstlich, mein lieber Inspektor."

Der andre scheint noch kleiner und vergilbter zu werden. „Es besteht doch immerhin, wenn ich mir das zu bemerken gestatten darf, die Gefahr, daß der tote Attila dann doch nicht in Gaurolzmünster begraben liegt."

„Fällt ihm gar nicht ein."

„Und daß die Bevölkerung ringsum wieder um eine Enttäuschung ärmer wird."

„Na wenn schon."

„Herr Hofrat sind ein großer Optimist."

„Ober, bringen Sie mir erst noch eine Virginia. Wenn es mit dem alten Attila Essig ist, lieber Oberinspektor, so wird schon etwas anderes kommen, worauf die Leut hineinfallen. Warten Sie es ab."

„Und Herr Hofrat meinen, daß das so weitergeht?"

„Warum denn nicht. Kennen Sie das schöne Wort von Panis und Circenses?"

„Brot und Spiele, wenn ich nicht irre."

„Ganz richtig. Panem et circenses braucht das Volk. Aber wo nimmt man bei den heutigen Zeiten das Brot her, wenn man den Weizen ins Wasser schmeißt? Da muß man also was anderes geben. – Ober, wo bleibt die Linzertorte?"

„Was denn, Herr Hofrat, wenn ich fragen darf. Was muß man geben?"

„Wissen Sie, was Spes ist, mein Lieber?"

„Spes – die Hoffnung, wenn ich nicht irre."

In diesem Augenblick dreht der Kellner über dem graumelierten Scheitel des Herrn Hofrat eine grelle Birne an. Das Licht schneidet Lohmann in die Augen.

„Ja, ja, die Hoffnung, die man nicht aufgeben darf, vor allem aber nicht die kleinen Leute. Die brauchen ihre Urkraft, ihren Attila oder halt sonst ein Wunder. Unsereiner hat ganz einen andern Halt. Ich schau mir meine Landkarte an. Österreich. Im Mittelpunkt des europäischen Gleichgewichts –"

„Das muß ein schönes Gleichgewicht sein."

Wer war das? Der Herr Hofrat fährt auf, und mit ihm der Herr Inspektor. Der Mann dort hinten in der dunklen Ecke, ist das nicht der Doktor, der Lohmann?

„Was haben Sie gesagt?"

„Das muß ein schönes Gleichgewicht sein."

„Mein Herr, ich kenne Sie. Sie sind wegen Ihrer Anschauungen sattsam bekannt. Aber was zu viel ist, ist zu viel. Herr Ober, kommen Sie einmal her. Hier sitzt jemand, der unser Vaterland beschimpft, der die heiligsten Heimatgefühle beleidigt –"

Lohmann wirft die Geldbörse auf den Tisch: „Zahlen!"

„Herr Ober, ich bitte die Leitung des Stiftskellers darauf aufmerksam zu machen. Eine Schande ist das. Wie kommt ein österreichischer Mensch dazu –"

Lohmann nähert sich mit schweren Schritten dem Tisch gegenüber. Der Ober ist zurückgewichen. Der Hofrat verstummt. Ach was – auch noch herstellen wird er sich mit dem Gesindel. Lohmann wendet sich ab, drückt dem Ober ein Geldstück in die Hand, geht zur Tür. „Eine Schande ist das", piepst der Inspektor.

Also Gustl, das hast du wieder notwendig gehabt. Eine Wirtshausstreiterei, das fehlt jetzt noch. Bist ein Trottel, ein Narr, ein Rindvieh, ein Idiot. Mit solchen Leuten verkehrt man nicht, mit solchen Leuten spricht man nicht, solche Leute nimmt man nicht ernst. Ein österreichischer Mensch, hat er gesagt, der Herr Hofrat. Was ist denn das, ein österreichischer Mensch? Die Votruba, die sie davonjagen, weil sie die Zuständigkeit nicht hat, das Kind, das sie trägt, das nicht zur Welt kommen darf, ist das nicht auch ein österreichischer Mensch? Wer ist nicht alles ein österreichischer Mensch. Der Pater Lambert, der fünf grade sein läßt, der tote Erzherzog, die schwachsinnige Exzellenz und ihre Neunteufel, die Notburga, die kleine Heilige, und ihr Bruder, der Vinzenz, der Narr, der Krowott mit seinem Papagei, der Peperl, der nie gesund werden kann, der alte Jud, der Meyer-Löw, der Bettler, den der Gendarm abführt, ist denn nicht jeder ein österreichischer Mensch? Und da drin in dem Schaufenster, zwischen den Herrenhüten, den grauen, haarigen, den grünen mit den Gamsbärten und Hahnenschwänzen, ja Gustl, guck da nur hinein, selber hast du keinen solchen Hut, aber so schaust du aus, guck, Gustl, guck, bist eben auch einer, sogar ein ganz richtiger, ein waschechter, bist eben auch ein österreichischer Mensch.

Er schüttelt den Kopf, lächelt, nickt sich zu.

„Ich weiß nicht, aber in letzter Zeit ist gar nichts mehr los in Maria Blut."

„Na hören Sie."

„Immer nur diese fade Kälte, obwohl doch nur Oktober ist."

„Nicht kälter als sonst, nur daß die Leute weniger zu heizen haben."

„Ich bin mit Kohlen für den Winter eingedeckt."

„Deshalb ist Ihnen auch nicht genug los im Ort."

„Erlauben Sie, da muß ich schon bitten. Sie reden wie der reine Bolschewik."

„Wenn das so weitergeht, werden wir alle miteinander noch Bolschewiken werden."

„Ich nicht, Herr Pospischill."

„Warten Sie es ab, bis Sie keine Kohlen mehr haben."

„Herr Pospischill, wenn ich Sie nicht schon so lange kennen möcht – Sie sind doch sonst ein vernünftiger Mensch – alles nur, weil man Sie abgebaut hat –"

„Ist das nicht genug?“

„Schaun Sie, nach Regen kommt Sonnenschein und nach der Krise kommt der wirtschaftliche Aufschwung. Ist nicht das erstemal in der Weltgeschichte. Wir kriegen eine neue Konjunktur, die sich gewaschen hat.“

„Wenn wir bis dahin nicht verhungert sind.“

„Herr Pospischill, ich setz auf unsre neue Regierung. Ich hab einen Bruder, der ist mit unserem Bundeskanzler einmal in die Schule gegangen.“

„Mit dem Dollfuß?“

„Ja, mit dem Dollfuß. Wer weiß, vielleicht zieht der den Karren aus dem Dreck.“

„Warum denn gerad der? Nur weil er so klein ist?“

„Wer weiß, wer weiß, einer muß es ja sein.“

Die Hermin schiebt die Kerze dicht an sich heran. Sie braucht das Licht, um Kartoffeln zu schälen, das ist wichtiger als Zeitunglesen. Der Wipplinger rückt ihr mit seiner Zeitung nach. Sie kann nicht einmal schimpfen, daß sie Geld kosten, denn die Toni hat sie von ihrem Doktor gebracht. Wird schon ein rechter Mist sein, was die in Wien wieder schreiben.

Nebenan hustet der Peperl. Ein grauslicher Husten. Daß der Bub sich auch immer verkühlt.

Die Toni sitzt im Dunkel auf der Kohlenkiste. Sie ist eigentlich gekommen, um adieu zu sagen. Morgen fährt sie mit dem ersten Zug nach Wien. Sie fürchtet sich so.

Plötzlich fragt sie und erschrickt dabei vor der eigenen heiseren Stimme: „Wie groß ist eure Lichtrechnung?“

Die Hermin sieht auf: „Warum?“

„Ich mein nur, bissel was hab ich mir doch erspart, und wenn ich jetzt fort muß –“

„Das sagst du schon lang, bist aber immer noch da.“

„Morgen fahr ich.“

Der Wipplinger hebt den Kopf.

„Morgen fahr ich. Erst einmal nach Wien. Der Doktor meint, ich könnt es mir richten.“

„Was denn richten?“

„Das mit der Ausweisung und mit der Arbeitserlaubnis.“

Der Wipplinger sagt, und auch seine Stimme ist heiser: „Kannst nicht nach dem Peperl schauen, Hermin, er hat gerade wieder so gehustet.“

„Das schadet nichts.“

„So, das schadet nichts. Und deshalb schleppst du ihn im Regen auf den Friedhof, weil einer von den feinen Herren begraben wird.“

„Ist gar nicht wahr.“

„Lüg nicht, er hat es mir selber erzählt.“

„Man wird auch noch einmal eine Hetz haben dürfen.“

„Hast es gehört, Toni, eine Hetz braucht sie. Und da stellt sie sich hin und hört zu, wenn die Hahnenschwänzler ihre Reden halten, von Epaulettenabreißen und daß jetzt alles anders wird. So was ist eine Hetz.“

„Woher weißt du das?“

„Weil es hier in der Zeitung steht.“

„Mich gehts nichts an, was in deiner Zeitung steht. Aber recht hat er gehabt und ich sags, wies ist, das war ein sehr feiner Herr.“

„Recht hat er gehabt?“

„Ist das vielleicht schön gewesen, daß man den Offizieren die Epauletten heruntergerissen hat?“

„Schön!“ Der Wipplinger springt auf, die Kerze flackert. „Da schau her“ – er schlägt sich an die Arme – „hier und hier haben sie mich angebunden gehabt, angebunden an einen Baum wie ein Vieh. Mich und tausend, hunderttausend Soldaten. Angebunden sind wir gestanden, stundenlang. Das haben deine Offiziere getan. Schön! Hätten wir ihnen bloß nicht nur die Epauletten heruntergerissen."

„Aber Karl!" Die Toni ist aufgesprungen.

„Laß mich", brüllt der Wipplinger. Und er steht da, die Augen brennen ihm aus dem Kopf, die Arme hat er nach rückwärts gestreckt, als stünde hinter ihm in der trostlosen Ebene des östlichen Kriegsschauplatzes immer noch der Baum, an dem er einmal angebunden war.

Ich kann Ihnen nur einen Rat geben, Lohmann: suchen Sie sich einen andern Anwalt."

„Ich denke nicht daran."

„Suchen Sie sich einen netten, arischen Anwalt, mindestens ebenso blond wie Sie."

„Ich will aber nicht."

„Seien Sie nicht kindisch, Lohmann. Der Artikel in der Volkszeitung ist erst der Anfang. Natürlich müssen Sie den Redakteur verklagen. Sie können doch nicht als erklärter Gattenmörder spazieren gehen. Und passen Sie auf, das gibt dann noch einen Rattenschwanz von Prozessen."

„Die Sie führen werden."

„Die ein blonder arischer Anwalt führen wird. Fahren Sie nach Wien, dort werden Sie den richtigen schon finden."

Und der Alte stellt die Steine auf das Schachbrett, als lohne es nicht, über die Sache noch ein Wort zu verlieren. Lohmann rennt im Zimmer auf und ab, ein großes, helles

Tier in einem dunklen Käfig. Plötzlich bleibt er vor dem Schachtisch stehen.

„Herr Doktor Meyer-Löw, Sie fürchten sich vor Ihren Eingeborenen."

„Natürlich fürchte ich mich. Jeder vernünftige Mensch fürchtet sich vor unvernünftigen Wilden."

„Soll das ein Witz sein?"

„Nein." Der Alte bläst den Staub von einem Bauern. „Aber ob ich mich fürchte oder nicht, ist ganz uninteressant. Ich bin Ihr Anwalt, wenigstens bis heute gewesen, und als solcher habe ich an Ihren Vorteil zu denken. Und nun setzen Sie sich, ich will meine Revanche."

„Unsinn. Ich habe keine Lust zu spielen. Und überhaupt –"

„Brüllen Sie nicht. Immer brüllen Sie an der unrechten Stelle. Was brüllen Sie mit einem alten Juden? Sehen Sie, da bin ich gestern über den Kirchplatz gegangen, Abendsonne, Wolkenglanz, ein wunderschöner Platz übrigens. Und da rollt ein Steinchen, war nur so groß, ein kleines, ganz unschuldiges Steinchen, rollt an mir vorbei, ein lustiges Steinchen –"

„Sie meinen doch nicht –"

„Oh ja, ich meine das. Es werden noch ganz andre Steine rollen, und nicht nur mehr zu meinen Füßen. Lohmann, von den Zeiten, die jetzt kommen werden, haben Sie keine Vorstellung. Sie sind ein einfacher Mensch, Lohmann, deshalb verstehen Sie die Primitiven nicht. Es kommen grausame Jahre."

„Und deshalb wollen Sie mich nicht vertreten?"

„Ich lege meine Praxis nieder. Ab morgen. Konnte nicht einmal mehr dem alten Krowotten seine fünf Schilling von der Muttergottes verschaffen."

„Das hab ich Ihnen gleich gesagt."

„Wissen Sie was? In einem Land, wo jeder ein Kohlhaas ist, der sein Recht verlangt, spielt der Anwalt eine schäbige Rolle."

„Sie meinen also, man soll auswandern?"

„Lohmann, in jedem Land gibt es Eingeborene, nicht nur hier in dem kleinen Österreich, zu dem wir beide nun einmal gehören. Bilden Sie sich ja nicht ein, daß die Eingeborenen nur hier zuhause sind. Die gibt es überall. Aber es sieht so aus, als käme jetzt bei uns das Zeitalter der Eingeborenen. Hoffen wir, daß es sich nicht über die ganze Welt verbreitet."

Lohmann schaudert. Seine Hand krampft sich in einen schwarzen Samtvorhang. Das Licht der Stehlampe fällt auf die aufgestellten Schachfiguren.

„Und wie lang soll das dauern?"

„Bis wieder gottlose Zeiten kommen." Der Alte steht auf, stützt sich auf seinen Stock. „Der Messias muß wieder einmal überwunden sein. Denn der Mensch ist schwach. Und wenn er nicht mehr weiter kann, schafft er sich Gott nach seinem Ebenbild und trinkt sein Blut, ißt seinen Leib, träumt sich selber auf seinen Altären. Um sich dann wieder herabzuzerren, zu opfern und zu rächen und zu beweinen."

„Hören Sie auf. Ich will das nicht."

„Lassen Sie es gut sein, Lohmann." Der Alte setzt sich wieder. „Es ist keiner da, der Sie fragen wird. Und glotzen Sie nicht so. Ich bin nicht wahnsinnig. Wohl aber die andern. Kommen Sie schon. Oder wollen Sie heute überhaupt nicht mehr spielen?"

„Und wer, wenn Sie schon alles so genau wissen, wer wird denn der neue Messias sein?"

„Das weiß ich nicht. Aber der Zufall wird ihn schon herausfinden. Und wenn ich mir die Leute betrachte, nach deren Ebenbild er hier bei uns geschaffen wird –“

Also so was! Einfach abgereist ist das Fräulein ...“ – „Und natürlich nach Wien. Die wird schon wissen, warum.“

„Hat sie denn nicht einmal ihre vierzehn Tage gemacht?“

„Und wer kauft jetzt für die Lohmanns ein?“

„Frau Birnstingel, das müssen Sie uns erzählen. Lassen Sie nur, meine Erdäpfel haben Zeit.“

„Heut früh ist die Tochter, die Hanni, gekommen. Aber sie hat nur Gurken wollen.“

„Gurken? Das muß ein feiner Haushalt sein.“

„Mein Gott, so ein Mädel. Die Mutter tot und der Vater –“

„Habt ihr es in der Zeitung gelesen?“

„Das weiß doch schon der ganze Ort.“

„Aber wenn es einmal in der Zeitung steht.“

„Vielleicht war die Votruba auch dabei.“

„Mir gefallt das nicht, wenn eine so plötzlich –“

„Sicher hat sie mit ihm was gehabt.“

„Die Frau Wipplinger meint auch, da stimmt etwas nicht.“

„Was? Die eigene Schwester?“

„Also bitte!“

„Frau Birnstingel, der Karfiol da ist wurmig.“

„Suchen Sie sich einen anderen aus, Fräulein Marischka.“

„Den dort!“

„Der ist bestellt für die Frau Doktor Brunnbacher.“

„Ist mir wurscht."
„Mir aber nicht. Ich werde mir meine Kundschaft noch aussuchen dürfen."
„Geschäft ist da für alle Leut. Zahl ich, was ich nehm."
„Können ja auch woanders einkaufen."
„Her damit, mit diese Karfiol."
„Sie, hören Sie, machen Sie keinen Skandal. Ich hol mir sonst die Polizei."
„Recht haben Sie, Frau Birnstingel."
„Ist ja unerhört."
„Feine Manieren lernt man in jüdischen Häusern."
„Halten Sies Maul."
„Wie reden Sie denn, Sie ungarischer Trampel."
„Frau Birnstingel, die Polizei!"
„Ich fordere Sie auf, sofort und auf der Stelle dieses mein gut christliches Geschäft sofort zu verlassen."
„Jesus Maria!"
„Um Gottes willen!"
„Haltet sie zurück!"
„Ihr verfluchten Gojim, soll euch alle miteinand und auf der Stell der Schlag treffen –"
„Marischka!"
„Was ist denn, was war denn, was hat sie gemacht?"
„Die arme Birnstingel!"
„Ist sie tot?"
„Polizei! Polizei!"
„Haltet sie fest."
„Sie ist ja wahnsinnig."
„Was war denn? Was denn? Was hat sie gemacht?"
„Ich kann nichts sehen. Wenn ich nur nicht in Ohnmacht falle."
„Also ich sag Ihnen, eine Butten Äpfel, so eine Butten,

hat sie über die Birnstingel geschüttet. Ein Wunder, daß die Frau noch lebt."

„Heiliger Bonifazius! Und da laßt ihr sie so fortgehen mit ihrem Karfiol?"

„Vor der fürchtet man sich."

„Und überhaupt, wenn sie noch einen Anfall kriegt."

„Ein Skandal ist das."

„Frau Birnstingel, Sie müssen eine Anzeige erstatten."

„Laßt sie doch. Sie blutet sogar."

„Und mit recht viel Schmerzensgeld."

„Hat denn niemand ein Taschentuch?"

„Hier ist ein Glas Wasser."

„Mein Mann sagt immer, daß die Juden uns so provozieren."

Hanni steht in der eiskalten Küche (seit die Votruba fort ist, funktioniert die Zentralheizung nicht) und versucht, das Geschirr vom Nachtmahl zu waschen. Zweimal schon hat sie kochendes Wasser daraufgegossen, aber es nützt nichts, das Fett, das gräßliche Fett ist nicht wegzukriegen. Sie starrt auf ihre geröteten Hände, auf die vielen Fetttröpfchen, die an der Haut kleben wie Ungeziefer. Vor einer Stunde ist der Vater abgereist nach Wien (was macht er nur schon wieder in Wien?), sie hat sich seine Kamelhaarweste aus der Mansarde geholt, die ist warm, riecht nach Pfeifentabak. Wie soll sie nur allein mit diesem Haushalt fertig werden, wenn das Geschirrwaschen schon so viel Mühe macht. Und warum will die Wipplinger nicht als Aushilfe kommen? Und warum ist das Haus so leer? Und warum hat sie solch eine Angst? Vor wem? Vor was? In drei Tagen will der Vater wiederkommen. Drei Tage sind lang. Und wenn er eine Woche bleibt? Oder einen Monat? Ein Jahr? Viele Jahre? Wenn er (sie stellt die fette Pfanne auf den Küchentisch), wenn er überhaupt nicht wiederkommt ...

Ganz leise läutet es, ein bescheidenes Zirpen. Wer kann das sein? Natürlich Notburga. Ihre Wangen glühen, ihre Augen leuchten: „Hanni, Hanni, du sollst die erste sein, die es erfährt."

„Was denn?"

„Weil ich dir so dankbar bin. Ohne dich wär ich nie auf den Einfall gekommen. Du hast gesagt, er ist vielleicht ein Heiliger."

„Wer?"

„Der Vinzenz."

„Das hab ich nie gesagt."

„Oh doch. Und ohne dich wär ich nie auf den Einfall gekommen." Das verrückte Ding greift nach Hannis Hand, will sie küssen.

„Laß los, laß los. Ich stink ja nach dem fetten Abwaschwasser."

„Weißt du, wo ich war?"

„Na, wo denn? Im Himmel?"

„Beinahe." Notburga lächelt. Was für schöne, regelmäßige Zähne sie hat. Wie eine Zigeunerin. „Ich war bei unsrer heiligen Therese. In Konnersreuth."

„Und?" Hanni beginnt nochmals die fette Pfanne zu scheuern.

„Es hat geholfen."

„Was hat geholfen?"

„Wie ich nachhaus komme, steht mein Bruder in der Tür und sieht mich."

„Ist er denn nicht mehr blind?"

„Meine Mutter meint, daß es der Weileis war, der hat

ihm ein Augenwasser gegeben. Sie ist vorige Woche mit dem Vinzenz in Zallspach gewesen, denn nach Wien hat er auf keinen Fall wollen, obwohl sogar der Herr Primarius dafür war. Und der Vinzenz meint, es ist so eine Art von innerer Erleuchtung. Ich aber weiß, daß es die Fürbitte der heiligen Therese war, die mit einemmal die Blindheit von ihm nahm."

„Notburga, ihr seid eine schauderhafte Familie."

„Und nun geht der Vinzenz den ganzen Tag in seinem Zimmer herum und spricht."

„Was spricht er denn?"

„Ich weiß es nicht. Er sieht so merkwürdig aus dabei. Und er sagt, wo viel Dunkel war, dort kommt auch viel Licht, die Letzten werden die Ersten sein, und wen das Schicksal einmal im richtigen Augenblick an den richtigen Platz gestellt hat –"

„Da, nimm ein Tuch und wisch die Teller ab."

„Gern, liebe Hanni. Es ist nur, mein Herz ist so voll, ich muß dir heute davon erzählen. Meinst du nicht auch, daß er vielleicht einmal ganz etwas Großes wird?"

„Wer? Der Vinzenz?"

Hanni hält die Pfanne unter die offene Wasserleitung, daß es nur so spritzt.

Exzellenz muß heraus aus ihren vier Wänden. Das neue Mädel, die Luis, diese blöde Kuh, hat wieder einmal so eingeheizt, daß der Ofen platzt, obwohl sie doch mit den Kohlen sparen soll bei den schlechten Zeiten, und überhaupt, wer weiß, was für ein Winter kommt. Lüften will man auch nicht, ja freilich, die teure Wärme auch noch zum Fenster hinauslassen, nein, nein, dann lieber einen Spaziergang machen, aber auch draußen ist es warm, ist das vielleicht ein plötzlicher Schirokko, natürlich, davon wird man so nervös, so war es schon immer, auch wie sie noch mit dem seligen Ipperl in Laibach war, was jetzt Ljubljana heißt und den Italienern gehört oder den verfluchten Serben, soll der Teufel sich auskennen mit dieser neuen Geographie. Aber ein Schirokko kann es auch nicht sein, es rührt sich ja nichts, überall nur der grausliche Nebel, man weiß nicht, ob dort Bäume oder Häuser stehen, ein Vergnügen ist das, man könnt genau so gut den Kopf in ein Futtersackel stecken, grau und gelb ist die Luft, da drüben die zerrupften Besen, das sind wohl die Weiden, es ist eben Herbst, Herbst überall, auch im Leben, wer weiß, wie lange man so weiter macht, der Wintermantel ist auch nur ein Fetzen, aber einen neuen schafft sie sich nicht an, den tragt sie nicht mehr ab, wozu also, die Tochter, die Lili, läßt nichts von sich hören, ist wohl glücklich verheiratet mit ihrem Juden, braucht also keinen neuen Mantel zu erben, er wär ihr eh nicht gut genug, viel zu lang und viel zu altmodisch im Schnitt. Die Glocken von Maria Blut läuten, als hätte man sie in Watte gelegt, mein Gott, nicht später, da ist sie ja noch gar nicht lange unterwegs und sollte eigentlich bis zum Friedhof gehen, um ihren alten Ipperl zu besuchen, obwohl jetzt nicht viel los ist mit den Gräbern, schaut eines wie das andere aus, wächst ja nichts, man kann nicht einmal das Unkraut wegzupfen. Es ist so still, nur ein Glucksen hört man vom Fluß herüber, der beeilt sich auch nicht, hat auch viel zuviel Zeit. Und so lebt man dahin, kein Mensch merkts, man paßt schon selber nicht mehr auf darauf, wozu, warum, bis es aus sein wird eines Tages, irgendwann und das ist dann auch kein Malheur. Der Erzherzog hat es schon überstanden, ein feiner Mensch ist er gewesen, beste Vorkriegszeit, wo findet man so was noch, das war eben, das heißt, wer weiß, vielleicht kommt noch einmal ein Kaiser nach Österreich, Ehrenbürger ist er ja schon, wenn auch nur von Maria Blut, aber immerhin, wenn ihr Tassi dann erwachsen ist, kann er auf einem echten Hofball tanzen, das wär halt was, dazu tät er passen, hübsch ist er und blöd, den Mund bissel offen und riesig lange Beine, ein echter Materni, in der Saurepublik wird nie was aus ihm, ist ja klar. Da hat sie den Ärger mit dem Gymnasium und mit den Professoren, weil er nicht lernt, als ob ein Materni schon je was gelernt hätte. Früher einmal hat man so einen Buben in die Kadettenschul geschickt und damit Schluß. Dann noch ein bissel eine Protektion und eine gute Partie und der Hofball, man wird Urgroßmama, wenn mans erlebt.

Die schwarzen Spitzen des Friedhofsgitters stechen aus dem Nebel heraus. Soll sie nicht doch auf einen Sprung zum guten Ipperl? Wenn sie schon einmal hier ist. Es schickt sich nicht, so einfach umzukehren, aber wenn es inzwischen dunkel wird und sie geht doch nicht gern allein –

„Guten Abend, Exzellenz. Trifft man sich wieder einmal.“

„Guten Abend, Hochwürden.“ Exzellenz tritt einen Schritt zurück. Der Pater Lambert stinkt wie eine Schnapsbutik und kommt wohl eben aus dem Totengräberhaus. Er wird doch nicht – und noch dazu so nahe von einer heiligen Stätte – das heißt, der Totengräber soll ein richtiger Saufbruder sein, drum gibt er auch auf die Gräber nicht acht.

„Auf einem Friedhof ist gut Spazierengehen – huk –

man schaut sich die Gräber an, sucht sich ein Platzerl für das eigene aus – huk – aber die Wege sind eine Schand – huk – ich hab es eben dem Totengräber gesagt. Da geht ein alter Mann wie ich hinter der Leich her – huk – auf meine letzten Füß, keine schönen Füß, geschwollene Füß –"

„Aber Hochwürden!"

„Meinens nicht auch, Exzellenz? Huk. Ich weiß nicht, was das ist, ich hab heut so Schnackerl."

Exzellenz reckt sich hoch. Eine echte Materni. „Hochwürden sind ja sehr gut aufgelegt."

„Ich – huk – einen Dreck bin ich aufgelegt, aber wenn es so geschwind dunkel wird und man ist nicht mehr sicher auf seine – huk – seine letzten Füß – entschuldigen schon, Exzellenz – huk – da ist man halt froh, wenn man eine liebe alte Bekannte trifft, mit der man den Heimweg machen kann."

Soll sie rasch sagen: Entschuldigen Hochwürden, ich hab keine Zeit, ich bin soeben im Begriff, das Grab meines seligen Mannes – aber es wird wirklich schon dunkel und auf dem Friedhof ist es nicht gemütlich in der Nacht, nein, nein, lieber nicht, da geht sie noch eher mit dem versoffenen alten Pfaffen nachhause, obwohl das auch kein Vergnügen ist, er wird doch nicht, wo er sogar einmal eine gräfliche Braut in den Popo gezwickt hat – na er soll sich nur trauen.

Der Pater Lambert schnaubt wie ein Walroß. Er schwankt hin und her, die Exzellenz hat die ganze Zeit Angst, daß er auf sie fällt, mit dem kommt sie vor Mitternacht nicht nachhaus, aber sie kann ihn auch nicht gut allein lassen, in seinem Zustand findet er sonst überhaupt den Weg nicht mehr. Der Nebel vor ihnen ist dunkelrot wie auf einem Theater bei einem Zauberstück und dort läuft auch noch eine Katz über den Weg oder wars ein Has? Exzellenz denkt nach, was sie sagen soll; wenn man spricht, ist alles gleich nicht mehr so unheimlich. Und so sagt sie denn: „Der arme Baron. Wenn er wenigstens noch die Freudenbotschaft erlebt hätte."

Der Pfarrer brummt etwas.

„Wo er doch immer so zu unserem kaiserlichen Haus gehalten hat."

„Er ist ein richtiger Esel gewesen – huk –"

„Aber Hochwürden!"

„Passens auf, Exzellenz, da sind Wurzeln, nichts als Wurzeln sind auf dem Weg – da ist es kein Wunder, wenn man stolpert – huk – und was der Liebold sagt, ist gar nicht wahr."

„Der Liebold? Was sagt er denn?"

„Was so ein Kammerdiener redet – gar nicht hinhören. Der Erzherzog – huk – der Erzherzog war noch gar keine Leich, wie ich ihn – huk – wie ich ihn versehen hab – er war nur so ein bissel kalt von dem Morphium."

„Von dem Morphium?"

„Erst kommt das Morphium und dann die Letzte Ölung. Huk. Ich sag Ihnen, der Lohmann, das ist ein gescheiter Mann. Der bringt die Leute um, eh sie sich vor dem Sterben fürchten."

„Um Gottes willen!"

„Aber heutzutag gibts immer gleich einen Stunk. Heutzutag – huk – soll man alles ganz ernst nehmen, den Himmel und die Hölle und womöglich auch noch das Fegefeuer."

„Hochwürden!"

„Bin ich Ihnen auf die Füß getreten? Müssen schon entschuldigen, Exzellenz. Alles ernst nehmen soll man. Das

Vaterland und das Militär und unsern Herrn Abt und womöglich auch noch die Regierung."

Exzellenz bleibt stehen. Jetzt wird es ihr zu dumm. So besoffen darf ein Pfarrer eben nicht sein.

„Na, na, was ist denn? Wollens nicht weitergehen? Und überhaupt bei den heutigen Zeiten –"

„Es ist gar nichts zu sagen gegen die heutigen Zeiten. Gott sei Dank, daß es wieder anders wird. Daß wir eine Ordnung kriegen und eine Disziplin."

„Eine Ordnung. Das ist keine Ordnung, wenn Sie plötzlich stehen bleiben, mitten auf dem Weg."

„Oder sollen wir vielleicht abwarten, bis uns die Kommunisten das Haus über dem Kopf anzünden? Ists nicht genug mit der Konservenfabrik?"

„Die Kommunisten –" der Pater Lambert spuckt im Bogen ins Gebüsch, vor einer Dame, bitte!, „die Kommunisten – lassen Sie sich nicht auslachen."

„Herr Pfarrer, ich muß Sie darauf aufmerksam machen –"

„Das möcht euch so passen, die Kommunisten – huk – eine Schweinerei ist das, eine Gemeinheit und eine Verleumdung auch noch dazu –"

„Hochwürden, schreien Sie doch nicht so."

„Und unsereiner soll sich das anhören und das Maul halten auch noch dazu. Die Kommunisten, das sind noch lang nicht die Ärgsten. Aber wenn der Herr Oberlehrer Reindl und die anderen Nazis einem den roten Hahn aufs Dach setzen und der Heberger Vinzenz den Zettel in der Westentasche hat, glauben Sie, ich weiß das nicht, ich, der Pfarrer, der in seinem Beichtstuhl sitzt, da kommt dann die fromme Schwester gelaufen – huk – eine Schweinerei ist das, verflucht noch einmal."

„Es sind also gar nicht die Kommunisten gewesen?"

„Exzellenz, mir scheint, ich hab einen Rausch." Und der Pater Lambert legt beide Arme um einen Telegrafenpfahl, drückt den Kopf an das Holz, weint sich aus. Exzellenz sieht ihm zu: „Mir scheint das auch."

Nachher ist sie sehr geduldig und er geht sehr still neben ihr. Das ist ja hochinteressant. Was einem doch nicht alles passiert. Ein Beichtgeheimnis. Mitten am Weidenweg. Also die Nazis sind es gewesen. Der Tassi soll ihr noch einmal mit seinem Hakenkreuz kommen. Mein Gott, zu denken, daß sie, ausgerechnet sie, die alte Materni, so etwas weiß. Sie wird es natürlich keiner Menschenseele verraten.

Wie sie aber nachhaus kommt, endlich, endlich, das Nachtmahl steht schon auf dem Tisch, wartet die Reindl auf sie. Eine kanariengelbe Pelzjacke hat sie an, diese Person.

„Exzellenz müssen entschuldigen, es ist nur wegen der Einteilung, Mittwoch und Donnerstag kann ich nämlich nicht, da bin ich bei der Frau Bürgermeister. Aber Freitag vielleicht, wenn es gefällig ist. Auch möchte ich die Rechnung präsentieren. Die Hemden vom Tassi und das Loch in der Hose."

„So. Die Rechnung möchten Sie präsentieren. Und Mittwoch und Donnerstag können Sie nicht. Zeigens einmal her."

Exzellenz kann ihre Brille nicht finden: „Schauen Sie ins Schlafzimmer, Luis, auf das Nachtkastel." Exzellenz ist hungrig. Exzellenz ist müde. Und in der Wohnung ist es gar nicht mehr warm. Der Ofen ist ausgegangen. „Machen Sie die Tür zu. Es zieht."

Was? Zwölf Schilling die Hemden? Die Person ist wohl

übergeschnappt. Und das Loch in der Hose drei fünfzig. Hat man schon so was gehört?

„Das Geld können Sie sich morgen holen. Bei Tag. In der Nacht bezahl ich meine Rechnungen nicht. Und Sie brauchen überhaupt nicht mehr kommen, ob das Mittwoch, Donnerstag oder Freitag ist."

„Aber Exzellenz –"

„Überhaupt nicht mehr. Mit Leuten, die einem die Stadt anzünden, verkehr ich nicht. Solche Leute dulde ich nicht in meinem Haus. Komm nur herein, Tassi, daß du es hörst. Brandstifter, Verleumder, Ehrabschneider dürfen nicht über unsere Schwelle. Sagen Sie das Ihrem Bruder, dem Oberlehrer, und seinem Freund, dem verrückten Kellner mit den Zetteln in der Westentasche. Man weiß nämlich alles."

„Exzellenz, Frau von Materni, um Himmels willen –"

„Schweigen Sie – Kein Wort mehr. Hinaus!"

XI.

„Losung?"
„Rache."
„Stichwort?"
„Verrat."
„Wann?"
„Elf vormittag."
„Mutter?"
„Verreist."
„Schwester?"
„In Arbeit."
„Alles gesichert?"
„Wagen bereit."
„Wo?"
„Tor Nummer sechs."
„Erledigt."
„Aber –"
„Kein Aber."
„Vielleicht –"
„Kein Vielleicht. Heil Hitler!"
„Heil!"

Das wird ein schlimmer Tag heute. Der alte Meyer-Löw kann kaum bis an seinen Schreibtisch gelangen. In den Ohren saust es, der Fensterrahmen schwimmt vor den Augen. Das Herz. Wenn er wenigstens den Lohmann holen könnte. Aber den hat er ja selbst nach Wien geschickt.

„Erlaube, Papa?"

„Bitte sehr, komm nur herein."

Daniel Meyer (nur Meyer und nicht Meyer-Löw, man braucht doch keinen Doppelnamen) steht groß und breit und gesund vor seinem Vater. „Ich möchte dir nur meine Verlobung bekanntgeben."

„Gratuliere."

„Mit Fräulein Schellbach. Fräulein Elli Schellbach."

„Gratuliere. Soll der selige Attila Trauzeuge sein?"

„Meine Braut hat mit dem Grab des Attila und mit den Ausgrabungen in Gaurolzmünster überhaupt nichts zu tun. Es sind boshafte Gerüchte, die sie damit in Verbindung bringen."

„Um so besser."

Ist das alles? Daniel fühlt sich beinahe enttäuscht. Der Alte sitzt über den Schreibtisch gebeugt, kritzelt auf das Löschpapier.

„Und, Papa –"

„Ja?"

„Es gäbe auch noch anderes zu besprechen."

„Bitte sehr."

„Der Skandal mit dem Trampel, der Marischka, hat uns im Ort so gut wie unmöglich gemacht. Ich hatte es ja immer so kommen sehen."

„Ein Ausbruch des Volksempfindens, mein Lieber."

„Eben deshalb –"

„Warum soll unsere Marischka kein Volksempfinden haben."

„Papa, ich bitte dich, jetzt keine Witze." Daniel klopft nervös mit dem Zeigefinger auf den Schreibtischrand. „Es handelt sich um eine Lebensfrage." Wenn der Alte doch nur aufhören wollte, zu kritzeln. „Ich habe dir nachgegeben, das Kind kommt fort. Aber nun bin doch auch ich da. Endlich bietet sich eine Gelegenheit, uns, mich, meine Arbeitskraft, mein Geld – du wirst doch von dem neuen Werk, das an Stelle der Konservenfabrik gegründet werden soll, gehört haben. Meine Braut hat da die wichtigsten Verbindungen."

„Du willst dein Geld anlegen in Patronen."

„Man bietet mir eine Stelle an. Im Verwaltungsrat. Natürlich werden nicht nur Patronen erzeugt. Unsre Anwaltspraxis ist ohnehin ruiniert, die Kanzlei muß aufgelöst werden."

Der Alte sieht auf. Die breiten Schultern des Sohnes verschwimmen ebenfalls vor seinen Augen. Über diesen Schultern ist ein Kopf, ein fremder Kopf, der ihn überhaupt nichts mehr angeht.

„Und außerdem – Herrgott, Papa, was kritzelst du da?"

Auf dem Löschpapier verschwimmen die wirren Linien, gezeichnet von zitternder Greisenhand, zu einer großen und phantastischen Landkarte. „Was ich kritzle? Vielleicht mein Testament, Daniel."

„Papa, ich weiß, daß dir das alles sehr zuwider ist. Aber was soll ich tun? Ich bin nun einmal hier zuhaus, ich gehöre hierher, ich liebe dieses Land, ich brauche es, ich will mich nicht aus ihm verjagen lassen. Du verstehst das nicht."

Der Alte hebt den Kopf, wendet dem Sohn das Gesicht zu mit geschlossenen Augen: „Nein, ich versteh das nicht. Wozu ein Vaterland, hat einmal ein Philosoph gesagt, ist doch jedes Stückchen Erde gleich weit vom Hades entfernt."

„Papa, was hast du? Was ist mit dir?"

„Was mir ist? Ich bin alt, Daniel, ich muß es dir sagen, weil du von selbst ja nie etwas merkst. Meine Augen sehen nicht mehr, meine Ohren hören nicht mehr, meine Beine tragen mich nicht mehr. Deshalb, Daniel, nur allein deshalb gehe ich nicht von hier fort."

Ist das wahr? Ist das wahr?" – „Ganz gewiß. Am Bürgermeisteramt steht es angeschrieben."

„Arbeit! Arbeit!"

„Das ist ja ein Wunder."

„Mein Mann war auch einmal in der Konservenfabrik. Der wird sich melden."

„Und zuerst wird gebaut. Man braucht Bauarbeiter."

„Sind auch Frauen am Bau?"

„Da muß man sich noch erkundigen."

„Kinder, stellt euch das vor. Wirkliche Arbeit."

„Man sollt es nicht für möglich halten."

„Eine neue Fabrik."

„Eine Fabrik."

„Und wer zahlt sie? Wer hat das Geld?"

„Wenn nur nicht wieder alles pleite geht."

„Keine Spur. Diesmal steckt der Staat dahinter."

„Wieso denn der Staat?"

„Der gibt Subventionen."

„Aber der Staat hat doch selber kein Geld."

„Der Staat hat immer Geld, wenn es sich um was Vernünftiges handelt."

„Das hab ich mein Lebtag noch nicht gehört."

„Und was macht man in der Fabrik?"

„So alles mögliche."

„Was denn zum Beispiel?"

„Patronen."

„Jesus Maria, da gibt es ja Krieg."

„Krieg? Sie sind wohl verrückt. Warum denn gleich Krieg!"

„Wenn man Patronen fabriziert –“

„Liebe Frau, Sie verstehen gar nichts von Volkswirtschaft. Patronen fabriziert man doch nicht für den Krieg.“

„Zu was denn sonst?“

„Damit die Menschen, die sie fabrizieren, Arbeit haben. Sehen Sie doch die Gesichter ringsum: diese Freude und dieses Glück –“

„Patronen gehören aber zum Schießen.“

„Natürlich, liebe Frau, nur, wie gesagt, Sie verstehen eben nichts von der Volkswirtschaft.“

„Ich pfeif auf Ihre Volkswirtschaft. Was wird denn sein, wenn die Patronen fertig sind. Sollen wir die vielleicht aufs Butterbrot legen?“

„Da hat sie recht.“

„Ja, ja, es ist schon was dran.“

„Na hört einmal, wie redet ihr denn. Wo ihr jetzt endlich wieder einmal Arbeit habt.“

„Warum müssen es denn gerade Patronen sein?“

„Das gibt Krieg. Das gibt Krieg.“

„So schweigen Sie doch. Was fällt Ihnen ein.“

„Meinen Mann habens mir schon zusammengeschossen, meine Buben geb ich nicht auch noch her. Patronen. Möcht wissen, was der Staat plötzlich Patronen braucht.“

„Ich werde Sie verhaften lassen.“

„Das gibt Krieg. Mein Mann ist am Isonzo gewesen. Ich weiß, zu was man Patronen braucht. Das gibt Krieg. Krieg. Krieg.“

„Was ist denn da?“

„Wer schreit denn so?“

„Eine Frau ist wahnsinnig geworden.“

„Krieg. Krieg.“

„So hören Sie doch, ich erklär es Ihnen ja. Nach den

Gesetzen der Volkswirtschaft –“

„Krieg. Krieg. Patronen braucht man zum Schießen.“

„Herr des Himmels.“

„Was war denn das?“

„Das waren Schüsse. Ich hab es deutlich gehört.“

„Wo denn? Wo?“

„Zwei, drei Schüsse.“

„Dort hinten, aus der Gasse heraus.“

„Vielleicht ist es doch nur ein Autoreifen gewesen.“

„Aber keine Spur.“

„Man muß die Frau zum Schweigen bringen.“

„Krieg.“

„Sie ist wahnsinnig.“

Notburga hat die Schüsse auch gehört. Eben noch wisperten die anderen Küchenmädchen hinter ihr, dann wurde es plötzlich still und sie liefen alle auf die Straße hinaus. Sie wispern jetzt ja immer, die ganze Luft ist voll von dem Gewisper. Und immer ist es der Bruder, der Vinzenz, von dem sie sprechen. Und von der Konservenfabrik und von dem Brand. Was soll das bedeuten? Sie, Notburga, hat zu keiner Menschenseele etwas gesagt, so sehr sie auch das Geheimnis drückt. Der Pater Lambert ist ihr Beichtvater. Leider hat er ihr nicht einmal einen Wink gegeben, ihr Gewissen ist unruhig, sie weiß nicht, was sie tun soll. Und war der ganze Brand doch ohnehin beinahe in Vergessenheit geraten. Aber seit einigen Tagen wispert es hinter ihr. Nicht nur die Küchenmädchen. Wenn der Bruder gesund ist, so gesund, daß er nicht mehr tagelang mit sich spricht, wird sie ihm ihr Herz ausschütten und ihn beschwören –

„Also schaut euch nur die Notburga an. Da bleibt sie ganz ruhig bei ihren dreckigen Tellern, auch wenn draußen geschossen wird."

Notburga fährt auf. Das fette Wasser tropft ihr von den Fingern.

„Geschossen? Wo?"

„Das weiß man noch nicht."

„Paßt auf, das ist vielleicht ein richtiggehender Mord."

„Geh, ich bitt dich, was dir immer gleich einfällt."

„Mir scheint, du glaubst, daß du im Kino bist."

„Warum denn nicht? In Maria Blut ist in letzter Zeit so viel passiert."

„Wo Brandstifter sind, kann es auch Mörder geben, nicht wahr, Notburga?"

„So laß sie doch."

„Schau, sie fangt gleich zu weinen an."

„Stille Wasser sind tief."

„Mußt wieder beichten gehn, Notburga."

„Schweigt schon einmal still."

„Aber Notburga, es war doch nicht so ernst gemeint."

„Was hast du denn?"

„Wo läufst du denn hin?"

Notburga läuft durch den Hof, stolpert über die lange Küchenschürze, läuft weiter, der Herr Zimmerl hinter ihr spitzt die Lippen, ein eisiger Wind wälzt den Staub auf, grau ist der Himmel, die Pflastersteine sind grau, geschwind, geschwind, sie muß es dem Vinzenz sagen. Ihre Schuld, ihre Schuld, ihre Schuld. Feigheit war es, nicht sofort davon zu sprechen. Ein Hund bellt, jemand ruft etwas zum Fenster hinaus, Kinder kommen mit ihren Schultaschen, versperren den Weg, sie muß durch sie hindurch, geschwind, geschwind. Die Kinder schwatzen: Geschossen habens. Geschossen? Wo? Ist ja gleichgültig. Sie muß nachhaus, sofort, um es dem Vinzenz zu sagen.

Die Wohnungstür steht nur angelehnt, auf dem Läufer im Vorzimmer sind große schmutzige Fußtapfen. Sie bleibt stehen. „Vinzenz!" Ist er vielleicht nicht zuhaus? Oh Gott, diese Angst. „Vinzenz!"

Im Speisezimmer liegt er lang ausgestreckt, die eine Hand verkrampft in die Troddeln des Plüschsofas. Sein Blick ist starr und böse. Unter dem Tisch zieht sich ein schmaler Streifen Blut hin.

Notburga faltet die Hände: „Vater unser, der du bist in dem Himmel, dein Wille geschehe, ist es wirklich dein Wille, der dies geschehen läßt?"

Also wißt ihr, ich kann das einfach nicht verstehen. Warum hat es gerade den Pimperl erwischt?"

„Er war eben auch dabei und dann ist es herausgekommen."

„Vielleicht meinen sie, daß er es verraten hat."

„Schaut ganz so aus wie ein Fememord."

„Mein Gott, was gibt es da noch zu verstehen. Das hat bei uns doch ein jeder gewußt."

„Red nicht so dumm. Deshalb, weil wir Eisenbahner es gewußt haben, deshalb hat es noch lang nicht ein jeder gewußt."

„Da muß einer ja ein Trottel sein –"

„Trotteln gibts viele."

„Es ist doch logisch, daß die Kommunisten nicht wegen

nichts und wieder nichts und bloß zu ihrem eigenen Schaden –“

„Als ob man in Maria Blut nachdenken möcht, ob etwas logisch ist.“

„Geh, Sandleitner, du bist immer so übertrieben.“

„Das habt ihr auch gesagt, wie ich euch vor dem Pimperl gewarnt hab. Erinnerts euch noch, wie er dagestanden ist mit seiner Serviette unter dem Arm, um uns auszuhorchen bei unseren Sitzungen. Das war ein gefährlicher Mensch.“

„Der Pimperl?“

„Ja, der Pimperl.“

„Laß dich nicht auslachen. Der Pimperl war ein Narr.“

„Eben deshalb. Narren sind immer gefährlich. Ich kenn viele solche. Stehen jetzt an allen Ecken herum, glotzen einen an, glauben, daß sie ganz was Besonderes sind. Das Herz voll Mißgunst und den Kopf voll Phrasen. Ich sag euch, vor diesen Burschen muß man sich hüten.“

„Der Sandleitner hat so unrecht nicht.“

„Aber der Pimperl, der arme Teufel, ist doch schon tot.“

„Nur ein Zufall. Da hat er eben Pech gehabt. Es hätt aber auch ganz anders mit ihm kommen können.“

„Jetzt hört schon auf damit. Es ist sehr spät. Wir müssen mit unserer Sitzung beginnen.“

Der Wipplinger rührt seine Suppe nicht an. Er zerkrümelt das Brot (das teure Brot) neben dem Teller. „Ist noch kein Brief von der Toni da?“

„Nein.“ Und die Hermin steht auf, dreht das Licht an. Die Rechnung ist bezahlt.

Der Krowott blinzelt: „Wo habts denn das Geld her?“

„Geht dich nichts an."

„Man wird doch noch fragen dürfen."

„Fragen dürfen", krächzt die Lori.

Der Wipplinger rührt seine Suppe nicht an.

„Ich bin auch reich." Der Krowott kichert. „Der Meyer-Löw hat mir fünf Schilling geschenkt. Die fünf Schilling von der Gottesmutter. Daß man die von einem alten Juden kriegen muß."

„Red nicht so gottlos." Die Hermin nimmt dem Wipplinger das Brot aus der Hand.

Dem Krowotten rinnt die Suppe an den Mundwinkeln hinunter. „Wenn die Toni zurückkommt, gibt es Backhendel. Ich habs versprochen und sie muß davon ein Flügerl kriegen."

Der Wipplinger schiebt die Suppe von sich, springt auf. Aber ihr seid ja auch nimmer so arm, wenn ihr die Lichtrechnung bezahlt habt. Aha, das ist die Konservenfabrik, da kriegt der Wipplinger wieder Arbeit."

„Arbeit", krächzt die Lori und pickt die Krümel auf, die neben dem vollen Suppenteller liegen.

„Gib das Vieh weg", schreit der Wipplinger.

„Ja freilich –" die Hermin räumt die Teller ab – „von Arbeit kann der nichts mehr hören."

„Warum denn?"

„Weil er keine kriegt. So einer, wo jeder weiß, daß er ein Roter ist."

Der Wipplinger schlägt die Tür hinter sich zu.

„So, da siehst es. Jetzt sag mir nur, wo geht er hin?"

„Wo geht er hin?" krächzt die Lori.

Der Krowott wischt sich den Mund mit dem Ärmel ab. „Bist ein dummes Frauenzimmer, Hermin, der weiß genau, wo er hingeht."

„Was soll das heißen? Was redest du da? Was meinst du damit?"

„Oh, gar nichts."

„Das glaub ich nicht. Du meinst was damit." Und sie packt den erschrockenen Alten an beiden Schultern.

„Gar nichts, gar nichts. Gelt, Lori, gar nichts."

„Gar nichts", krächzt der Papagei und hackt wie wild nach der Hermin.

Ich kann nicht sagen, wie leid die Frau mir tut." – „So ein Unglück. Ein Jammer ist das."

„Ist er denn wirklich einer von denen gewesen?"

„Aber keine Spur. Das steht bloß in den jüdischen Zeitungen."

„Wer hat jetzt aber den Brand gelegt?"

„Mein Mann sagt, daß es trotzdem die Kommunisten waren."

„Na also."

„Und die Mörder?"

„Die wird man nicht mehr erwischen."

„Die arme Mutter."

„Und dabei war er doch immer so ein guter Sohn gewesen."

„Was da wohl jetzt ihr Asthma macht?"

„Sie muß eben wieder zum Weileis fahren."

„Der alte Heberger ist auch wieder im Ort."

„Was ist denn mit dem Wirtshaus zum Attila?"

„Man hört so gar nichts mehr vom Kapeller."

„Eine merkwürdige Familie, diese Hebergers."

„Es heißt, daß sie sogar verwandt sein sollen mit –"

„Pst. Nicht so laut."

„Und außerdem ist es gar nicht wahr. Mein Mann sagt, das sind falsche Gerüchte."

„Krückelhuber gibt es nämlich viele."

„Der Vinzenz hat sich wichtig machen wollen. Deshalb hat er das ausgestreut."

„Na also."

„Und das Mädel? Das muß einen schönen Schreck gehabt haben."

„So ein zartes Ding."

„Jetzt liegt sie krank im Bett."

„Der Herr Abt sagt, er will sie in einem Kloster unterbringen."

„Das wird das richtige sein."

„Sie ist ja gar so fromm."

„Wenn die so weitermacht, die wird noch eine Heilige."

„Aber Frau Neumeier!"

„Warum denn nicht. Die Therese von Konnersreuth ist auch einmal nur eine einfache Magd gewesen."

„Ganz recht haben Sie, Frau Neumeier, und was meine Tochter ist, die ist einmal mit der Notburga in die Schule gegangen und die sagt, wenn die Notburga nur will, so kann sie blutige Tränen weinen und Blut schwitzen und das alles."

Im letzten Moment springt Lohmann auf den fahrenden Zug, stolpert über einen Haufen eleganten Handgepäcks, winkt Alice noch zu, die in der Tür des Wartesaals steht, einen hübschen Hut hat sie, wie angewachsen auf dem feinen Kopf. Adieu, adieu, auf Wiedersehen!

Im Waggon brennen bereits alle Lichter, so spät ist es schon, verflucht noch einmal, hätte Alice ihn nicht rasch in ein Taxi gesetzt, so hätte er sicher wieder den Zug versäumt, ein Glück, daß nur so wenige Reisende da sind, da kann er sich vielleicht ausstrecken, er ist ja so müde, was für ein funkelnagelneuer Waggon, stinkfein und mit ganz hohen Fenstern. Ne pas se pencher en dehors. Wenn man jetzt weiterfahren könnte, immer weiter, bis nach Paris. Pfui schäm dich, Gustl, hast was anderes zu tun bei dir zuhaus, die Welt besteht nicht nur aus Paris und Wien und Wien und Paris, hast sogar viel zu tun bei dir zuhaus, eine ganze Masse, da brauchst du nicht an Reisen zu denken. Der feine Herr auf dem Fensterplatz gegenüber (er hat einen Anzug aus glattem englischem Stoff) schlägt das Abendblatt auf. Große Überschriften. Das europäische Gleichgewicht, Österreich im Mittelpunkt der Verhandlungen. Also nichts Neues. Wo ist nur das Billett? Und daneben der Brief, den die Toni ihm für ihren Schwager Wipplinger gegeben hat. So geheimnisvoll. Da wird also der Wipplinger derjenige sein. Wie schlecht das Mädel aussah. Gott sei Dank, daß alles überstanden ist. Wäre vielleicht ein hübsches Kind geworden, ein netter kleiner österreichischer Mensch. Was nützt es, jetzt darüber nachzudenken. Ob die Toni wirklich in Wien eine Arbeit findet? Sie will nicht fort, auf keinen Fall will sie jetzt fort aus Wien. Und sie weiß, was sie will. Eine Gemeinheit, daß so eine Frau heutzutage keine Kinder kriegen kann. Eine prachtvolle Person. Zwölf Kinder sollte sie haben. Alle unter einem großen Apfelbaum. Zwölf Kinder. Viele, viele rote Äpfel. Beißt nur hinein, sagt die Hanni, seine Hanni, die auch eine Mutter ist, eine große, blonde, schöne Mutter, und die Hanni reißt die Äpfel vom Baum, aber Hanni, das darfst du doch nicht, seit wann hast du denn so viele Kinder?

Da ist er also richtig eingeschlafen. Der feine Herr stieß ihn mit seinem vornehmen Lederschuh. Entschuldigen Sie. Bitte, bitte. Der Wagen beutelt einen aber auch ordentlich. Hat ein verrücktes Tempo, dieser Zug. Vielleicht, daß man den Speisewagen sucht. Etwas Kaffee. Gustl, Gustl, kannst ja die Augen kaum noch offen halten. Kein Wunder. Bis zwei Uhr nachts die Einheitsfrontversammlung. Bis fünf Uhr die Diskussion mit den Genossen. Gustl, Gustl, schlaf nur nicht wieder. Du hast in deinem Leben viel zuviel geschlafen. Das soll jetzt anders werden. Es gibt was zu tun. Der Herr gegenüber blättert in seiner Zeitung. Es gibt viel zu tun. Auch in Maria Blut. Was steht denn dort als Überschrift? Der Austromarxismus an einem Wendepunkt. Gustl, eine Menge gibt es zu tun. Denn auch du stehst an einem Wendepunkt. Darfst dich jetzt von den Eingeborenen nicht verjagen lassen. Mußt dich wehren. Sind ja noch andere Menschen in Österreich außer diesen Eingeborenen, andere österreichische Menschen, wunderbare Menschen, hast sie erst gestern gesehen. Die muß man eben zusammenhalten, organisieren, aufmerksam machen auf das, was kommt, was kommen muß, wenn sie nicht noch im letzten Augenblick eine geschlossene Front bilden. Tu doch was, beweg dich, such sie auf, hilf ihnen und hilf dir selbst. Sowie du heute nach Maria Blut kommst – Herrgott, wenn es dann nur nicht zu spät sein wird. Lohmann rafft sich auf. Er will nicht wieder einschlafen. In der dunklen Fensterscheibe sieht er ein verschwommenes Gesicht. Das kann doch nicht sein eigenes sein. Nimm dich zusammen, Gustl.

„Gestatten Sie?“ Und er greift nach einer der vielen Zeitungen des Herrn gegenüber. „Bitte sehr.“ Wiedereinführung der Todesstrafe in Österreich. Ja wozu denn, weshalb? Frag nicht, Gustl. Die Herren werden es schon wissen. Da geht ein Gendarm, treibt einen Bettler vor sich her wie ein Stück Vieh, die Haare hängen dem ins Gesicht, so laßt ihn doch, er hat ja nichts getan, die Straße ist lang, die Straße ist grau, auch der Himmel ist grau, und das Land ist grau, nur ein einzelner Baum, ein schwarzer Baum, ist das wirklich ein Baum? Ein Galgen ist es. Darunter steht der Pater Lambert, bereit, dem Delinquenten die Letzte Ölung zu erteilen, während die Stimme des alten Meyer-Löw laut und eintönig aus einem Buche vorliest: In diesem Lande aber hängen die Eingeborenen ihre Bettler.

„Bitte die Fahrkarten vorzuweisen, die Fahrkarten bitte. – Der Herr ist leider in den falschen Zug gestiegen. Wir halten nicht an dieser Station. Wir halten überhaupt nicht mehr vor der Grenze."

„Aber –"

„Tut mir leid. Der Herr ist in den falschen Zug gestiegen."

„Das ist unmöglich. Ich – ich muß doch nachhaus."

„Der Herr muß bis zur Grenze nachzahlen."

„Und dann?"

„Dann fahren Sie halt mit dem nächsten Zug wieder zurück."

„Das gibts doch nicht. Da komme ich ja viel zu spät."

Zu spät, Gustl. Zu spät. Zu spät. Du kannst eben niemals zurechtkommen. Steigst in den falschen Zug, natürlich, das möchte dir passen, dich jetzt der Länge nach hinzulegen und zu schlafen bis nach Paris. Aber daraus wird nichts. Aufwachen. Sofort aufwachen. Im Speisewagen gibt es Kaffee, man muß nur bis zum Speisewagen gelangen, der Wagen beutelt so, die Lichter dort, das ist wohl jetzt Maria Blut, ist ja zu dumm, daß man da einfach vorbeifahren soll ...

Wo ist denn der Herr, der das Billett bis zur Grenze nachzahlen soll?“

„Der Herr ist schon vor einer Weile aus dem Abteil gegangen.“

„Im Speisewagen ist er aber auch nicht.“

„Dann wird er vielleicht –“

„Der Herr ist nicht da.“

„Wie? Was?“

„Ein Herr wird gesucht.“

„Ein Herr ist aus dem Zug verschwunden.“

„Und die Tür steht offen. Schaffner, sehen Sie doch.“

„O mon dieu.“

„Da muß man die Notbremse ziehen.“

„Vielleicht hat er die falsche Tür geöffnet.“

„Ein Selbstmord?“

„Ein Unfall?“

Maria Lazar

Made in Austria

(1945)

Um einem Übel beizukommen, ist es wichtig, seine Ursachen zu kennen. Je mehr der Krieg sich seinem Ende zu nähern scheint, desto aktueller wird die Frage: was wird aus Deutschland, was wird aus dem Nazismus? Desto aktueller wird damit auch die Frage: woher kommt der Nazismus.

Diese Frage pflegt nun von sehr verschiedenen Leuten sehr einheitlich beantwortet zu werden: Schuld an allem ist der preußische Militarismus. Die ganze Pest hat schon mit Friedrich dem Großen begonnen. Bismarck war nichts anderes als ein Vorläufer von Hitler. Weg mit den Junkern! Diese verdammungswürdige Kaste hat nicht nur das deutsche Volk, sondern die Welt ins Unglück gestürzt.

Stimmt das nun auch? Ja, gewiß, zum Teil, aber nur zum Teil. Der preußische Militarismus ist noch weniger sympathisch als jeder andere Militarismus, er ist brutaler, daher effektiver, er hat entsetzlich viel Blut gekostet. Friedrich der Große war bereits ein rücksichtsloser Imperialist, wenn auch nicht im Interesse eines Rationalismus, weil er zu seinen Zeiten von einem solchen so wenig Begriff haben konnte wie von einer Dampfmaschine. Der deutsche Rationalismus entwickelte sich nämlich erst im 19. Jahrhundert, seine Brutstätten waren nach den Befreiungskriegen die Universitäten. Den Junkern kam er sehr gelegen, aber sie haben ihn nicht erfunden. Ebenso wenig wie seinen bösartigen Auswuchs, den Nationalsozialismus, den sie für ihre eigenen Zwecke gebrauchen wollten, was aber zu nichts anderem führte, als daß sie selbst von ihm mißbraucht wurden. Und dies wird jedem von ihnen, der den Krieg in Hitlers Gefolgschaft mitmacht, zu ewiger Schande gereichen.

Damit ist jedoch nicht gesagt, daß sie allein an allem Schuld sind und daß der Nazismus eine rein preußische Erfindung ist, weil er sich der kühlen politischen Konzeptionen Bismarcks bemächtigte, um aus ihnen die phantastischen Wahngebilde einer allmächtigen Weltherrschaft aufzubauen.

Hitler ist kein Zufall (no accident), sagte Anthony Eden. Es ist auch kein Zufall, daß Hitler ein Österreicher ist, es ist kein Zufall, daß ein kleiner Mann aus einem kleinen österreichischen Provinznest kommen mußte, um zum Führer des großen deutschen Nationalsozialismus zu werden. In der Geschichte gibt es kaum einen Zufall. Weshalb man sie nicht aufmerksam genug studieren kann.

***

„... und so begegnen wir zum erstenmal an der Spitze der Bewegung jenem politischen Agitator, der ihr bis jetzt fehlte, der jedoch unentbehrlich ist, wenn eine Partei sich entwickeln soll, die ihren Erfolg hauptsächlich in dem Lärm sucht, den sie verursacht, und in dem Skandal, den sie entfesselt."

Diese Worte stehen in dem Werk des französischen Historikers Georges Weil über den Pangermanismus in Österreich („Le Pangermanisme en Autriche", erschienen 1904). Sie beziehen sich nicht auf Adolf Hitler und die nationalsozialistische Partei, sie beziehen sich auf Georg von Schönerer, den Gründer und Führer der deutschnationalen Partei im alten Österreich.

Herr von Schönerer erklärte bereits am 12. Dezember 1887 in einer Rede im österreichischen Parlament, daß im ganzen Lande immer mehr ein Schrei hörbar würde: wenn wir nur schon endlich einmal dem deutschen Reiche angehören könnten!

Bismarck hatte 1874 geäußert: „Der deutsche Minister, dem es einfiele, von Österreich etwas erobern zu wollen, wäre reif, gehängt zu werden. Ich meinerseits wäre imstande, wenn die österreichischen Provinzen sich mit Gewalt an uns anschließen wollten, deshalb Krieg anzufangen gegen sie."

Man sieht also, das Programm der beiden Herren war nicht ganz identisch. Und es läßt sich nicht leugnen, daß es das Programm des Herrn von Schönerer war, welches Adolf Hitler mit seinen Getreuen einmal durchführen sollte.

Doch damit nicht genug. Verfolgt man die Wirksamkeit dieses äußerst energischen Mannes, betrachtet man seine Ziele und seine Methoden, so wird man feststellen müssen, daß es im Österreich der achtziger und neunziger Jahre bereits ganz unverkennbare Züge eines waschechten Nazismus gab. Vor allem waren es zwei Parolen, unter denen der nationale Kampf der Deutschen geführt wurde: Antisemitismus und Tschechenfeindschaft.

Die preußischen Junker waren seit jeher eine arrogante Gesellschaft, ihnen genügte es, daß sie deutsche und schon gar, daß sie Junker waren, sie brauchten für ihr Selbstgefühl nicht erst den Hinweis, daß sie keine Juden und keine Slawen sind. Der kleine Mann in Österreich aber, der sich in dem bunten Völkergewirr der Monarchie unsicher fühlte, ließ sich nur zu gern zu Haß und Eifersucht verhetzen. In Wien vor allem, der Metropole eines riesigen Reiches, strömten die stärksten Begabungen und Energien aus den verschiedenen Ländern dieses Reiches zusammen. Der eingeborene Kleinbürger fürchtete die Konkurrenz. Er wurde kopfscheu, als es nach dem Aufschwung der sogenannten Gründerjahre zu wirtschaftlichen Schwierigkeiten kam. Wer ist schuld? Der Jud. Und warum? Weils wahr ist. So hieß es im Volksmund. 1880 kam es zur Gründung eines „Vereines zum Schutze des Gewerbestandes", wo zum erstenmal antisemitische Tendenzen vertreten wurden. Ihm folgte 1882 der sogenannte Reformverein, dem auch Schönerer angehörte, bis er kurz darauf selber den „Deutschnationalen Verein“ gründete. „Die Schonzeit der jüdischen Zeitungsschreiber und ihrer Genossen ist nun für alle Zeit vorüber!“, rief er in einer Rede im Parlament 1888. Man glaubt, man hört Doktor Goebbels. Und man erkennt die Gangsterunsitten der Nazis, wenn man erfährt, daß es der Abgeordnete Schönerer war, der mit Gewalt in die Redaktion des „Neuen Wiener Tagblatt“, einer großen liberalen Zeitung, eindrang, weil sie durch einen Irrtum den Tod Kaiser Wilhelms I. um einige Tage zu früh gemeldet hatte. Allerdings, zu seinen Zeiten blieb so etwas denn doch nicht ohne Konsequenzen. Schönerer wurde wegen Hausfriedensbruches zu vier Monaten Gefängnis verurteilt, verlor seinen Adel und sein Abgeordnetenmandat. Aber sein Anhang war bereits so groß, daß ihm auf die Verurteilung hin stürmische Ovationen bereitet wurden, und einer der ersten, die ihm gratulierten, war Wiens später so berühmter Bürgermeister Dr. Karl Lueger.

Von diesem schreibt Hitler in „Mein Kampf“ unter der Rubrik „Wandlung zum Antisemiten“: „Heute sehe ich in dem Mann mehr noch als früher den gewaltigsten deutschen Bürgermeister aller Zeiten.“

Es besteht kein Zweifel, daß Karl Lueger und Georg von Schönerer viel mehr die Lehrmeister Adolf Hitlers waren als Bismarck und Friedrich der Große, und zwar nicht durch die Worte, die sie sagten oder schrieben, sondern durch die Lebensatmosphäre, die sie in Österreich schufen und die sie wiederum nur schaffen konnten, weil in weiten Kreisen der Bevölkerung, insbesondere des Mittelstandes, die Bereitschaft vorhanden war, ihre pöbelhafte Propaganda des Hasses und der Eifersucht dankbar aufzunehmen. Die Anhänger Karl Luegers zogen durch die Straßen Wiens mit dem Ruf: „Nieder mit den Juden!“ Wie lange dauerte es und es wurde daraus der Ruf: „Juda verrecke!“

Lueger war ursprünglich Demokrat und Liberaler, seine Karriere jedoch begann er als Antisemit. Er war ein schöner

Mann von schillernder Begabung und schillerndem Charakter, er verstand es, den kleinen Leuten zu schmeicheln und die Gunst der Großen auszunützen. Als Führer der 1887 gegründeten „Christlichsozialen Partei“, die aus einer Reihe von antisemitischen Bezirksorganisationen entstanden war und bald ganz Wien beherrschen sollte, gelangte er zu ungeheurer Popularität. Er wurde nicht weniger als fünfmal zum Bürgermeister von Wien gewählt, bis ihm der Kaiser 1897 die Bestätigung nicht länger versagen konnte. Auch Lueger war kein Zufall. No accident. Er war nicht nur Österreicher, sondern auch Wiener, seine Rohheit blieb nicht ohne eine gewisse Verbindlichkeit. Bezeichnend ist der Ausspruch, den er einmal als Abgeordneter im Parlament tat: „Wer ein Jud ist, das bestimme ich.“

Will man die Geschichte des Nazismus mit allen seinen Wurzeln wirklich kennen lernen, so muß man sich auch mit der Geschichte des österreichischen Parlaments unter Kaiser Franz Joseph befassen. Es ist dies kein leichtes Studium, unentwirrbar erscheint das Durcheinander der verschiedenen Parteien, die sich fortwährend bilden, auflösen, bekämpfen. Kein Wunder, daß man heute so wenig mehr davon weiß. Trotzdem sollte eben heute eines nicht übersehen werden: daß die Deutschen in der Völkergemeinschaft, die die österreichisch-ungarische Monarchie bildete, genau dieselbe Rolle zu spielen versuchten wie jetzt in Europa. Noch sprach man nicht von Herrenrasse, aber selbstverständlich waren sie das auserwählte Volk, das allein Ordnung schaffen konnte. Den Ausdruck Neuordnung kannte man damals noch nicht. Gleichzeitig erhoben sie ein furchtbares Geschrei, weil sie sich von allen anderen Nationen verdrängt, mißhandelt, übervorteilt fühlten. Eine Auseinandersetzung mit diesen anderen Nationen kam nicht in Frage. Denn das österreichische Parlament war keine „Schwatzbude“, wie die liebenswürdige Bezeichnung der Nazis später lautete, das österreichische Parlament war eine Prügelstätte, wo es ganz alltäglich zu Excessen kam, wie es sie im übrigen gebildeten Europa nur in den übelsten Kneipen gab. Und zwar tobte sich hier keineswegs allein das Temperament der Balkanvölker aus. Ein geistreicher Franzose, Bertrand Auerbach, sprach schon damals vom furor teutonicus, entfesselt im Reichsrat (dechainé au Reichsrath). Dieser furor Teutonicus pflegte sich im Berliner Reichsrath jedenfalls nicht auch nur annähernd so zu äußern.

Um ein Beispiel anzuführen: die Affäre Badeni, die Ende der neunziger Bahre Österreich beinahe in eine Revolution gestürzt hätte. Soll das heute noch interessant sein? Ja, sogar sehr interessant, wenn man sich mit der Geschichte und Zukunft der sudetendeutschen Bevölkerung befassen will.

Ministerpräsident Graf Badeni war nämlich auf den tollkühnen Einfall gekommen, die Sprachenfrage in Böhmen und Mähren durch Verordnungen regeln zu wollen. Diese Verordnungen bestimmten nichts anders als die Gleichberechtigung der deutschen und tschechischen Sprache, was allerdings auch zur Folge gehabt hätte, daß die Beamten dieser beiden Länder beide Sprachen beherrschen mußten.

Welch eine Zumutung das für den deutschen Beamten bedeutete, kann sich heute ein Europäer, für den Masaryk und Carel Čapek zu den größten Kulturpersönlichkeiten des zwanzigsten Jahrhunderts gehören, kaum vorstellen. Die Muttersprache dieser beiden Männer war es nicht wert, von einem deutschen Beamten auch nur für den Amtsverkehr gelernt zu werden. Dazu kam noch, daß die Durchführung der Verordnungen zu einer Massenpensionierung der deutschen Beamten hätte führen müssen, zugunsten der tschechischen Beamten, die alle deutsch gelernt hatten. Graf Badeni wurde ganz einfach als Narr betrachtet, als er am 7. April 1897 mit diesen seinen Sprachverordnungen herauskam. Daß ähnliche Sprachverordnungen schon unter dem Ministerium Taaffe 1888 geplant worden waren, hatte man inzwischen vergessen. Wären sie durchgeführt worden, so hätte eine Generation von deutschen Beamten bereits tschechisch gelernt gehabt. Dies jedoch war, wie schon gesagt, alten Österreich eine völlig unmögliche Zumutung. Als am 6. Mai 1897 im Abgeordnetenhaus die Anregung gegeben wurde, die Sprachenfrage durch ein Gesetz regeln, war es der deutschnationale Abgeordnete Wolf, der erklärte, daß die Deutschen von den „Tschechen, Slowenen und anderen minderwertigen Nationalitäten“ nicht alles bieten lassen dürften.

Nein, die Deutschen ließen sich nicht alles bieten. Sie nützten mit größter Geschicklichkeit ihre parlamentarischen Rechte aus, um das Parlament zu ruinieren, so wie sie späterhin, pochend auf ihre demokratischen Rechte, der Weimarer Republik die Gurgel abdrehten. Lärm, Skandal, Obstruktion waren ihre Methoden. Als der liberale Abgeordnete Lecher, wohlbemerkt, der liberale Abgeordnete, den die Deutschnationalen erst nicht zu Wort kommen ließen, seine berühmte 13 Stunden lange Obstruktionsrede gehalten hatte, wurde er in Brünn von 20.000 Menschen jubelnd empfangen, wobei er in die Worte ausbrach: „Heil unser großes, herrliches und geeintes deutsches Volk!“

Dies ereignete sich im Oktober 1897, am 26. November kam es unter Führung der Studentenschaft in Wien und auch in Graz zu Demonstrationen von solchem Umfang, daß man eine Revolution befürchtete und der Kaiser nachgeben mußte. Er entließ den Grafen Badeni.

***

Hitler ist kein Zufall, so wie es kein Zufall ist, daß er 1938 umjubelt von breiten Massen der Bevölkerung als Triumphator in Österreich einziehen konnte. Man möge dies in den kommenden Jahren ja nicht vergessen. Denn das Problem Österreich gehört zum deutschen Problem. Sollte es nun ein Zufall sein, daß man bei den vielen Diskussionen über das deutsche Problem Österreich nie erwähnt, daß man so wenig von Österreich weiß?

Auch dies ist kein Zufall. Der Ausländer, der Wien besuchte, fand in diesem Schmelztiegel eines Imperiums – und das war Wien auch nach dem Zusammenbruch der Monarchie bis zu einem gewissen Grad geblieben – eine solche Fülle von Kulturwerten, daß er gar nicht dazu kam, das andere, das nazistische Österreich kennen zu lernen. Den fanatisierten Kleinbürger, für den die Machtansprüche eines geeinten Deutschland zu einem riesigen blutigen Wunschtraum geworden waren, traf er höchstens beim sogenannten „Heurigen", in der Weinschenke, und dann hielt er ihn für betrunken. Er sah eine Millionenstadt voll fröhlicher Anmut und großer Tradition, er hörte die edelste Musik, er wußte, daß hier die besten Ärzte zu finden waren, die raffiniertesten Psychologen. Wie konnte er ahnen, daß in den Hörsälen der Universität bereits jener sadistische Terror geübt wurde, der später einmal namenloses Grauen über so viele Völker bringen sollte. In den ärgsten Nachkriegsjahren hatte die österreichische Sozialdemokratie aller Not und allem Hunger zum Trotz soziale Institutionen geschaffen, die der ganzen Welt zum Vorbild dienten, die Wiener Arbeiter galten mit ihrer Intelligenz und ihrer Tatkraft als eine Elite des europäischen Proletariats, Der Ausländer erfuhr nicht einmal, daß es ein „anderes Österreich" gab. Reiste er in die Provinz, so waren die Berge zu schön, die Skigelände zu verlockend, die Hotels zu bequem, als daß er dazu gekommen wäre, nach der Gesinnung der Einwohner zu fragen. Er ahnte nicht, daß speziell hier seit vielen Jahren schon jener Kampf vorbereitet wurde, der nicht nur das kulturelle Wien, sondern auch seine eigene Heimat treffen sollte. Der Kampf, den die Herren Schönerer und Lueger begonnen hatten, der Kampf des kleinen Mannes um die große Macht.

Um nicht mißverstanden zu werden: der Nazismus stammt nicht nur aus Österreich, er hat viele Wurzeln und zweifellos ist er ein Auswuchs des deutschen Nationalismus, der schon vor 150 Jahren das deutsche Volk zu verseuchen begann. Und der Nazismus, vor allem auch der österreichische, sah seine höchste Erfullung seit jeher in einem weltbeherrschenden preußischen Militarismus. Was jedoch nicht bedeutet, daß er mit ihm identisch ist. Viele seiner Methoden, die heute die Menschheit entsetzen, stammen aus Österreich. Dies läßt sich historisch beweisen. Made in Austria. Hitler ist kein Zufall. Und es mag auch kein Zufall sein, daß es ein großer Österreicher, Franz Grillparzer war, der bereits im Jahre 1849 den seherischen Ausspruch tat: „Der Weg der neueren Bildung geht von Humanität durch Nationalität zur Bestialität."

Johann Sonnleitner

Provinzfaschismus „made in Austria“

Zu Maria Lazars *Die Eingeborenen von Maria Blut*

Im Gegensatz zu vielen der im Dritten Reich verfemten und verfolgten österreichischen Autorinnen, die nach und nach wiederentdeckt wurden – wie Else Feldmann, Hermynia Zur Mühlen, Anna Gmeyner, Mela Hartwig und Veza Canetti – war Maria Lazar bis vor wenigen Jahren gänzlich vergessen. Erst die 2014 und 2015 im Verlag *Das vergessene Buch* erschienenen Neuauflagen der Romane *Die Vergiftung* und *Die Eingeborenen von Maria Blut*, die durchwegs positive Kritiken erhielten, haben eine signifikante Wende in der Rezeption dieser außergewöhnlichen Journalistin, Schriftstellerin und Übersetzerin zahlreicher Romane herbeigeführt. *Die Vergiftung* ist mittlerweile auch als Hörbuch sowie in spanischer, französischer und dänischer Übersetzung erhältlich, *Die Eingeborenen von Maria Blut* gibt es mittlerweile auch auf Dänisch und *Leben verboten!* auf Niederländisch.[1] In der ORF2-Sendung *Kulturmontag* wurden neben Maria Lazar auch die im DVB Verlag neu edierten Romane von Marta Karlweis und Else Jerusalem vorgestellt, und im Dezember 2019 feierte im Wiener Akademietheater Maria Lazars Einakter *Der Henker* seine Premiere. Die medial akklamierte Inszenierung trug sicher maßgeblich dazu bei, dass die deutsche Erstausgabe ihres Romans *Leben verboten!* größere Aufmerksamkeit erregte, äußerst wohlwollende Kritiken erhielt und im Juli 2020 vom Radiosender Ö1 zum Buch des Monats gekürt wurde. Lazar wird nun in verschiedenen Zusammenhängen in neueren Publikationen vorgestellt.[2]

Innerhalb kurzer Zeit erschien die dritte Auflage des Romans, der auch ins Niederländische und Kroatische übersetzt wurde und mittlerweile auch als Taschenbuch im btb-Verlag erhältlich ist.

Als weiteren Glücksfall für die erstaunliche Rezeption Maria Lazars muss man die gelungene Dramatisierung des Romans *Die Eingeborenen von Maria Blut* am Wiener Akademietheater betrachten, die im Jänner 2023 uraufgeführt wurde. Die Inszenierung wurde auch zum Berliner Theatertreffen 2023 eingeladen. Im Frühjahr 2023 vermachten die Erben den Nachlass Maria Lazars dem Literaturhaus Wien, und dieses einschneidende Ereignis wurde mit einer exzellent besuchten Veranstaltung der Exilbibliothek des Literaturhauses gefeiert. Man kann sich nunmehr der Hoffnung hingeben, dass nach fast einem Jahrhundert – Maria Lazar hatte 1933 Österreich verlassen – diese außergewöhnliche Dichterin im wahrsten Sinn des Wortes wieder ‚zurückgekehrt' ist.

Im Herbst 2023 erfolgte im Wiener Theater Nestroyhof Hamakom die österreichische Erstaufführung des pazifistischen Stückes *Der Nebel von Dybern*, das ebenfalls am Schauspielhaus Graz inszeniert wurde und dort im Februar 2024 seine Premiere feierte.

Der Verleger des DVB-Verlages, Albert C. Eibl, dem die Erben Lazars die Vermarktungsrechte für den Nachlass eingeräumt haben, hat 2023 drei Bücher mit Texten aus eben diesem publiziert, wobei der Roman *Viermal ICH*, für den Lazar in den zwanziger Jahren keinen Verleger gefunden hatte, besondere Aufmerksamkeit erregte. Besonders modern scheint die immer wiederkehrende Reflexion des Begriffs der Identität und deren permanente Entgrenzung und Auflösung, sodass als konfiniertes und verbürgtes Ich lediglich das schreibende Subjekt sich nicht der ständigen Dissoziation ausliefert, von dem sich aber eine im Spiegel sichtbare Fremde abspaltet, deren Anblick die Erzählerin zu vermeiden sucht. Wenn eine der drei Freundinnen der Erzählerin – sie heißen Annette, Grete und Ulla – die Fäuste ballt, dann verfärben sich die Nägel der Erzählerin.

Fehlt eine der Freundinnen im Schulunterricht, dann antwortet sie mit der Stimme der Abwesenden und stiftet damit Verwirrung, „da soll sich der der Teufel auskennen“, heißt es einmal. Der Roman besticht durch hintergründigen Witz und Tempo. Er vermittelt ein keineswegs larmoyantes Bild weiblichen Lebens in der Zeit kurz vor und nach dem Ersten Weltkrieg in einer Großstadt.

Unter dem Titel *An meinen unbekannten Leser* (Wien: DVB Verlag 2023) hat Albert C. Eibl in seinem Verlag Gedichte Lazars und Photos aus dem Nachlass versammelt. Der Grundton dieser vorwiegend in den letzten Lebensjahren Lazars entstandenen, meist gereimten Lyrik ist durch Melancholie, Trauer und die schmerzhafte Erfahrung des Abschieds von der geliebten Welt bestimmt.

Die pazifistische Erzählung *Zwei Soldaten*, der letzte Prosatext Maria Lazars, wurde ebenfalls 2023 erstmals von Albert C. Eibl im DVB Verlag herausgegeben. Die beiden Kriegsgegner, ein englischer Pilot und ein deutscher SS-Sturmmann, liegen am Ende des Krieges schwer verwundet in der Wüste – der Schauplatz dürfte Nordafrika sein – sprechen abwechselnd ihre inneren Monologe, die von höchst unterschiedlicher Länge sind. Sie können zwar einander nicht sehen, aber hören, aber sie sind der Sprache des anderen nicht mächtig und versuchen zu erraten, was denn der andere wohl gesagt haben könnte. Diese Monologe sind durchsetzt von Erinnerungen an die Kindheit, an die Familien, Freunde und Geliebten, von Mutmaßungen über den Ausgang des Krieges. Sie offenbaren viele Parallelen und Affinitäten im Leben der beiden Soldaten, aber auch gravierende ideologische und moralische Differenzen, dem SS-Mann scheint nicht nur jegliche Empathie, sondern auch jegliche Hoffnung auf eine bessere Zukunft ausgetrieben zu sein, und er erschießt sich am Ende. Eine Bearbeitung für die Bühne und eine dramatische Inszenierung dieser Monologe wäre durchaus denkbar und wünschenswert.

Im Herbst dieses Jahres gelangt Maria Lazars Komödie *Die Hölle auf Erden*, die ebenfalls aus dem Nachlass vom DVB Verlag und Thomas Sessler Verlag ediert wurde, bei den Kammerspielen der Tiroler Landestheater (Innsbruck) und im Frühjahr 2025 am Grazer Stadttheater erstmals zur Aufführung. Die folgende Ankündigung des Tiroler Landestheaters bringt die Handlung und den Witz dieser hintergründigen Komödie auf den Punkt: „Es ist der 760.839.000ste Jahrestag der Erschaffung der Welt. Im Himmel herrscht keine richtige Feierlaune – ein totaler Krieg droht alles zu vernichten. Nur ein guter Gott könne helfen, heißt es in einer Annonce des Völkerbundes. Gott, längst in Pension, schickt missmutig Petrus mit zwei Engeln nach Genf. Doch auch für göttliche Abgesandte sind es schwere Zeiten – ohne barocken Pomp, ohne Autorität, ohne gültigen Pass. Nachdem eine Bombe im Sitzungssaal des Völkerbundes explodiert, landen alle drei in einer Irrenanstalt. Hier sind sie nicht die einzigen an der Welt verrückt Gewordenen. Am Ende ist es der Teufel, als Leiter der Giftgas-Werke, der den Krieg und die Vernichtung Europas verhindert und den Friedensnobelpreis zugesprochen bekommt. Wer würde sonst auf einer menschenleeren Welt noch Waffen kaufen?"

Das Stück dürfte für eine Wiener Aufführung konzipiert gewesen sein, da an einer Stelle explizit die Kultur- und Zensurpolitik des klerikalfaschistischen Ständestaates aufs Korn genommen wird, man könne eben Gottvater aus Zensurgründen nicht direkt auf die Bühne stellen. Die phantastische Handlung rekurriert einerseits auf eine spezifisch österreichische Vorstadttheaterpraxis vor allem in der ersten Hälfte des 19. Jahrhunderts, als die Komödienautoren die Bühnenhandlungen auf phantastische Inseln verlegten oder mit Feen und Zauberern bevölkerten, um ihre Possen gleichsam zu derealisieren und vor dem Zugriff der Zensoren zu schützen. Jura Soyfer greift in den dreißiger Jahren beispielsweise auf diese Verfahren zurück, um seine kritischen Zeitstücke zur Aufführung zu bringen. Die vorerst letzte Uraufführung eines vergessenen Stückes von Maria Lazar findet im Mai 2025 am Schauspielhaus Düsseldorf statt. Hier inszeniert Laura Linnenbaum erstmals den „blinden Passagier".

Diese Tour d'horizon über die erfreuliche Wiederentdeckung seit 2014 darf ich mit dem Ausdruck meiner Hoffnung abschließen, dass das Werk Maria Lazars sich weiterer Präsenz und Bekanntheit erfreuen wird und dass dadurch auch die Wiederentdeckung vieler weiterer Schriftstellerinnen, deren Karrieren 1933 oder 1938 abrupt unterbrochen und in vielen Fällen defintiv beendet wurden, Auftrieb erfährt.

***

Wenden wir uns den Anfängen der Rezeptionsgeschichte Maria Lazars zu: Vor 2014 gab es keinerlei Neuauflagen ihrer doch sehr bedeutsamen Werke[3], keine Biographie oder Bibliographie ihrer zahlreichen Beiträge in österreichischen, deutschen, schweizerischen, dänischen und schwedischen Periodika. Der Name Lazar fehlt immer noch in allen Literaturgeschichten und Fachlexika. Die löblichen Ausnahmen bilden hier Renate Walls *Lexikon deutschsprachiger Schriftstellerinnen im Exil 1933–1945* und das *Lexikon der österreichischen Exilliteratur*, herausgegeben von Siglinde Bolbecher und Konstantin Kaiser.

Grundlegende Informationen zu ihrem Leben und Werk bietet die dänische Exilforschung: Helmut Müssener präsentierte schon 1974 Maria Lazars *Das deutsche Antlitz*, eine satirische Gegenüberstellung von Nazi-Texten mit jenen deutscher Dichter und Philosophen.[4] Die fundiertesten und ausführlichsten Informationen zu Leben und Werk Maria Lazars liefert Birgit Nielsen, die noch Zugang zum Nachlass in Northampton bei London hatte, in zwei Aufsätzen. Sie ist auch Mitherausgeberin des Ausstellungskataloges *Geflüchtet unter das dänische Strohdach*[5]; viele Details aus dem Leben Maria Lazars vermittelt die von Beverly Driver Eddy verfasste Biografie über Karin Michaelis.[6]

Eckart Früh hat die zahlreichen Beiträge Lazars in Wiener Periodika bibliographiert und damit die Basis für weitere notwendige Arbeiten geschaffen.[7] Die Diplomarbeit Marion Neuholds bietet einen Überblick über die Forschungslage bis 2013 und eine Analyse der *Eingeborenen von Maria Blut*.[8] Eine neuere, konsequent psychoanalytische Deutung der *Vergiftung* unternimmt Brigitte Spreitzer in den *Texturen*.[9]

In den Autobiographien und Biographien jener Zelebritäten, mit denen Maria Lazar befreundet war, wird sie geflissentlich übergangen und verschwiegen. Lediglich Elias Canetti erwähnt sie im *Augenspiel*. Maria Lazar hatte in ihrer Wohnung eine Lesung aus der *Hochzeit* organisiert, aber Canettis Aufmerksamkeit konzentriert sich ausschließlich auf einen bedeutenden Mann unter den Zuhörern, nämlich auf Broch: „Ich sollte bei Maria Lazar, einer Wiener Schriftstellerin, die wir beide unabhängig voneinander kannten, mein Drama *Hochzeit* vorlesen. Einige Gäste waren geladen. Ernst Fischer und seine Frau Ruth waren darunter [...] Maria Lazar hatte Broch erzählt, wie sehr ich die *Schlafwandler* bewunderte, die ich während des Sommers dieses Jahres 1932 gelesen hatte."[10] Canetti erinnert sich aber nicht daran, dass Lazar auch eine Lesung aus der *Hochzeit* bei Genia Schwarzwald vermittelt hatte. Nicht zuletzt darum darf sie als Förderin Canettis und Brochs gelten, der sie in einem Brief an seinen Verleger Daniel Brody vom 23. Oktober 1932 als „durchaus begabte Dramatikerin" bezeichnet und zu berichten weiß, „daß sie ihr Drama, (von Fischer zwar verlegt, aber eben mit geringem Verve) selber und unabhängig von Fischer direkt in Kopenhagen placiert hat."[11] Der Verleger rät Broch daraufhin, sich um „die Fürsprache der Frau Lazar" zu bemühen, die „doch von gewisser Wichtigkeit zu sein" scheint. Ernst Fischer übergeht sie in seinen *Erinnerungen und Reflexionen*.[12] Nur Friedrich Strindberg, der spätere Mann Lazars, findet bei Ernst Fischer eine eingehendere Charakterisierung. Auch Oskar Kokoschka, der Maria Lazar bei Schwarzwald kennengelernt und sie mehrfach porträtiert hatte, hat in seiner Autobiographie[13] keine Erinnerung an sie. In Paul Lützelers Broch-Biographie[14] scheint Lazars Name ebenso wenig auf wie in Bernhard Viels Monographie über Egon Friedell[15], der mit Genia Schwarzwald und Maria Lazar befreundet war.

Die Aufzählung dieser merkwürdigen Absenzen ließe sich noch weiter fortsetzen. Als besonders befremdlich scheint doch die Falschmeldung im Registerband der *großen kommentierten Berliner und Frankfurter Ausgabe* der Werke Bert Brechts, worin Lazar zwar mit korrekten Lebensdaten, aber seltsamerweise als Schauspielerin ausgewiesen wird. Immerhin hatte Lazar, die Helene Weigel aus der Schwarzwaldschule kannte, die erste Bleibe der Brechts im Hause von Karin Michaelis auf Thurø vermittelt – ein Faktum, das den Herausgebern bekannt gewesen sein musste.

In der Anthologie des Wiener Expressionismus *Hirnwelten funkeln*[16], in der mit einer Ausnahme nur Männer vertreten sind, fehlt Lazar ebenso wie in dem voluminösen Sammelband zum *Expressionismus in Österreich*[17], was insofern erstaunt, als ihr erster Roman und ihr erstes Theaterstück fraglos dem Expressionismus zuzuschlagen sind.

Dieses systematische Verschweigen und Verschwinden Maria Lazars in den Männer-(Auto)Biographien der Wiener Literatur kompensieren die Texte mehrerer Schriftstellerinnen; zum Beispiel einige Kapitel in den *Arabesken* Auguste Lazars und in den Erinnerungen der Schwedin Elsa Björkman-Goldschmidt, die, mit einem Wiener jüdischen Arzt verheiratet, die Zwischenkriegszeit in Wien verbrachte; die Würdigungen Karin Michaelis' in dänischen Zeitungen, und nicht zuletzt das wohlwollende Feuilleton Genia Schwarzwalds in der *Neuen Freien Presse*.

***

Im Roman *Die Eingeborenen von Maria Blut* wie auch in *Leben verboten!* nehmen Romanfiguren, die aus der nordöstlichen Peripherie der Monarchie stammen, eine überaus positive Rolle ein, die an Joseph Roths polemische Formulierung in der *Kapuzinergruft* gemahnt, Österreich sei nicht das Zentrum, sondern die Peripherie. Maria Lazar hätte sich ebenso wie Ödön von Horváth als „eine typisch altösterreichisch-ungarische Mischung"[18] bezeichnen können. Diese positive Einschätzung der Peripherie hat auch mit der Herkunft der Familie Lazar zu tun, die mithilfe von Pfarrmatrikeln und Adressbüchern zumindest in Teilen rekonstruiert werden konnte. Der Großvater väterlicherseits namens Alois, aus Leipnik in Mähren stammend, von Beruf Bahnbeamter (Kassier der Nordbahn), ist seit den frühen 70er Jahren in der Leopoldstadt, dem 2. Wiener Gemeindebezirk, gemeldet, sein Sohn Adolf Josef (1844–1910) macht zuerst bei den Privat-Bahnen, dann bei den Staatsbahnen, eine steile Karriere, was sich auch in den Meldeadressen niederschlägt. Ab Mitte der 80er Jahre wohnt er mit seiner Familie im 1. Bezirk mit häufigem Wohnungswechsel bis 1902. Die nunmehr zehnköpfige Familie bezieht dann dauerhaft eine große Wohnung im Schottenhof (Freyung Nr. 6).

1875 heiratet Adolf Josef Lazar beim Seelsorgeamt der israelitischen Kultusgemeinde die achtzehnjährige Theresia Caesarine Seligmann (1857–1924) aus Stuhlweißenburg (Székesfehérvár) in Ungarn, in den folgenden Jahren konvertiert die Familie Lazar: Am 20. Mai 1881 lassen sich Adolf und Theresia Lazar mit ihren Kindern Erwin Josef, Caroline Anna und Louise Margarethe Eleonora in der Pfarre St. Laurenz (Schottenfeld) taufen und ihre Ehe nach katholischem Ritus erneuern. Im Zeitraum von weniger als 20 Jahren kommen acht Kinder zur Welt, deren Lebensdaten eruiert werden konnten.

Einige unter ihnen haben beeindruckende Karrieren vorzuweisen. Erwin Lazar (1877–1932) wird ein berühmter Psychiater für Kinder und Jugendliche, Gutachter für Jugendgerichte und Kinderarzt am Wiener Allgemeinen Krankenhaus. Nach ihm ist die Lazargasse in Wien benannt. Ernst Alois August (1890–1976) führt eine Anwaltskanzlei im 1. Bezirk, sein Bruder Otto (1891–1983) promoviert an der Technischen Hochschule in Wien und arbeitet als Bibliothekar.

Unter den Töchtern profiliert sich neben Maria Lazar besonders Auguste (1887–1970) als berühmte Kinderbuchautorin, sie gilt als eine der Begründerinnen der sozialistischen Kinder- und Jugendliteratur in Deutschland. Ihrer 1962 erschienenen Autobiografie verdanken wir die ausführlichsten Informationen über ihre jüngere Schwester Maria. Die älteste der Schwestern, Caroline Anna (geb. 1877), verliert im 2. Weltkrieg ihr einziges Enkelkind.[19] Die beiden Schwestern Louise (geb. 1879) und Elisabeth (geb. 1884) bleiben unverheiratet und üben keinen bürgerlichen Beruf aus, sie leben mit ihrem jüngeren Bruder Otto bis 1942 im Schottenhof. Am 31. August 1942 werden sie nach Maly Trostenets[20] deportiert und wahrscheinlich unmittelbar nach der Ankunft des Transports ermordet.[21] Im Taufbuch der Pfarre Schottenfeld findet sich zu Elisabeth Lazar der Nachtrag: „Lt Reichsstatth Wien Ia P 17721/40 v. 29.1.1943 hat Elis. Augusta den Judenzusatznamen Sara zu führen.“ Ähnlich lautende Zusätze finden sich bei Caroline und Louise.

Es handelt sich also um eine assimilierte, gut integrierte und durchaus wohlhabende Familie, in der die jüdische Herkunft keine Rolle mehr zu spielen schien, wie Auguste Lazar in den *Arabesken* festhält: „Zu dieser Art österreichisch, allzu österreichisch gewordener jüdischer Menschen gehörte meine Familie.“[22] Die Frage der jüdischen Identität wird in der *Vergiftung* nur kurz gestreift, während sie in den beiden Romanen der 30er Jahre zunehmend an Bedeutung gewinnt.

Maria Franziska Lazar wird am 22. November 1895 in

der Walfischgasse 11 im 1. Bezirk geboren und am 15. Dezember vom Kurator der Pfarre Schottenfeld, Pater Lambert getauft. Als berufliche Position des Vaters wird im Taufbuch der Pfarre St. Augustin (1887–1897) „Inspector der Kaiserin Elisabeth Bahn“ eingetragen, das auch den Austritt Maria Lazars aus der katholischen Kirche am 10. Juli 1923 vermerkt. 1902 erfolgt die Übersiedlung der Familie aus der Walfischgasse in den Schottenhof. Die historistische Pracht der elterlichen Wohnung beschreibt die Schwester Auguste Lazar: „Diese ganze alte Wohnung mit den schweren geschnitzten Möbeln in Stilarten vergangener Jahrhunderte, mit den Bronzeleuchtern, Teppichen, gerafften Portieren und Gardinen aus dickem Samt oder Seidenstoffen, gehört das alles nicht eigentlich auf eine Theaterbühne, wo ein Stück aus dem vergangenen Jahrhundert gespielt wurde?“[23]

Maria Franziska soll sich als das jüngste Kind von sieben Geschwistern „als unerwünschter Spätling“ und von ihrer Mutter vernachlässigt gefühlt haben, so Auguste, die von der um acht Jahre jüngeren Schwester in ihrer kritischen Haltung gegenüber der bürgerlichen Lebenswelt geprägt wurde. Sie bewunderte an Maria „den für ein so junges Mädchen unwahrscheinlich kritischen Maßstab, den sie an ihre Umwelt anlegte; die Schärfe, aber auch die Anmut ihres Spottes, den sie an allem übte, was sie ‚bürgerlich‘ nannte; ich entdeckte ihren nie erlöschenden Haß gegen die Verlogenheit der bürgerlichen Gesellschaft, gegen die konventionelle Lüge. Mit Verwunderung erkannte ich ihren unbändigen, nie im Leben gezähmten und unzähmbaren Drang nach absoluter persönlicher Freiheit.“[24]

***

Maria Lazar besucht im 1. Wiener Gemeindebezirk die vergleichsweise fortschrittliche Schule der aus Galizien stammenden Eugenie (Genia) Schwarzwald[25], an der u. a. Adolf Loos und Oskar Kokoschka unterrichten. Den berühmten Salon Schwarzwalds frequentierten so prominente Schriftsteller wie Jakob Wassermann, Egon Friedell, Robert Musil, Peter Altenberg, Elias Canetti, Béla Balázs sowie die Komponisten Arnold Schönberg und Egon Wellesz.[26]

Egon Friedell und Alfred Polgar vermitteln in der Satire *Ein Stündchen bei einer Philanthropin* einen Eindruck vom modernen Zuschnitt dieses fortschrittlichen Mädchengymnasiums: „Eine Schar junger Mädchen, die Wangen gerötet von der Einführung in die neuere deutsche Literatur, die ihnen soeben von der verehrten Frau zuteilgeworden, stürmt durch den Korridor zum Schönberg-Kurs. Ihnen begegnet eine leidenschaftliche Gruppe, die nach Verlassen des Hörsaals für Psychoanalyse und erste Hilfe in den Raum strebt, wo Meister Adolf Loos' Kanzel von Hörern umlagert ist. Den jungen Leuten steht die Verachtung des Ornaments auf der offenen Stirne geschrieben."[27]

Im Hause dieser aufgeschlossenen Pädagogin Eugenie Schwarzwald, der Maria Lazar zeitlebens freundschaftlich verbunden bleibt, fertigt Kokoschka 1916 von ihr das berühmte Porträt *Dame mit Papagei* an. Schon als Gymnasiastin verfasst sie Lyrik von hinreißender „Reife und Formschönheit". Während die blutrünstige, patriotische Kriegslyrik die Wiener Buchläden füllt, trägt sie bei einer Weihnachtsfeier der Schule ein engagiertes Antikriegsgedicht vor, das Auguste Lazar in den *Arabesken*[28] wiedergibt.

Hier lernt sie auch den deutschen Widerstandskämpfer Helmuth James Graf von Moltke und die populäre dänische Autorin Karin Michaelis kennen, die der jungen Lazar ebenfalls besonderes Talent und ungewöhnliche Reife attestiert: „Sie hatte eine erstaunliche Begabung für Sprachen und war eine außerordentlich begabte Schriftstellerin, deren erste Gedichte, die sie mit zwölf Jahren geschrieben hatte, schon ihr Talent offenbarten. In vielen Dingen war sie mit vierzehn erwachsener als ich mit vierzig. Maria und ich wurden Freundinnen."[29]

Eugenie Schwarzwald war es auch, die die schriftstellerischen Fähigkeiten des jungen Mädchens entdeckte und nachhaltig förderte. Ihrer Schülerin und späteren Freundin widmete sie 1934 in der *Neuen Freien Presse* ein treffendes Feuilleton: „Es war einmal – vor ganz kurzer Zeit – in Wien ein Mädchen, von dem sagten alle Menschen, als sie noch ein Schulmädchen, und später, als sie schon eine Studentin war: ‚Die ist eine Schriftstellerin.' Und das war sie auch. Sie schrieb, nicht weil sie wollte, sondern weil sie mußte, nur wenn ihr etwas einfiel, und das in knappsten Worten. [...] Als sie aber schon ziemlich viel geschrieben hatte, wurde sie von dem begreiflichen Ehrgeiz ergriffen, gedruckt zu werden. Dieser Wunsch ging ihr in Erfüllung, nachdem sie das Abitur gemacht hatte. Ein jungen Talenten geneigter Wiener Verlag nahm sich ihres Jugendwerkes an."[30]

***

Die junge Autorin arbeitet fallweise als Lehrerin an den Schwarzwaldschulen in Wien und am Semmering, wo die Zwanzigjährige in wenigen Monaten *Die Vergiftung* verfasst, die aber erst Anfang 1920 bei E. P. Tal erscheinen kann. Dieser Verlag hatte sich um die junge österreichische expressionistische Literatur besonders verdient gemacht.[31] Am 21. Februar 1920 schickt Ernst Peter Tal ein Exemplar des Romans an seinen „stillen Teilhaber" Carl Seelig nach Zürich.[32]

Maria Lazars erster Roman *Die Vergiftung* schildert eine untragbare Familiensituation aus der Sicht des zwanzigjährigen Mädchens Ruth. Die Familie Lazar soll den Text als Schlüsselroman gelesen haben, wie Auguste Lazar berichtet, die selbst fatalerweise eine biographische Lektüre nahelegt: „Marias Abkehr vom Elternhaus – besser gesagt vom Hause meiner Mutter, denn sie war erst dreizehn, als mein Vater starb – begann schon zu einer Zeit, als sie noch zu Hause lebte. [...] In ‚Vergiftung' wird das bürgerliche Familienleben in den schwärzesten Farben geschildert. Meine Mutter und meine Geschwister, Schwäger und Schwägerinnen gerieten darüber in das größte Entsetzen. Sie fühlten sich getroffen. Mein Mann und ich suchten zu vermitteln, wir betrachteten das Buch objektiver. Jedenfalls war es eine starke Talentprobe."[33]

Diesen Text als Schlüsselroman, als öffentliche Abrechnung Lazars mit der eigenen Familie zu lesen, verfehlt den Gehalt des Textes vollkommen, denn es gibt nur zwei Details, die sich mit den Realien decken, nämlich der frühe Tod des Vaters der Protagonistin und die Konversion zum Katholizismus. Karin Michaelis weiß auch zu berichten, dass Maria Lazar zu ihrer Mutter ein herzliches Verhältnis hatte.

Über Lazars erste Buchveröffentlichung äußert sich Robert Musil in einem Referat über *Wiener Theaterereignisse* etwas zwiespältig, aber nicht ohne Anerkennung: „Aber Maria Lazar hat 1920 im Verlag Tal ein Buch *Die Vergiftung* erscheinen lassen. Darin ist jugendlicher Ellenbogen, manchesmal rücksichtslos unbefangener Blick, reicher Einfall und behende Kraft im Figuralen. Doch fehlte darin noch fast alles an Persönlichkeit und geistigem Zusammenhalt; ein sehr nervöser Egoimpressionismus ist nicht als Ersatz zu rechnen. Darum ist es ärgerlich, wenn sich die begabte Verfasserin versketscht."[34] Trotz der Einwände ist diese Äußerung Musils gegenüber einer jungen Anfängerin ein gewaltiges Lob. Natürlich misst er den Text an seiner eigener philosophisch-reflexiven Romankonstruktion, die er im *Mann ohne Eigenschaften* vorlegen wird.

Karin Michaelis hatte den Roman Thomas Mann zukommen lassen, der dann im Tagebuch am 17. April 1920 angewidert notierte: „Ging gestern Abend wieder in den Park, saß zum ersten Mal wieder lesend unter einem Baum. Begann mit einem Roman *Vergiftung* von Maria Lazar, den Karin Michaelis geschickt, lese aber nicht weiter. Penetranter Weibsgeruch."[35]

In den Wiener Zeitungen konnte ich trotz beharrlicher

Suche nur eine einzige Rezension finden.[36] *Die Vergiftung* bietet nicht etwa eine konventionelle und nacherzählbare Geschichte weiblicher Emanzipation aus der Perspektive der Protagonistin, sondern lediglich Ausschnitte aus einem immer wieder sistierten Kontinuum mit zahlreichen Rückblenden und Leerstellen, die dem Leser ein hohes Maß an Konzentration abverlangen. Der Roman arbeitet mit Übertreibungen und scharfen Gegensätzen zwischen den verfehlten, in den Konventionen verharrenden und den – allerdings nicht realisierbaren – richtigen Lebensentwürfen, wobei es immer wieder zu Phasen der Regression und Rückfällen Ruths kommt.

Nicht nur wegen seines revolutionären, antibürgerlichen Pathos ist der Text bemerkenswert und einzigartig, er evoziert zugleich eine bedrückende Atmosphäre, die gleichsam die Gewalt, von der Ruth sich ständig erdrückt fühlt, auf die gesamte Lebenswelt ausdehnt. Licht, Straßen, Gebäude, das Wetter, Einrichtungsgegenstände, kommunikative Rituale beim Essen – alles schießt zu einem bedrohenden und erstickenden Szenario in einer unheimlich verdichteten Sprache zusammen, sodass man fallweise von einer lyrisch-ekstatischen Prosa sprechen könnte. Die Autorin ersetzt die im Expressionismus kurrente Konstellation des Vater-Sohn-Konfliktes durch jenen zwischen Mutter und Tochter; ein Konflikt, der mit aller Härte und Unerbittlichkeit ausgetragen wird.

Das Studium der Philosophie und Geschichte an der Universität Wien gibt Lazar bald auf, um sich ausschließlich auf die Literatur und den Journalismus zu konzentrieren. Im März 1921 wird an der *Neuen Wiener Bühne* ihr expressionistischer, im Münchner *Drei Masken Verlag* erschienener Einakter *Der Henker* aufgeführt. Ein zum Tode verurteilter Mörder wünscht seinen Henker kennenzulernen, der seinen Beruf ohne jegliche Empathie und Emotion ausübt. Um ihn aus der Fassung zu bringen, tötet eine Prostituierte, die sich Zugang zur Zelle des Mörders verschaffen konnte, den Sohn des Henkers, der zwei Sexarbeiterinnen ermordet hatte. Erst als der Henker die blutige Krawatte seines Sohnes erblickt, zeigt er Emotionen: Er lässt das Beil fallen und taumelt zurück.

Die zahlreichen Rezensionen bescheinigen der Verfasserin, die in der *Reichspost* abschätzig als „kleine Kommunistin"[37] apostrophiert wird, zwar Talent, bleiben aber doch meist reserviert oder zwiespältig wie jene Robert Musils: „Auf der Neuen Wiener Bühne durchlebte man während dessen unter der kommandogewaltigen Spielleitung von G. W. Pabst die letzte Nacht eines zum Tode verurteilten Expressionisten. [...] Es fehlt darin der Kopf schon vor der Hinrichtung."[38]

Alfred Polgar zollt der jungen Dramatikerin in der *Weltbühne* verhaltene Anerkennung: „Dann kam: Der Henker, ein Akt von Maria Lazar, die eine junge Dichterin von starker Begabung sein soll. Der Henker reichte nicht aus, vom Gegenteil zu überzeugen. So gekünstelt, lau und langweilig die diabolische Inbrunst des Spiels, so wenig seine großen Gesten erraffen, so minderwertig die pretiöse Modernität der Mache – es schwingt doch ein geistig Licht durch den Akt, das nicht entlehnt ist, und das, gesammelt, ausreichen könnte, dichterisches Leben zu wirken."[39] Im *Neuen Wiener Tagblatt* wird das Stück durchaus wohlwollend als „blutrünstiger Streich" bezeichnet: „Und man war nicht wenig erstaunt, als eine niedliche junge Dame den Beifall ihrer zahlreich anwesenden ungarischen Landsleute dankend quittierte. A. F."[30] Nach dem Ende der ungarischen Räterepublik im Sommer 1919 flüchteten viele Ungarn nach Wien, wo die ungarische Tageszeitung *Becsi Magyar Ujsag* von 1919 bis 1923 erschien. Einer der Redakteure dieser Wiener ungarischen Zeitung hieß Jenö Lazar. Das wäre ein möglicher Grund für dieses Missverständnis, Maria Lazar für eine Ungarin zu halten. Weshalb sind aber ungewöhnlich viele ungarische Emigranten im Publikum? Seit Anfang 1920 soll Maria Lazar eine komplizierte „Geschwisterbeziehung" mit

Béla Balázs unterhalten haben, dessen Stück *Tödliche Jugend* im Februar 1920 ebenfalls auf der *Neuen Wiener Bühne* aufgeführt wurde. Sie lernen einander im Salon der Genia Schwarzwald kennen, und Balázs geht gleichzeitig eine Liaison mit Karin Michaelis ein; die beiden verfassen gemeinsam den Tagebuch-Roman *Jenseits des Körpers*, der 1920 in Wien in ungarischer Sprache erscheint.[41] Man kann also annehmen, daß der gut vernetzte Balázs zahlreiche Freunde zur Uraufführung mitgebracht hatte.

***

Ende 1922 beginnt sie an der renommierten Wiener Zeitung *Der Tag* mitzuarbeiten, die so prominente Beiträger wie Alfred Polgar, Hugo Bettauer, Robert Musil, Joseph Roth und Béla Balázs vorweisen konnte. Sie steuert bis 1933 über hundert Beiträge zu diesem linksliberalen Blatt bei, veröffentlicht auch fallweise in der *Arbeiter-Zeitung* und in weiteren, meist der Sozialdemokratie nahestehenden Blättern. Binnen weniger Jahre erarbeitet sie sich zwar den Ruf einer exzellenten und scharfsichtigen Journalistin, aber die sporadischen Beiträge reichen für den Lebensunterhalt kaum aus.

In ihrem ersten Aufsatz für den *Tag* artikuliert sie ihr künstlerisches und journalistisches Selbstverständnis: „Jung sein heißt, jeden Tag und jedes Ereignis unmittelbar erschauen können, unbeirrt durch Ziele, Zwecke und Erfolge. Jung sein heißt, das Leben sehen, wie es ist, gegenwärtig, nackt, grausam. Und deshalb heißt jung sein, Kritik üben müssen, unbarmherzig und gerecht. Das alles sind unbequeme Eigenschaften. Es ist außerordentlich peinlich, fortwährend als Sprengstoff herumzulaufen, manchmal sogar lächerlich. Die einen geben nach, die andern zersplittern sich in schlechten Gedichten und wieder andere spielen Fußball. Das ist schade.“[42]

1923 heiratet Lazar Friedrich Strindberg (1897–1978), den

Sohn Frank Wedekinds und Frieda Uhls. Uhl war früher mit August Strindberg verheiratet. Björkman-Goldschmidt zeichnet im Gegensatz zu Auguste Lazar in den *Arabesken* ein recht ausgewogenes Bild von „Friedl" und der kurzen Ehe: „Er war ein charmanter junger Mann und wie Maria Lazar ein eifriger Sozialdemokrat. Sie trafen sich oft, die Liebe flammte auf und es endete mit der Hochzeit. Als man noch ahnungslos und sanguinisch in Wien lebte, wurde Marias und Friedrichs Tochter, Judith, geboren, gemeinhin Lutti genannt. Judith Strindberg wurde wie eine Prinzessin gepflegt. [...] Gegen alle Vermutung erwies sich Maria als hingebungsvolle und vernünftige Mutti. Dasselbe positive Urteil wurde kaum dem Vater des Kindes zuteil, der sehr oft aus dem Hause floh und, soweit ich mich erinnern kann, es schließlich ganz verließ. Die Ehe wurde nach einigen Jahren aufgelöst – wie ich glaube ohne boshafte Gefühle von beiden Seiten. Als Friedrich Strindberg in einem von Koestlers Büchern als Nazispion bezeichnet wurde, verteidigte Maria ihn offen. Sie wußte, wie die Sachen standen und daß Koestler einen Fehler machte."[43]

Arthur Koestler hatte in seinem populären *Tagebuch* über den Bürgerkrieg in Spanien Strindberg auf groteske Weise als nazistischen Denunzianten diffamiert.[44] Auf welche Weise Maria Lazar ihren ehemaligen Mann öffentlich verteidigt hat, konnte noch nicht eruiert werden. Friedl Strindberg hatte gemeinsam mit seiner zweiten Frau in Berlin 1942–43 unter Lebensgefahr ein von der Gestapo verfolgtes jüdisches Paar in seiner Wohnung versteckt und wird deshalb in Israel als „Gerechter unter den Völkern" geehrt[45], also sind Koestlers Angaben wenig glaubhaft.

Die kurze Ehe verschafft der Autorin immerhin die schwedische Staatsbürgerschaft, die im späteren Exil in Schweden ab 1939 hilfreich sein wird. Vor allem nach der 1927 vollzogenen Scheidung hat die alleinerziehende Mutter und Schriftstellerin mit massiven pekuniären Problemen zu kämpfen. Die Honorare für Beiträge im *Tag* und in der

Arbeiter-Zeitung reichen zum Überleben nicht aus. Ein weiteres Standbein stellen die sporadischen Übersetzungen dar, wobei die Abfragen im *Karlsruher Virtuellen Katalog* unzuverlässige Ergebnisse liefern, da der Name von Übersetzern nicht immer angegeben ist. Nachweisen kann ich bislang dreizehn Bücher, die Maria Lazar im Zeitraum 1921–1936 ins Deutsche übertragen hat, darunter Werke so klingender Namen wie E. A. Poe und F. Scott Fitzgerald. Dazu kommt wahrscheinlich noch mehr als ein halbes Dutzend Romane von Karin Michaelis, die Lazar aus dem Dänischen übertragen hat. Allein in den beiden Jahren 1927/28 übersetzt sie sieben Romane.

Die besorgte Genia Schwarzwald bittet in einem eindringlichen Brief Karin Michaelis um Unterstützung: „Sie [Maria Lazar] ist von der Unsicherheit ihrer Lage derzeit in solchem Grade mitgenommen, daß sogar ich, die ich an ihre Zukunft fest glaube, beunruhigt bin. [...] Strindberg, der nicht für Maria, wohl aber für das Kind eine kleine Summe monatlich zu zahlen hat, ist einer Frau wegen nach Berlin gezogen und läßt nichts von sich hören. [...] Das alles schreibe ich Dir, um Dich zu fragen, ob Maria Dein nächstes Buch zum Übersetzen bekommen kann und ob Du nicht in der Lage wärest, ihr bei Kiepenheuer, bei Fischer, oder sonst wo eine Übersetzung zu verschaffen."[46]

1929 beauftragt der Zsolnay-Verlag Lazar, „neue und beste skandinavische Literatur" zu suchen, es kommt allerdings zu keinen Abschlüssen, vergeblich bietet sie auch ihre ungedruckten Roman-Typoskripte *Viermal ICH, Protokolle, Mystifikationen* und *Leben verboten!* Zsolnay und Schweizer Verlagen an.[47] Typoskripte mit den Titeln *Protokolle* und *Mystifikationen* sind allerdings im Nachlass Lazars nicht vorhanden. Es könnte sich dabei um die Fortsetzungsromane *Der Fall Rist* und *Veritas verhext* die Stadt handeln.

***

Der Kiepenheuer Verlag hingegen bekundet tatsächlich Interesse für Übertragungen aus dem Dänischen und Schwedischen. Lazar greift zu der erfolgreichen List, ihren nächsten Roman *Veritas verhext die Stadt* unter dem nordischen Pseudonym Esther Grenen vorzulegen und sich selbst als Übersetzerin aus dem Dänischen anzuführen. Der Kiepenheuer-Verlag bringt den Roman zwar nicht als Buch heraus, bietet aber mehreren Zeitungen den Text erfolgreich zum Abdruck an. Lazar wird diesen Namen für fast alle ihre späteren Werke beibehalten. Diese Taktik ist auch als Antwort auf die abwartende Haltung großer Verlage angesichts des heraufziehenden Nationalsozialismus und Antisemitismus zu sehen.

So wurde beispielsweise Veza Canetti vom Chefredakteur der *Arbeiter-Zeitung* beschieden, er könne nicht derart viele Texte jüdischer Verfasser annehmen, worauf die Autorin zu vielfältigen Pseudonymen griff. Auch der Zsolnay-Verlag zeigte sich gegenüber Publikationswünschen jüdischer Schriftsteller immer ablehnender. Was heute als kluge Finte erscheinen mag, ist lediglich als erzwungene Reaktion auf ein zunehmend bedrohlicher werdendes kulturpolitisches Klima in Deutschland und Österreich zu werten: „Ihre Schwierigkeit, ein Buch unter ihrem eigenen Namen unterzubringen, war zum großen Teil auf das Heraufdämmern des Hitlerismus zurückzuführen.“[48]

Veritas verhext die Stadt wird Anfang 1930 im *Berliner Tageblatt* und ab dem 15. November 1931 in der Wiener Illustrierten *Der Kuckuck* als Fortsetzungsroman abgedruckt. Eine anonyme Briefschreiberin zerstört die vermeintliche Idylle einer Kleinstadt, falsche Anschuldigungen und Verdächtigungen führen sogar zu einem ungesühnten Mord. Trotz erfolgreicher polizeilicher Ermittlungen glauben die Menschen lieber ihren Vorurteilen und vorgefassten Meinungen als den augenscheinlichen Fakten. Murray G. Hall beschreibt die aggressiven Werbetechniken der Illustrierten *Der Kuckuck*.[49]

Ähnlich konstruiert ist *Der Fall Rist. Protokolle, Dokumente, Zeitungsausschnitte, herausgegeben von Esther Grenen.* Auf einer kleinen dänischen Insel brennt ein Badehäuschen nieder, ein junges lebenslustiges Mädchen verschwindet. Vor allem die weibliche Bevölkerung hat rasch den Schuldigen ausgemacht, nämlich einen geheimnisvollen jungen Fremden, der sich aber lediglich als kleiner verzweifelter Bankdefraudant entpuppt. Auch diesem dezidiert neusachlichen Roman ist beträchtlicher Erfolg beschieden. Er wird 1930 im *Berliner Vorwärts* und ab März 1931 in der Wiener *Arbeiter-Zeitung* veröffentlicht, so daß sich Literaturkritiker und dänische Verleger auf die Suche nach der ominösen Esther Grenen machen. In kürzester Zeit übersetzt Michaelis *Veritas verhext die Stadt* ins Dänische[50], um die vorerst erfolgreiche Verschleierung der Autorschaft aufrecht zu erhalten. Erst 1932 enthüllt Michaelis nolens volens das Pseudonym, als ein deutscher Übersetzer überzeugend darlegt, dass nur ein „Wiener Kind" der Verfasser dieser Romane sein könne.[51] Weniger Anklang beim Publikum findet die schwedische Verfilmung des *Veritas*-Romans durch Per Lindberg (1941).

Eugenie Schwarzwald führt weitere nachvollziehbare Gründe und Motive für den Namens- und Identitätswechsel der Autorin an: „Es kamen schlechte Zeiten für Maria Lazar, so hieß das Mädchen. Niemand wollte ihr Buch [sc. *Die Vergiftung*] kaufen und lesen, und so kam es dahin, daß sie bald auch nicht mehr die Mittel gehabt hätte, nachts ihre guten Bücher zu schreiben, wenn sie nicht tagsüber die Bücher anderer mit Sorgfalt [...] übersetzt hätte. Aus dem Ertrag dieser Tätigkeit fristete sie ihr Leben und das ihres Werkes. Zehn Jahre ging es so. [...] Sie erzählte faszinierend. Aber was sie erzählte, war nicht geeignet, den Leuten zu gefallen. Mit tiefem Zeitgefühl begabt, war es ihr nämlich unmöglich, an den Ereignissen des Tages achtlos vorüberzugehen. So war ihre Stoffwahl nicht genehm. [...] Da beschloß sie eines Nachts – so kann man sich das vorstellen –, sich ihrer schöpferischen Kraft zu entäußern, sie in eine andere Person hineinzulegen. In dieser Nacht schuf sie eine dänische Schriftstellerin und nannte sie Esther Grenen. Die sollte von jetzt ab ihre Werke schreiben!"[52]

Auch als Dramatikerin macht die Autorin wieder von sich reden. *Der Nebel von Dybern*, ein Stück um den folgenreichen Unfall in einer belgischen Giftgasfabrik, nimmt der S. Fischer Verlag als Bühnenmanuskript in seine Theaterabteilung auf. Der *Wiener Tag* beginnt am 1. Jänner 1933 mit dem Abdruck des antimilitaristischen Dramas, das in Stettin einige erfolgreiche Darbietungen erlebt, die nach Hitlers Machtantritt allerdings sofort abgesetzt werden. Auguste Lazar berichtet darüber: „Die braune Schlammflut spülte das Stück hinweg und den Theaterdirektor von seiner Stelle. Bitter war das. Ich fühlte tief mit Maria die Enttäuschung, daß ihrem *Nebel von Dybern* nur ein so kurzer Erfolg beschieden war."[53]

Dafür gelangt das Stück aber in Kopenhagen und London zur Aufführung, wie der *Wiener Tag* am 24. Dezember 1933 berichtet.[54] Damit ist Maria Lazar eine international anerkannte Theaterautorin, was sie dazu ermutigt, den Roman *Der Fall Rist* für das Grazer Stadttheater zu dramatisieren. Sowohl der *Wiener Tag* als auch die *Wiener Allgemeine Zeitung* berichten im Sommer 1933, dass die Komödie zur Uraufführung angenommen worden sei. Im September 1934 behauptet der *Wiener Tag* erneut: „*Die Weiber von Lynö* von Esther Grenen (Maria Lazar) kommen am Stadttheater in Graz heraus."[55] Weshalb diese zugesagte Aufführung nicht zustande gekommen ist, muß noch erforscht werden. Nicht auszuschließen wäre, daß die geplante Aufführung an der ständestaatlichen Kulturpolitik gescheitert ist.

***

Dass das Ende der Weimarer Republik und die Zerstörung der Ersten Republik in Österreich für eine Autorin wie Maria Lazar einen tiefgreifenden Einschnitt und auch eine existentielle Bedrohung für sie selbst und für ihre jüdische Familie bedeutete, ist evident. Nach dem Reichstagsbrand am 28. Februar 1933 bittet sie Karin Michaelis um Hilfe für ihre Tochter Judith, Helene Weigel, Bert Brecht und deren Kinder Stefan und Barbara: „Wir alle fragen Dich nun, was es ungefähr kosten würde, ein Haus für uns (Helli, ihr Mann, ich, die drei Kinder) für viele Monate zu mieten, denn wir möchten gerne eine Zeit nach Thurø. Und wie hoch veranschlagst Du die Kosten einer, sagen wir, sechsköpfigen Familie? Das Leben ist doch nicht teuer bei Euch? Und wie denkst Du überhaupt über diesen Plan? Bitte, schreib uns gleich, wir sind ungeheuer gespannt auf Deine Antwort."[56]

Karin Michaelis lädt natürlich ihre Freundin mit ihrer Tochter und die Brechts auf die Insel Thurø ein. Die Emigration aus Österreich nach Dänemark erfolgt gemeinsam mit ihrer Tochter, Helene Weigel und deren beiden Kindern im Juni 1933 mit der Bahn über Dresden, wo Auguste Lazar zusteigt. Auguste wird dann vier Monate auf Thurø bleiben, wie Victor Klemperer im Tagebuch festhält: „Denselben Abend waren Blumenfelds bei uns und Gusti Wieghardt, diese nach vier Monaten zurück aus Thurø, wo sie mit ihrer Schwester Maria bei Karen Michaelis gelebt hat. Dort scheint eine kleine Emigranten- und Kommunistengruppe beisammen. Gestern abend war Gusti dann allein bei uns, und morgen sollen wir bei ihr sein. Man erzählt sich viele Einzelheiten, Greuelmärchen, ‚Märchen' natürlich. Die Meinungen über die Dauer des Zustandes divergieren, an rasche Änderung glaubt niemand, was danach kommt, weiß niemand. Sicher ist, daß sich der Terror täglich verstärkt."[57]

Laut Adolph Lehmanns *Wohnungs-Anzeiger* bleibt Maria Lazar von 1932–1942 an der Adresse Gonzagagasse 23 gemeldet, sie hat entweder nach der Emigration ihre Mietwohnung behalten, oder der Eintrag bei Lehmann wurde von ihr nicht gelöscht. Dass sie bis 1938 mehrfach nach Wien gefahren und bei ihrer Schwester Auguste in Dresden Halt gemacht hat, kann man aus Klemperers Tagebüchern rekonstruieren: „Gusti Wieghardts Schwester Maria Lazar ein paar Tage hier. [...] Maria Lazar lebt in Dänemark bei Karin Michaelis. Ihre Lutti [sc. Tochter Judith] geht dort zur Schule. Sie selbst ist angesehene Schriftstellerin und Autorin (mit kommunistisch-sozialistischer Tendenz): ihr pazifistisches Stück ‚Der Nebel von Dubeln' [sic!] (gasvergifteter Ort) ist in London und Kopenhagen gespielt worden."[58] Ende April 1936 notiert er: „[...] wir verbinden diese Besuche mit anderen Zielen, dem Zahnarzt, heute dem Bahnhof, wo wir Maria Strindberg auf der Durchreise begrüßten."[59]

In dem von Karin Michaelis zur Verfügung gestellten Haus auf der Insel Thurø, auf der Maria Lazar bis 1935 bleibt, beherbergt sie auch einen Teil der Bibliothek Walter Benjamins, die dieser aus seiner Berliner Wohnung fortschaffen lässt, wie der Briefwechsel zwischen Margarete Steffin, Brecht und Benjamin im Frühjahr 1934 belegt.[60]

Die Jahre in Dänemark sind für Lazar ungemein produktiv. Das Stück *Der blinde Passagier*, das die teils ablehnende und indolente Haltung der dänischen Bevölkerung gegenüber den aus dem Dritten Reich fliehenden und vertriebenen Emigranten kritisch beleuchtet, bleibt allerdings selbst in abgeschwächter Form ungedruckt und unaufgeführt. Sie revidiert in dem nach Kriegsende nur auf Dänisch erschienenen Roman *Det kam af sig selv* (Es entstand von selbst) diese Kritik, denn der Widerstandsbewegung gelang es, die überwiegende Mehrheit der dänischen Juden vor der nazistischen Vernichtung zu retten. Sie verfasst mehrere Dutzende Beiträge in dänischen, schwedischen und Schweizer Medien.[61]

In den folgenden zwei Romanen widmet sie sich dem Aufstieg des Nationalsozialismus in Österreich. Für *Leben verboten!* findet sie keine Verleger in der Schweiz oder in Österreich, sie hatte den Roman auch dem Zsolnay-Verlag angeboten. In der Übersetzung ins Englische unter dem Titel *No right to live*[62] (1934) fehlen einige Passagen, die Birgit Nielsen, welche das deutsche Typoskript in den späten 70er

Jahren noch in England einsehen konnte, in ihrem Aufsatz zitiert.

Ein vom Bankrott bedrohter Berliner Bankier namens Ufermann soll nach Frankfurt fliegen, um weitere Kredite für seine marode Bank zu erhalten. Ticket und Ausweise werden ihm im Gedränge entwendet, und er versäumt glücklicherweise den Abflug, denn das Flugzeug stürzt ab, und es gibt keine Überlebenden, sondern nur unkenntliche verkohlte Leichen. Der Bankier wird nun für tot gehalten, und seine Frau streift von einer amerikanischen Versicherung eine horrende Summe ein, die alle finanziellen Kalamitäten der Bank bereinigt. Sie hat überdies ein intimes Verhältnis mit dem Miteigentümer der Bank. Der vermeintlich Verstorbene befindet sich nun in einer Zwickmühle. Zwielichtige Figuren aus dem rechten Milieu verschaffen ihm neue Papiere, und er transportiert im Zug ein Päckchen mit Falschgeld nach Wien, wo er in die verbrecherischen Machenschaften eines aus nazistischen Burschenschaftern bestehenden Geheimbundes, in die „Wiener Unterwelt" gerät. Er mietet ein kleines Zimmer bei einer verarmten Hofratsfamilie, in der gegensätzliche politische Haltungen aufeinanderprallen. Während der Sohn, ein Bummelstudent, Parteigänger der Nazis ist, solidarisiert sich die Tochter Mutz, die sich allmählich in den geheimnisvollen Mieter verliebt, ganz unstandesgemäß mit den Dienstmädchen und Arbeitslosen. Bei einem kurzen Aufenthalt auf dem Semmering führt der etwas abgehoben und indolente wirkende Ufermann lange Debatten mit einem jüdischen Professor und seinen beiden Töchtern über die bedrohlichen politischen Entwicklungen, für die der Professor den Begriff der Kolportage ins Spiel bringt. Der antisemitische Straßenterror der Braunhemden mit ihrem Slogan ‚Juda verrecke!' bringen Ufermann allmählich dazu, seine distanzierte Indifferenz aufzugeben und sich selbst als verfolgtes und bedrohtes Opfer zu begreifen und die apokalyptischen Einsichten des jüdischen Professors zu teilen.

Aus Geldnöten ist er gezwungen, nach Berlin zurückzukehren und seine eigentliche Identität wieder anzunehmen. Aber die Bediensteten in seiner Villa halten ihn, der in den ärmlichen Kleidern eines Wiener Arbeitslosen auftaucht, für einen Bettler, auch seine Mutter erkennt ihn nicht wieder, sodass er beschließt, in Begleitung des Anwaltes der amerikanischen Versicherung und eines Polizisten nach Wien zurückzukehren, um seinen Angaben zu beweisen. Die Hofratsfamilie, bei der er zur Untermiete gewohnt hat, hält sich allerdings in Ungarn auf, Ufermann reist ihnen mit seiner Begleitung nach, und kommt bei seiner Rückkehr nach Wien durch einen Anschlag auf den Zug ums Leben.

Lazar arbeitet in die phantastisch anmutende Handlung zahlreiche historische Realien der österreichischen und deutschen Zeitgeschichte der späten 20er und frühen 30er Jahre ein und verknüpft auf geglückte Weise politische Warnung und Aufklärung mit einem spannenden erzählerischen Plot. Sie entwirft hier ein eindringliches Bild der schleichenden Nazifizierung der österreichischen Hauptstadt, dennoch wollte sich kein Schweizer oder österreichischer Verleger auf das Risiko einer Publikation dieser eindringlichen Kassandrarufe einlassen.

Aber Lazar lässt sich dadurch nicht entmutigen und schreibt ihren ersten Exilroman mit dem Titel *Die Eingeborenen von Maria Blut*.[63] Ein Kapitel aus dem Roman gelangt 1937 in der berühmten Exilzeitschrift *Das Wort* (Moskau) zum Abdruck, die von Bert Brecht, Lion Feuchtwanger und Willi Bredel herausgegeben wurde.[64] Sie bewirbt sich 1937 beim literarischen Preisausschreiben der *American Guild for German Cultural Freedom*. Wie vorgesehen, reicht sie unter dem Pseudonym Hermann Huber das Typoskript der *Eingeborenen von Maria Blut* ein, das dann der Wiener Richard A. Bermann (1883–1939), bekannter unter seinem Pseudonym Arnold Höllriegel, begutachtet. Das Preisausschreiben scheitert letztendlich wegen interner Meinungsverschiedenheiten unter den Juroren.

Das Gutachten ist als online-Ressource im Katalog der Deutschen Nationalbibliothek angeführt, allerdings versehen mit dem Zusatz: „Exemplarbezogene Daten stehen derzeit nicht zur Verfügung. Die Online-Bestellung von Medien ist deshalb nicht möglich."

***

Maria Lazar ist 1939 gezwungen, mit ihrer Tochter vor der vorrückenden deutschen Wehrmacht nach Schweden zu flüchten, wo sie sich weniger heimisch als in Dänemark fühlt. In der Stockholmer Emigrantenszene nimmt sie eine bedeutende Rolle ein und hinterlässt eindrückliche Spuren in einem der großartigsten Romane des 20. Jahrhunderts, nämlich im zweiten Band der *Ästhetik des Widerstands* von Peter Weiss: „Lazar und Weigel standen umschlungen, die Kinder neben sich. Lazar gab immer noch ihrer Empörung Ausdruck, daß den Beamten nicht ihr Schriftstellername, Esther Grenen, bekannt war, mit einem Sohn Strindbergs und Frieda Uhls war ich verheiratet, rief sie, einer der Beamten aber winkte nur ab. [...]

Und im Atelier war Streit ausgebrochen zwischen Brecht und Maria Lazar, die, Sozialdemokratin, die kommunistische Politik für die entstandne Situation verantwortlich machte. Eure Parteizeitung, rief sie, hat die britische Minensperre eine Herausfordrung genannt, und schon im voraus den deutschen Gegenschlag verteidigt. Deutschland muß zum Schutz Dänemarks und Norwegens kommen, so heißt es bei euch, ich versteh nicht, warum ihr so aufgescheucht seid, es kommen doch die Freunde und Verbündeten der Sowjetunion. Brecht sprang ihr entgegen, als wolle er sie schlagen, Weigel nahm sie, die ihr wie eine Zwillingsschwester glich, in Schutz, sie fuhr Brecht an, doch es handelte sich schon um etwas andres [...]."[65]

Deutlich sichtbar werden hier Lazars Selbstbewusstsein als Dichterin und die couragierte Verteidigung ihrer politischen Überzeugung gegen Brecht. Sie kommt zum Stockholmer Hafen, um sich von den Brechts zu verabschieden, die im April 1940 Schweden verlassen.

1943 publiziert Lazar die exzellent recherchierte Satire *Det tyska ansiktet* (Das deutsche Janusgesicht), der der angemessene Erfolg allerdings versagt blieb. Daß nach 1945 keine deutsche Ausgabe zustande kam, hat sie zutiefst verbittert. Bruno Schlögl bietet im Anhang seiner Diplomarbeit fast den vollständigen Text auf Deutsch.[66] Der schwedische Exilforscher Helmut Müssener machte schon vor Jahrzehnten auf die Bedeutung dieser satirischen Collage aufmerksam: „Es ist eine Art Anthologie, in der Bilder von deutschen Klassikern wie Goethe, Schiller und Kant bis Heine denen von Machthabern wie Hitler, Göring, Goebbels und Streicher auf den Umschlagseiten einander gegenüber gestellt werden. Diese Technik wird im Buch selbst auch auf Zitate erweitert, und sie erzielt geradezu mörderische Wirkung, wenn Gegensatzpaare wie Schopenhauer-Hitler, Lichtenberg-Rosenberg, Bismarck-Hanns Johst und Grillparzer-Göring auftauchen oder Herwegh, Börne, Nietzsche, Büchner, Lessing Herren wie Darré, Streicher und unbekannte Größen des Nationalsozialismus, Offizieren und Professoren gegenübergestellt werden. Zitate aus den Nürnberger Gesetzen treffen auf solche Nietzsches, Texte aus Besatzungsproklamationen auf Kants ‚Vom ewigen Frieden' und das Reichsgesetzblatt auf Hölderlin."[67]

Eine Rückkehr in das befreite Österreich nach 1945 zieht sie nicht nur aus gesundheitlichen Gründen nicht in Erwägung, wie aus einem ihrer letzten Gedichte, *Die schöne Stadt*, hervorgeht, das Björkman-Goldschmidt aus dem Nachlass der Schriftstellerin abdruckt und das im Ende 2023 bei DVB veröffentlichten Gedichtband *An meinen unbekannten Leser* enthalten ist:

Ich sehe in den Straßen meiner Vaterstadt
die Toten, die man mir ermordet hat.
Ich seh sie furchtbar deutlich, tagesklar

im Park, der meiner Kindheit Landschaft war.
Ich sehe sie vor Palästen, Kirchentor
der schönen Stadt, die einst auch sie geboren. [...]
Ich seh sie – und der süße Blütenduft
der schönen Stadt wird zu Verwesungsluft.
Ich seh sie hinter jedem Fenster
der schönen Stadt als ständige Gespenster.
Und wird kein Stein mehr auf dem andern stehen,
so werden sie doch durch die Straßen gehen.
Sie sagen nichts von all dem, was geschah,
sie klagen nicht, sie sind nur einfach da.
Verpestet ward mir die Erinnerung
an alles, was ich liebte, als ich jung.
Aus meinem Herzen riß man mir heraus
das schöne alte Kindeswort ‚zuhaus'.
Und über Grenzen, über Meere, Lande
empfind ich nur die ungeheure Schande
der wunderschönen großen Vaterstadt,
die ihre Toten selbst ermordet hat.[68]

Zwei ihrer unverheiratet gebliebenen Schwestern, Louise und Elisabeth, wurden Ende August 1942 im Vernichtungslager Maly Trostenets von der deutschen Waffen-SS ermordet: „Daß zwei unserer Schwestern, zwei alte Frauen, so elend hatten sterben und verderben müssen, hatte Maria eine Wunde geschlagen, die nicht heftiger hätte schmerzen können, wenn die größte geschwisterliche Zärtlichkeit sie mit ihnen verbunden hätte."[69]

An einer unheilbaren Krankheit (Morbus Cushing) leidend, unterzieht sie sich einer langwierigen Behandlung in London, wobei sie von ihrer Schwester Auguste unterstützt wird. Sie nimmt sich am 30. März 1948 in Stockholm das Leben. Diesen für die Tochter Judith so schmerzhaften wie unnachvollziehbaren Entschluss begründet sie in ihrem letzten Brief an ihre Freundin Björkman-Goldschmidt:

„Liebe Else, [/] Abschiedsbriefe zu schreiben liegt mir

nicht. Stattdessen schicke ich dir ein paar Gedichte, die ich im Winter in Stockholm gemacht habe. Du weißt, daß ich viel von dir gehalten habe. Dir muß ich nicht erklären, daß ich keine Lust habe, auf die Dauer kümmerlich mein Leben zu fristen [...] mir fehlen in jeder Hinsicht die Kräfte, noch eine Behandlung auszuhalten und dann zu warten, warten, warten... Ich mache Schluß, weil mir das das einzig Vernünftige scheint. Daß ich bis jetzt gewartet habe, beruhte auf deiner letzten Hilfesendung (Eine kleine Summe, die ich nur vermittelt hatte). Danke dafür. [/] Ich bin sehr zufrieden, noch eine Zeit mit Lutti zusammen gewesen zu sein. Sie ist sehr nett gewesen. Ich lege sie dir ans Herz. Ich weiß, daß sie sich immer an Dich wenden kann, und ich danke auch dafür."[70]

***

Aus den frühen dreißiger Jahren überliefert Auguste Lazar einen pessimistischen Kommentar ihrer Schwester Maria in Bezug auf Österreichs Zukunft: „‚In Österreich wird es geradeso kommen wie in Deutschland', pflegte sie zu sagen, ‚ich will den Hitlerismus dort nicht erst abwarten. Er dämmert schon ganz hübsch herauf – seit Jahren schon. Ich habe es am eigenen Leibe gespürt.' Damit hatte sie recht. Ihre Schwierigkeit, ein Buch unter ihrem eigenen Namen unterzubringen, war zum großen Teil auf das Heraufdämmern des Hitlerismus zurückzuführen. Wie gut Maria ihr Vaterland gekannt und seine Entwicklung vorausgesehen hat, hat sie in einem Roman gezeigt, der bis zum heutigen Tage noch nicht veröffentlicht worden ist." Der Roman „schildert das Heranreifen des Nazismus in Österreich. Sie hat es österreichischen wie Schweizer Verlagen angeboten; keiner wollte es drucken. Ein Schweizer Verleger schrieb ihr einen begeisterten Brief darüber, doch könnte er die Herausgabe nicht riskieren, schon aus dem Grunde, weil der ‚Markt' dafür zu eng geworden wäre."[71]

Es ist das Verdienst Auguste Lazars, den *Eingeborenen*

von Maria Blut 1958 zum Druck verholfen zu haben, einem Roman, der nicht einmal im Verbundkatalog der österreichischen Bibliotheken gelistet ist.

Maria Lazar hat den Roman 1935 in Kopenhagen fertiggestellt und für die Preiseinreichung beim American Guild for German Culutral Freedom einen knappen Kommentar zu dessen Entstehung hinterlassen: „An einem einsamen dänischen Strand schrieb ich meinen Roman ‚Die Eingeborenen von Maria Blut', aus Verzweiflung über das Schicksal meiner Heimat, aus Angst, was dieses Schicksal für Europa noch bedeuten könnte. Ich schrieb so einen Roman über das dunkle Land an der hellen Donau, das der Fremde nur vom Eisenbahnfenster kennt, und wo seit jeher ein günstiger Boden war für Wundertäter, Kurpfuscher und Gaukler aller Professionen. Ich schrieb einen Roman über das Land, in dem Braunau liegt."[72]

Eine dezidiert antinazistische Literatur konnte im klerikalfaschistischen Ständestaat nicht mehr veröffentlicht werden oder wurde aufgrund der Repressalien des Dritten Reichs sofort wieder aus dem Handel genommen, wie sich an Hermynia Zur Mühlens *Unsere Töchter, die Nazinen* (1936) belegen läßt.[73]

Der Titel verweist implizit auf das Feld der Ethnographie und etabliert von Beginn an eine verschworene Gemeinschaft, die alles Fremde, von außen Kommende abwehrt, das die althergebrachte Ordnung der ‚Eingeborenen' gefährden könnte. Das Pandämonium dieser wirtschaftlich heruntergekommenen Provinzstadt bietet allerdings nicht eine starre Dichotomie, die auf der einen Seite die antidemokratische Reaktion – Klerikalfaschisten und Nazis – vereint und auf der anderen Seite den oft namenlosen und vereinzelten Widerstand versammelt. Da gibt es durchaus Übergänge im Figurenspektrum wie den hedonistischen Pater Lambert, den verarmten Baron oder die ‚Exzellenz' Materni, die den Terror der Nazis und die Indulgenz der Behörden verurteilen.

Der Begriff der ‚Eingeborenen' taucht übrigens schon früher in Maria Lazars Feuilletons auf, z. B. in dem Text *Verboten!* über die eingeschränkten Bademöglichkeiten an der Nordsee, aber keineswegs mit negativer Konnotation – im Gegenteil: die Eingeborenen des Landes, „in dem der liebe Gott gleichbedeutend mit der Obrigkeit ist", legten eine „bewundernswerte Gleichgültigkeit" gegen die preußisch-deutsche Ordnungsidolatrie an den Tag.[74] Im Roman hingegen erfährt diese Bezeichnung eine dezidiert pejorative Wendung, die der alte jüdische Anwalt Meyer-Löw in Umlauf gebracht hat: „Bei Eingeborenen gibt es kein Recht. Ein schauderhafter Skeptiker, der alte Jud. Und immer mit seinen Eingeborenen, weil er so seine Bücher über die Wilden hat. Ihm ist alles gleich, was passiert, er sagt nur: ganz genau wie bei den Giljaken oder bei den Zulukaffern oder bei den Bantus." (S. 41)[75]

Die Ortsbezeichnung Maria Blut evoziert den süddeutschen katholischen Raum, in dem die Marienverehrung seit der Gegenreformation die seltsamsten Blüten trieb. Österreich hat ja eine Reihe prominenter barocker Gnadenorte, in denen Religion und Geschäft eine unzertrennliche Verbindung eingehen. Das gesellschaftliche Leben der Kleinstadt wird vom Katholizismus und besonders durch das Stift dominiert. Die in Maria Blut verehrte Madonna soll immer wieder Wunder gewirkt haben; so glaubt Notburga Heberger, die der Therese [Neumann] von Konnersreuth (1898-1962) nacheifert, die heilige Maria hätte ihr einen Fünfschillingschein geschenkt, den ihr in Wahrheit der lüsterne Bäcker Zimmerl zugesteckt hat.

Maria Lazar hatte sich bereits 1927 medienkritisch mit Therese Neumann auseinandergesetzt: „Nichts ist charakteristischer für ein Zeitalter als die Helden, die es verehrt. So ist es auch kein Wunder, während das Bauernmädchen von Konnersreuth mit blutenden Händen in ihrer Kammer liegt und, Wunder über Wunder, blutige Tränen weint, ein andres Mädchen, ein elegantes smartes Mädchen aus Neuyork, es mit dem Wunder eines Ozeanfluges versucht. Beide halten Menschenmassen in Atem, beide setzen Reporter in Bewegung, beide werden interviewt und photographiert, bestaunt, bewundert, geliebt und verehrt."[76]

Den Versuch, den Schauplatz des Romans zu lokalisieren, hat die Autorin unterbunden, indem sie neben präzisen Hinweisen auch widersprüchliche Angaben einbaut. Ein einziges Mal wird Oberösterreich, das der Bürgermeister des Städtchens von der Bettlerfrage befreien möchte (S. 212), des weiteren die Stadt Linz und Grein an der Donau genannt. So fährt Gustl Lohmann, der Arzt im Städtchen, mit der Bahn immer wieder zu seiner Freundin Alice nach Wien, ohne umsteigen zu müssen. Der Ort liegt also an der Westbahn, an dem Schnellzüge allerdings nicht halten. An einer Stelle heißt es, man brauche eine gute D-Zugstunde nach Wien. In frühen dreißiger Jahre dauerte eine Bahnfahrt von Oberösterreich in die Hauptstadt wohl doppelt so lange. Des weiteren ist der Salzburger Klerus für das katholische Leben von Maria Blut bedeutsam. Der Name des Pater Lambert könnte auf das an der Westbahn gelegene Benediktinerstift Lambach verweisen, das noch heute einen Stiftskeller betreibt. Adolf Hitler hat die Volksschule in Lambach besucht, in dessen Nähe – in Haag am Hausruck – sich das Schloß Starhemberg befindet. Ernst Rüdiger von Starhemberg (1899–1956), in den frühen zwanziger Jahren Mitglied deutscher Freikorps und Beteiligter am Hitlerputsch in München, war in den dreißiger Jahren Führer der Heimwehr und der Vaterländischen Front und damit eine der treibenden Kräfte bei der Zerstörung der Ersten Republik.

Der geschäftstüchtige Wunderheiler Weileis im Roman hat ein reales Vorbild, nämlich Valentin Zeileis (1873–1939), der in Gallspach, das cirka 20 km nördlich von Lambach liegt, Ende der zwanziger Jahre ungeheuren Zulauf fand und pro Tag an die 1500 [!] Patienten mit einer umstrittenen Strahlentherapie zu kurieren suchte. Nach Gallspach kamen in den späten zwanziger Jahren mehr Menschen als etwa nach Lourdes, es wurde daher in den Medien als österreichisches Lourdes bezeichnet.[77] Lazar verwendet im Roman – hier heißt der Ort Zallspach – dreimal diese Formulierung für das Städtchen Maria Blut (S. 79, 169, 174).

Soma Morgenstern hatte 1930 über Valentin Zeileis und Gallspach ein ausführliches Feuilleton verfaßt, in dem er die Konjunktur des Bodenständigen unterstreicht: „Es gab schönere Zeiten, da die Wundermänner so etwas wie Weltmänner sein oder scheinen mußten, wenn sie die Welt in Wunderkuren hereinlegen wollten. Vorbei. Heutzutage muß man in Gallspach wie ein Einheimischer aussehen, damit die große Welt nach Gallspach pilgert. Denn das Wunder klebt heute an der Scholle und sieht auch so aus. Ursprünglich muß heute alles sein und vom Ursprung kommen."[78]

Nicht nur der fiktive Ort Gaurolzmünster, in dem nach einem unermeßlichen Goldschatz im Grab Attilas gesucht wird, verweist auf die kleine Gemeinde Aurolzmünster in Oberösterreich, sondern auch der Name Kapellers, eine Verballhornung des ‚Erfinders' der Raum- und Urkraft Carl Schappeller (1875–1947). Dieser hatte mit einem Wünschelrutengänger in der Tat jahrelang nach dem vermeintlichen Hunnenschatz unter dem Schloß in Aurolzmünster graben lassen und dafür gigantische Summen von betuchten Investoren kassiert, die sich hohe Gewinne aus dieser Investition versprachen, unter anderem von Kaiser Wilhelm II. und dem österreichischen Klerus. Lazar läßt den kränklichen Erzherzog über eine mögliche Beteiligung an Kapellers ominösen Raumkraftprojekt räsonieren: „[...] die Salzburger Geistlichkeit und der Bürgermeister ist sehr geneigt. Geld steckt ein jeder jetzt dort hinein, die beste Anlage, heißt es allgemein, ist ja Seine Majestät, der deutsche Kaiser, selbst im Hintergrund [...]." (S. 50) Auch sollen Kontakte Schappellers zur NSDAP und Hitler bestanden haben. Damit verbunden ist einer der skurillsten Betrugsfälle der Ersten Republik.[79] Von dieser Wundergläubigkeit profitiert zwar auch der von der Schulmedizin bekämpfte Wunderheiler Weileis/Zeileis, aber ganz besonders Kapeller/ Schappeller mit seinen phantastischen Projekten, dem die Bevölkerung bereitwillig ihre letzten Ersparnisse opfert.

Die erzählte Zeit des Romans umfaßt die frühen dreißiger Jahren und endet vor 1934: „Neue Kräfte regen sich. Man spürt es besonders hier auf dem Lande. Die Roten haben bald ausgespielt“ (S. 24), so der Bürgermeister beim Stammtisch im Stiftskeller, in dem man keine Vagabunden duldet, selbst wenn sie ein wenig Geld für ein Glas Wein haben. Dollfuß wird als neuer Bundeskanzler (ab Mai 1932) genannt, der Prälat Ignaz Seipel ist schon gestorben (August 1932). Am Ende des Romans wird in einer Zeitung die Wiedereinführung der Todesstrafe in Österreich angekündigt, die im November 1933 erfolgt.

***

Pater Lambert hat sich nach einer Hochzeitsfeier im Rausch den Fuß verstaucht und benötigt ärztliche Hilfe. Der differenziert gezeichnete Pater ist kein Genußverächter, liest Bücher, die dem Klerus nicht erlaubt sind, verurteilt die Politisierung des Katholizismus und wird als zu nachsichtig, als zu lax eingestuft. Der unter den Eingeborenen ungeliebte Arzt Lohmann, der mehr für die Armen, für die Arbeiter und Kleinhäusler zuständig ist, muß geholt werden, und dieser Umstand sorgt für einen kleineren Skandal. Der bekennende Sozialdemokrat Lohmann fährt überdies immer wieder nach Wien, und allein das macht ihn verdächtig. Er hatte seiner sterbenden Frau Johanna die Sakramente verweigert und den Pater vor die Tür gesetzt. Man kolportiert, er habe seine krebskranke Frau Johanna durch einen jüdischen Arzt in Wien töten lassen, anstatt sie zum Wunderheiler Weileis zu bringen.

Lohmann hat zwei Söhne, die zu den Nazis übergelaufen sind. Er trägt sich mit dem Gedanken, als Schiffsarzt auszuwandern, um dieser Kleinstadthölle zu entkommen. Mit seinem einzigen Freund in der Stadt, dem alten Anwalt Meyer-Löw, spielt er hin und wieder eine Partie Schach. Er registriert mit Besorgnis die bedrohlichen Entwicklungen und ist zwar immer voller guter Vorsätze, aber unfähig, diesen auch Taten folgen zu lassen, um die nazistischen Umtriebe seiner Söhne effektiv zu unterbinden. Als ihn der Schaffner während der letzten Bahnreise nicht mehr auffindet, munkelt man, er sei aus dem Zug gefallen. Mit seiner Konfliktscheue und Unentschlossenheit scheint er die zögerliche Haltung der österreichischen Sozialdemokratie gegenüber dem Aufstieg des Faschismus zu repräsentieren.

Seine Tochter Hanni hingegen ist die einzige Lichtgestalt unter den Jugendlichen in diesem bedrohlichen Kleinstadtambiente, sie ist – im Gegensatz zu ihrem Vater – couragiert, sie verhält sich großzügig und hilfbereit gegenüber der religiös fanatischen Notburga Heberger, deren Mutter schwer krank ist und beim Wunderheiler Weileis eine Menge Geld abliefert. Notburgas Vater, der die Ersparnisse seiner Frau in die dubiosen Projekte Kapellers steckt, arbeitet als wenig erfolgreicher Pächter des Stiftskellers.

Der Sohn Vinzenz, eine verkrachte Existenz, fühlt sich zu etwas Höherem berufen, seinen Job als Kellner in einer Bahnhofsrestauration verliert er wegen aggressiven Politisierens gegenüber den Gästen. Der Oberlehrer Reindl versorgt ihn mit Nazi-Literatur, u. a. mit Hitlers *Mein Kampf*, mit dessen ideologischen Positionen dieses satirische Zerrbild des Führers übereinstimmt[80]: „[...] war ihm doch die Riesenstadt schon immer als die Verkörperung der Blutschande erschienen. Schaudernd gedenkt er der sittlichen und moralischen Roheit, des Tiefstandes der geistigen Kultur ihrer Bevölkerung, die von Marxismus und Judentum zu gleichen Teilen zersetzt wird." (S. 218). Im Bahnhofsrestaurant trifft Vinzenz auf Lohmann, diesen „roten Lumpen", „Volksverräter und Brunnenvergifter" (S. 43). Er beteiligt sich an dem Brandanschlag auf die stillgelegte Konservenfabrik, den man vorerst erfolgreich den Kommunisten in die Schuhe schiebt. Daß die Nazis der Kleinstadt die Brandstifter sind, wird dadurch entdeckt, daß der Pater ein Beichtgeheimnis in der Trunkenheit verrät. Vinzenz wird als vermeintlicher Verräter kaltblütig erschossen.

Dieser kleinbürgerlichen Familie Hebergers ist die proletarische der Wipplingers gegenübergestellt. Der ausgesteuerte Vater engagiert sich im Schutzbund, die Mutter Hermine kann ihre beiden kleinen Kinder kaum versorgen und hat einen riskanten Schwangerschaftsabbruch hinter sich. Der „Krowott", eigentlich italienischer Herkunft, teilt als Bettgeher die zunehmende Armut. Sein einziger Besitz ist der Papagei Lori. Gereiztheit, Streit und Verzweiflung kennzeichnen die Atmosphäre in dieser Familie.

Ebenfalls auf dem absteigenden Ast befindet sich der sogenannte Erzherzog, der ein illegitimer Sohn von Erzherzog Otto sein soll. Er kann nicht mehr heizen, Installateur- und Schneiderrechnungen nicht mehr bezahlen und bleibt auch seinem Kammerdiener den Lohn schuldig. Während seiner tödlich endenden Krankheit freundet er sich sogar mit dem Dr. Lohmann an. Er kommt mit der neuen Zeit ebenso wenig zurecht wie die ‚Exzellenz' Materni, die der Monarchie nachtrauert. Immer wieder bekundet sie ihren Haß auf die „Saurepublik", auf die Juden und Kommunisten. Sie entzweit sich mit ihrer Köchin Anna Neunteufel, die sich den arroganten Ton Maternis nicht mehr bieten läßt.

Anna wird am Ende verhaftet, weil man in ihrem Koffer Waffen und Sprengstoff gefunden hat. Diese sozialdemokratisch organisierte Köchin rechtfertigt ihren Waffenbesitz damit, daß jetzt „Räuber und Mörder" (S. 200) kommen würden, sie wird als verrückt angesehen. Der Neffe der Frau Materni wiederum treibt sich mit den Nazis herum, die Materni redlich verabscheut, sie verzichtet auf die weiteren Dienste der Näherin Mitzi Reindl, deren Bruder ein deklarierter Nazi ist.

Die kleine Fabrik, die einstmals Konserven produzierte, hat zugesperrt, und die Arbeitslosigkeit steigt. Die Stadthonoratioren hingegen scheinen von der Krise nicht tangiert zu sein, üppige Mahlzeiten im Stiftskeller und Ausflüge im Auto sind an der Tagesordnung. Die Frau des Bürgermeisters gibt immer Geld für Kleidung und die Schneiderin aus. Politisch stehen die hohen Herren – der Prälat, der Primarius, der Dr. Brunnbacher und der Hofrat – dem rechten Lager nahe. Beim Bürgermeister namens Gruber hat man das Gefühl, daß er in der künftigen Nazidiktatur noch Karriere machen wird. An dem wirtschaftlichen Elend geht auch der Fabrikant Schellbach zugrunde; er nimmt sich, nachdem er sich auf das betrügerische Projekt Kapellers eingelassen hat, das Leben.

Eine exzeptionelle Rolle nimmt in diesem Roman der Dr. Meyer-Löw ein. Er ist witzig, schlagfertig, sarkastisch und scharfsinnig. Sein Enkel Anselm wird in der Schule wegen seiner jüdischen Herkunft gequält, das Haus mit Hakenkreuzen beschmiert, die Fenster werden eingeschlagen. Meyer-Löw trägt nun ostentativ ein Judenkäppchen. Sein Sohn Daniel hingegen meint, man müsse sich anpassen, und er will Geld für das Urkraftprojekt beim Fabrikanten Schellbach investieren, mit dessen Tochter er sich am Ende sogar verlobt. Meyer-Löw macht sich im Gegensatz zu seinem Sohn nichts vor, er erkennt, daß das Zeitalter der Eingeborenen angebrochen ist. Angesichts des herannahenden Genozids bereitet er die Emigration seines Enkelkindes vor: „Es kommen grausame Jahre.“ (S. 239)

Lohmanns Wiener Freundin, die Ärztin Alice, prognostiziert ebenfalls eine düstere Zukunft, die Eingeborenen würden Wien erobern. Zu den positiven Figuren zählt auch die aus Ungarn stammende Haushälterin bei Meyer-Löw, Marischka, die einmal ihrer Wut auf die rassistischen Eingeborenen freien Lauf läßt und einen veritablen Skandal verursacht. Die Haushälterinnen und Köchinnen wie Marischka, Toni Votruba und Anna Neunteufel leisten Widerstand gegen den menschenverachtenden Alltagsfaschismus der Eingeborenen, den der resignierte Dr. Lohmann und der angepaßte Daniel Meyer vermissen lassen.

Es gibt aber auch anonym bleibende Stimmen und Figuren, die sich der einträchtigen Niedertracht, dem kollektiven Druck, den Kirche, Christlichsoziale und Nazis entfalten, widersetzen: So wird der Hitler-Gruß einmal mit der deftigen Formulierung „Jetzt leckst mich aber –" (S. 67) quittiert.

***

Der Roman versucht die Prädispositionen der katholischen Provinz für den Faschismus zu ergründen. In ihrer sozialpsychologischen Diagnose ist Maria Lazar durchaus auf der Höhe der Zeit, indem sie Trieb- und Sexualverzicht, lustfeindliche Religiösität und Wundergläubigkeit mit autoritären Charakterstrukturen in jenen Zusammenhang bringt, der an den beiden Hebergergeschwistern Notburga und Vinzenz veranschaulicht wird. Ob die Autorin Wilhelm Reichs 1933 erstmals erschienene *Massenpsychologie des Faschismus* gekannt hat, muß dahingestellt bleiben. Dennoch sind zahlreiche Affinitäten nicht von der Hand zu weisen.

Den öffentlichen Diskurs von Kirche und Politik dominiert die kurrente antidemokratische und antisozialistische Österreich-Ideologie[82], deren demagogische Züge durch die Kommentare des Publikums erhellt werden. Ist vom katholischen Universalismus die Rede, so wird gegen die „landfremden Elemente" (S. 167) gehetzt, wird die christliche Nächstenliebe gepredigt, so wird der hungrige Bettler wie ein Stück Vieh abgeführt. Die bombastische Beschwörung des österreichischen Wesens wird aber immer wieder durch einen deutschnationalen Zungenschlag getrübt. So verwundert es nicht, daß die Honoratioren der Kleinstadt kaum Berührungsscheu gegenüber den „stramm Nationalen", d. h. den Nazis, an den Tag legen.

Identitätsstiftend wirkt die rigide Abgrenzung von der Hauptstadt Wien mit ihrer sozialdemokratischen Regierung, und von all jenen, die „dieses Sodom und Gomorrha" (S. 76) immer wieder aufsuchen, wie Lohmann und Meyer-Löw. Aber man goutiert paradoxerweise durchaus die Segnungen der Moderne: in der Kleinstadt gibt es sogar ein Kino. Man ist mit der Unterhaltungsindustrie durchaus vertraut, wie man aus den anzitierten Schlagern entnehmen kann.

Auch der Antisemitismus, der zwar nicht öffentlich propagiert wird, sich aber in den anonymen Schmierereien und den eingeschlagenen Fenstern bei Meyer-Löw manifestiert, verbindet das Kollektiv der Eingeborenen. Der Brandanschlag auf die Fabrik durch die Nazis wird damit gerechtfertigt, daß Schellbachs Frau ja eine Halbjüdin gewesen sei. Die Nazis werden zwar nicht geliebt, aber auch nicht verfolgt, ihre Anschläge als Lausbubenstreiche verniedlicht. Viele halten sich bedeckt und warten ab, zitieren aber munter aus Hitlers *Mein Kampf* wie der Bürgermeister, der wie Hitler gegen die „widerlich humane Moral" (S. 212) polemisiert.[81] Weiters wird diese Gemeinschaft der Eingeborenen zusammengehalten durch das in der Regel verleumderische Gerücht, den boshaften anonymen Kleinstadttratsch und die üble Nachrede.

Armut und soziale Deklassierungsängste nehmen genauso zu wie die Erlösungshoffnungen einer politisch und wirtschaftlich nach dem Börsenkrach von 1929 verunsicherten Bevölkerung – Erlösungssehnsüchte, die der Stammtisch an die Politik, an irgendwelche Wunderheiler, an vermeintlich ingeniöse Erfinder mit ihrer Raum- oder Urkraft oder an Führer adressiert, die sich dann aber als Schwindler und Scharlatane entpuppen.

Mit der wirtschaftlichen Depression wächst auch die Unduldsamkeit gegenüber jenen, die den Habitus der Eingeborenen nicht teilen, nicht in die Kirche gehen, sich nicht an der Ausgrenzung des Außenseiters Lohmann und des jüdischen Anwalts Meyer-Löw beteiligen und die Wundergläubigkeit spöttisch kommentieren. Diese werden von den Eingeborenen konsequent geschnitten.

Die Geschichte der Ersten Republik war geprägt von der politischen Antithetik zwischen der von der Sozialdemokratie vorbildlich regierten Hauptstadt Wien und den Bundesländern, in denen christlich-soziale und nationale sowie antizivilisatorische und antimoderne Kräfte dominierten. Der Roman zeichnet penibel den Zusammenhang zwischen wirtschaftlicher Insekurität und der zunehmenden Prädisposition der Eingeborenen für faschistoide Tendenzen nach: „Die Eingeborenen wollen ihren Messias haben“ (S. 61), so Meyer-Löw, und es sollten nur wenige Jahre vergehen, bis sie ihn dann in der Tat bekommen.

In Lazars Roman *Leben verboten!* erhält der jüdische Gelehrte ständig anonyme Morddrohungen – einer seiner Freunde war kaltblütig erschossen worden. Seine beiden Töchter legen ihm nahe, seine Heimat umgehend zu verlassen und das Ausland über die „Welt der Kolportage“, über die nazistischen Verbrechen aufzuklären. Diese Rede der Tochter Else scheint auch die Wirkungsabsicht der *Eingeborenen von Maria Blut* zu erhellen und die Schreibintentionen der politisch so hellsichtigen Emigrantin Maria Lazar insgesamt zusammenzufassen: „Es wird nicht lange mehr friedliche Länder geben. [...] Du aber weißt doch wenigstens, was vor sich geht, du kennst die Tatsachen, du hast sie, man könnte sagen, beinahe registriert. Ich bitte dich, reis ab, sobald du kannst, bleib fort, solang es geht, komm überhaupt nicht mehr zurück, nimm als Programm ein Manifest: An alle, die feigen und gleichgiltigen Herzens sind! Erzähl, erzähl, berichte, warne, solange es noch Zeit sein kann. Und laß dich nicht zum Schweigen bringen, auch wenn man dir nicht glauben will!”[83]

Birgit Nielsen bringt die Stoßrichtung der Romane *Leben verboten!* und *Die Eingeborenen von Maria Blut* einleuchtend auf den Punkt: „Unter den interessantesten Arbeiten, die Maria Lazar geschrieben hat, sind die politischen Romane und Essays zu nennen, die die Entwicklung in Österreich behandeln. Ihre Auffassung ist, daß der Faschismus nicht nur ein preußisch-deutsches Phänomen ist, und nicht so sehr auf Bismarck und Friedrich den Großen zurückgeführt werden kann – wie es allgemein angenommen wird – sondern daß er eine wichtige Grundlage in dem deutschsprachigen Bevölkerungsteil der österreichisch-ungarischen Doppelmonarchie hat, bei dem der Antisemitismus und der Haß auf die slawischen Völkerschaften in Verbindung mit einer ausgeprägten Herrenvolkmentalität in Blüte standen. Einer der Essays heißt bezeichnend genug *Made in Austria* – und es ist der Faschismus, an den sie denkt. Die zwei Romane über Österreich [...] verdienen es, daß sie heute im Zusammenhang mit den Reflexionen über die Vergangenheit in Österreich neu aufgelegt werden."[84]

***

Einen kurzen Ausschnitt aus dem Roman veröffentlichte Maria Lazar unter dem Pseudonym Esther Grenen in der Moskauer Exilzeitschrift *Das Wort*. Als Schauplatz der Szene wird Oberösterreich, als Zeit „vor Dollfuß und Hitler" angegeben. Der Vorabdruck ist im Großen und Ganzen textident mit der Romanfassung und setzt mit der Zeile „– Eine Hitz hats heut. Schauen Sie sich den Himmel an. Nicht das kleinste Wolkerl." ein (S. 163) und endet mit „... und geben uns die tröstende Gewißheit, daß der Born unserer Lebenskraft heute frischer sprudelt denn je." (S. 174) In diesem Vorabdruck fehlen jegliche Anführungszeichen der direkten Figurenrede, womit formal der Text in die Nähe zur dramatischen Form rückt. Folgerichtig fehlen die narrativen Abschnitte über den Erzherzog, Hanni und den Wipplinger Karl (S. 167-169.)

Die vorliegende Ausgabe bietet den Text nach dem Erstdruck des Greifenverlags. Die wenigen offensichtlichen

Druckfehler wurden stillschweigend korrigiert. An zwei Stellen sind diese Korrekturen durch den Vorabdruck in *Das Wort* legitimiert: In der österreichischen Kaiserhymne wurde das fälschliche ‚Krone' durch ‚Throne' ersetzt („Innig bleibt mit Habsburgs Throne Österreichs Geschick vereint") und die Redewendung „aus dem letzten Loch pfeifen" (S. 165) berichtigt.

Im Erstdruck findet sich auf der Seite 249 folgendes Textverderbnis: *„Wissen Sie was? In einem Land, wo jeder ein sich*, Herr Doktor Meyer-Löw, Sie fürchten sich vor Ihren Eingeborenen." Der hier kursiv gesetzte Beginn des Satzes taucht eine Seite später (S. 250f.) mit der sinnvollen Fortsetzung wieder auf („Wissen Sie was? In einem Land, wo jeder ein Kohlhaas ist, der sein Recht verlangt, spielt der Anwalt eine schäbige Rolle.") und wurde daher an dieser Stelle getilgt, wodurch sich ein kohärenter Übergang ergibt.

Es ist auch davon auszugehen, daß der Greifen-Verlag fallweise, allerdings nicht konsequente Eingriffe in den Text dahingehend vorgenommen hat, daß einige Austriazismen durch gängigere Bezeichnungen ersetzt wurden. Der Autorin war es daran gelegen, dem Roman durch den kolloquialen österreichischen Umgangston und eine spezifisch süddeutsche Varietät ein hohes Maß an fiktionaler Authentizität zu verleihen.

***

Der fundamentale Essay Maria Lazars *Made in Austria* zur Pathogenese des Nationalsozialsmus in Österreich wird hier zum ersten Mal im deutschen Original aus dem Nachlass veröffentlicht. Der Erstdruck erfolgte 1945 im schwedischen Magazin *Samtid och framtid* 1945/3, S. 173–178 in schwedischer Übersetzung.[85]

Anmerkungen

1 *Envenenamiento.* Übers. v. Pilar Mantilla. Báltica Editorial 2018. – *Forgiftet.* Übers. v. Helge Scheuer Nielsen. Kopenhagen: Kvinder Skriver 2019. – *L'Empoisonnement.* Übers. v. Saúl Álvarez Arias. Grenoble: Diffractions Èditions 2023. – *Leven verboden!* Übers. v. Kris Lauwerys u. Isabelle Schoepen (Kindle 2022). – *Mirakel Spektakel.* Übers. v. Ann-Claire Olsen. Kopenhagen: Klara W. 2021

2 Vgl. u.a. Doris Tropper: *Das Spiel mit der Identität: Biografiearbeit am Beispiel faszinierender Persönlichkeiten.* Komplett-Media 2016 (e-Book), S. 28f. – Barbara Denscher: *Lesereise Dänemark: Von Wikingern und Brückenbauern.* Wien: Picus Verl. 2017, S. 87ff. – Anne E Dünzelmann: *Stockholmer Spaziergänge: Auf den Spuren deutscher Exilierter 1933–1945.* (book on demand) 2017. – Elisabeth Galvan: *Die Masse und ihre Stimmen. Zur Genese des Austrofaschismus in Maria Lazars ‚Die Eingeborenen von Maria Blut'*. In: *Studi Germanici* 24 (2023), S. 251-283.

3 Eine Ausnahme stellt Lazars Erzählung *Die Schwester der Beate* dar, in der Anthologie *Die rote Perücke: Prosa expressionistischer Dichterinnen.* Hrsg. v. Hartmut Vollmer. Hamburg: Igel Verlag, 2010, S. 97–107.

4 Helmut Müssener: *Exil in Schweden. Politische und kulturelle Emigration nach 1933.* München: Hanser 1974, S. 315.

5 Birgit Nielsen: *Maria Lazar*. Eine Exilschriftstellerin aus Wien. In: *Text und Kontext*, Jg. 11 (1983) H. 1, S. 138–194; – Dieselbe: *Frauen im Exil in Dänemark nach 1933 – beleuchtet anhand einiger einzelner charakteristischer Schicksale.* In: Hans Uwe Petersen (Hrsg.): *Hitlerflüchtlinge im Norden Asyl und politisches Exil 1933–1945.* Kiel:

Neuer Malik Verl. 1991, S. 145–166, zu Lazar S. 162 –165. – Willy Dähnhardt und Birgit Nielsen: *Geflüchtet unter das dänische Strohdach. Schriftsteller und bildende Künstler im dänischen Exil nach 1933*. Ausstellung der Königlichen Bibliothek Kopenhagen in Zusammenarbeit mit dem Kultusminister des Landes Schleswig-Holstein. Heide in Holstein: Westholsteinische Verlagsanstalt Boyens & Co. 1988.

6 *Karin Michaelis: Kaleidoskop des Herzens.* Eine Biografie von Beverley Driver Eddy. Übers. v. Vikebe Munk u. Jörg Zeller. Wien: Edition Praesens 2003.

7 Eckart Früh: *Noch mehr. Hermann Schwarzwald: Gelegenheitsgedichte. – Maria Lazar: Knorke und andere Beiträge für sozialdemokratische Blätter*. Wien 1996. – Ders.: *Maria Lazar*. Wien 2003 (Spuren und Überbleibsel 49).

8 Marion Neuhold: *Maria Lazar (1895–1948). Analyse ihres Exilromans ‚Die Eingeborenen von Maria Blut'*. Wien 2013.

9 Brigitte Spreitzer: *Texturen. Die österreichische Moderne der Frauen*. Wien: Passagen-Verl. 1999, S. 179–185.

10 Elias Canetti: *Das Augenspiel. Lebensgeschichte 1931–1937.* München: Hanser 1985, S. 26f. Ähnliche lautende Berichte über diese Lesung finden sich in seinen Briefen an Manfred Durzak (24. 7. 1968) und an Herbert Göpfert (18. 3. 1970), in denen Maria Lazar immerhin als „Wiener Dichterin", als „gemeinsame Freundin" apostrophiert wird, die „unter dem Namen Esther Grenen schrieb." In: Elias Canetti: *Ich erwarte von Ihnen viel: Briefe.* A. d. Nachlass hrsg. v. Sven Hanuschek u. Kristian Wachinger. München: Hanser 2018.

11 Hermann Broch – Daniel Brody: *Briefwechsel 1930–1951.* Hrsg. v. Bertold Hack u. Marietta Kleiß. Frankfurt 1971 (Sonderdruck aus dem Archiv für Geschichte des Buchwesens XII), Sp. 393 u. 445.

12 Ernst Fischer: *Erinnerungen und Reflexionen.* Reinbek: Rowohlt 1969.

13 Oskar Kokoschka: *Mein Leben*. Vorw. v. Remigius Netzer. Wien: Metro Verl. 2008.
14 Paul Michael Lützeler: *Hermann Broch. Eine Biographie*. Frankfurt: Suhrkamp 1985.
15 Bernhard Viel: *Egon Friedell. Der geniale Dilettant*. München: C. H. Beck 2013.
16 Ernst Fischer/ Wilhelm Haefs (Hrsg.): *Literatur des Expressionismus in Wien*. Salzburg: Otto Müller 1988.
17 Klaus Amann / Armin A. Wallas (Hrsg.): *Expressionismus in Österreich. Die Literatur und die Künste*. Wien, Köln, Graz: Böhlau 1994.
18 Ödön von Horváth: *Fiume, Belgrad, Budapest, Preßburg, Wien, München*. In: *Sportmärchen, andere Prosa und Verse*. Frankfurt: Suhrkamp 1988, S.184f.
19 Auguste Lazar: *Arabesken. Aufzeichnungen aus bewegter Zeit*. Berlin: Dietz Verl. 1962, S. 237: „Diese Schwester mußte die schauerliche Groteske erleben, daß die Nazis zwei ihrer Schwestern ermordeten und daß dieselben Nazis ihren einzigen Enkel in die Uniform der Wehrmacht steckten und unter dem verfluchten Hakenkreuzbanner auf sowjetische Erde schleppten, wo er für die schlechteste Sache der Welt fiel."
20 Vgl. yadvashem.org: Deported with Transport 39, Train Da 225 from Vienna, Austria to Maly Trostenets,Camp, Belorussia (USSR) on 31/08/1942.
21 Waltraud Barton, IM-MER (Hrsg.): *Ermordet in Maly Trostinec. Die österreichischen Opfer der Shoa in Weißrussland*. Wien: new academic press 2012.
22 Auguste Lazar, *Arabesken*, S. 235.
23 Auguste Lazar, *Arabesken*, S. 236.
24 Auguste Lazar, *Arabesken*, S. 52.
25 Deborah Holmes: *Langeweile ist Gift. Das Leben der Eugenie Schwarzwald*. St. Pölten: Residenz Verlag 2012.
26 Deborah Holmes: *„Genia" Schwarzwald and Her Viennese „Salon"*. In: *Austrian lives*. Hrsg. v. G. Bischof u. a.. Innsbruck: Univ. press 2012, S. 190–211.

27 Egon Friedell / Alfred Polgar: *Goethe und die Journalisten. Satiren im Duett.* Hrsg. v. Heribert Illig. Wien: Löcker Verl. 1986, S. 157f.

28 Auguste Lazar, *Arabesken*, S. 54f.

29 Karin Michaelis: *Der kleine Kobold. Lebenserinnerungen.* Freiburg: Kore 1998, S. 261.

30 Genia Schwarzwald: *Esther Grenen, oder: Wie kommt eine Wienerin zu Erfolg?* In: *Neue Fr. Presse* (15.5.1934), S. 9.

31 Vgl. Murray G. Hall: *Österreichische Verlagsgeschichte 1918-1938.* Wien, Köln: Böhlau 1985, Bd. 2, S. 415–437.

32 Vgl. Freya K. Schmiedt: *Der E. P. Tal-Verlag. Eine Edition der Korrespondenz E. P. Tal-Carl Seelig.* Dipl. Arbeit. Wien 2002, S. 118. Der Umschlagentwurf stammt von Rudolf Geyer. Der Text soll Schmiedt zufolge den Untertitel „Ein kleiner Roman" führen.

33 Auguste Lazar, *Arabesken*, S. 56.

34 Robert Musil: *Wiener Theaterereignisse* (30. März 1921) in: *Gesammelte Werke in neun Bänden.* Hrsg. v. Adolf Frisé. Reinbek: Rowohlt 1981, Bd. 9, S. 1475f.

35 Thomas Mann: *Tagebücher 1918–1921.* Hrsg. v. Peter de Mendelssohn. Frankfurt: S. Fischer 1979, S. 420.

36 Hermann Menkes: *Wiener Erzählungen.* In: *Neues Wiener Journal* (6.5.1920), S. 3.

37 *Reichspost* vom 25. 3. 1921: „Eine blutrünstige, sketchartige Dreistigkeit, deren Autorin, eine kleine Kommunistin, oftmals erschien, um für den entsprechend stürmischen Beifall der Parteifreunde zu danken."

38 Musil, *Wiener Theaterereignisse.*

39 Alfred Polgar: *Wiener Theater.* In: *Die Weltbühne* 14 (7. 4. 1921), S. 389–391 (fehlt in der Bibliographie Eckart Frühs).

40 *Neues Wiener Tagblatt* (26. 03. 1921), S. 8.

41 Hanno Loewy: *Béla Balázs: Märchen, Ritual und Film.* Berlin: Vorwerk 8 2003, S. 265f.

42 *Der Tag* (Beilage Tag der Jugend) 10.12. 1922 , S. 11.

43 Mappe Maria Lazar, Literaturhaus Wien.

44 Arthur Koestler: *Ein spanisches Testament.* (ED 1938)

Europaverlag 2018 (e-Book), keine Pagina.
45 https://righteous.yadvashem.org/?search=Strindberg%20Friedrich&searchType=righteous_only&language=en&itemId=8069098&ind=0
46 Zit. nach Nielsen, *Lazar*, S. 189.
47 Vgl. Murray G. Hall: *Der Paul Zsolnay Verlag*. Tübingen: Niemeyer 1994, S. 190f.
48 Auguste Lazar, *Arabesken*, S. 164.
49 Murray G. Hall: *Literatur im Bild.* In: Stefan Riesenfellner u. Josef Seiter: *Der Kuckuck. Die moderne Bild-Illustrierte des roten Wien.* Wien: Verl. für Gesellschaftskritik 1995, S. 164–169, Zit. S. 167.
50 Esther Grenen: *Veritas forhekser Byen*. Kopenhagen 1931.
51 Vgl. Nielsen, *Lazar*, S. 150.
52 Schwarzwald, *Grenen*, S. 9.
53 Auguste Lazar, *Arabesken*, S. 51
54 Maria Lazar: *Fog over Dybern*. Typescript. British Theatre Museum Association. [ca. 1930]
55 *Der Wiener Tag* (9. 9. 1934), S. 9
56 *Karin Michaëlis. Kaleidoskop des Herzens.* Eine Biographie v. Beverley Driver Eddy. Deutsche Übers. v. Vibeke Munk und Jörg Zeller. Wien: Edition Praesens 2003, S. 212f.
57 Victor Klemperer: *Ich will Zeugnis ablegen bis zum letzten. Tagebücher 1933–1941*. Hrsg. v. Walter Nowojski unter Mitarbeit v. Hadwig Klemperer. Berlin: Aufbau-Verlag 1995, S. 59.
58 Klemperer, S. 182 (Februar 1935).
59 Klemperer, S. 259.
60 Margarete Steffin: *Briefe an berühmte Männer. Walter Benjamin – Bertolt Brecht – Arnold Zweig*. Hrsg. v. Stefan Hauck. Hamburg: Europäische Verlagsanstalt 1999, S. 116–118.
61 Für die Hinweise auf 13 Beiträge in der schwedischen Tageszeitung *Tidevarvet* (1929–1946) sei Tomi Tapani Pajasmaa gedankt, für die Bibliographie der 29 Artikel

Grenens in der *Basler National-Zeitung* (1937–1942) danke ich Bettina Braun.

62 Esther Grenen: *No right to live*. Translated by Gwenda Davis. London: Wishart & Co. 1934.

63 Esther Grenen: *Die Eingeborenen von Maria Blut*. Roman. Rudolstadt: Greifen Verl. 1958.

64 Esther Grenen: *Das Jubiläum von Maria Blut. Szenen aus dem Roman ‚Die Eingeborenen von Maria Blut'*. In: *Das Wort* (Moskau). Literarische Monatsschrift, Heft 2 (1937), S. 68–73.

65 Peter Weiss: *Die Ästhetik des Widerstands*. Roman. Frankfurt: Suhrkamp 1983, 2. Bd., Zitate S. 316 und 319.

66 Bruno Schlögl: *Die politische Satire bei Maria Lazar, dargestellt am Beispiel ihrer beiden Werke: Die Eingeborenen von Maria Blut (1935) und Det tyska ansiktet. Uttalanden av ledande tyskar (1943)*. Wien 2018, S. 72–106.

67 Helmut Müssener: *Exil in Schweden. Politische und kulturelle Emigration nach 1933*. München: Hanser 1974, S. 315.

68 Elsa Björkman-Goldschmidt: *Es geschah in Wien. Erinnerungen*. Hrsg. v. Renate Schreiber. Wien, Köln, Weimar: Böhlau 2007, S. 350f.

69 Auguste Lazar, *Arabesken*, S. 372.

70 Literaturhaus Wien, Mappe Maria Lazar.

71 Auguste Lazar, *Arabesken*, S. 164.

72 Zitiert nach Galvan, S. 261

73 Vgl. Hall, *Österreichische Verlagsgeschichte* II, S. 184ff.

74 Maria Lazar: *Verboten!* In: *Der Tag* 18. 8. 1929 (Beilage), S. 19.

75 Die Seitenverweise in runder Klammer beziehen sich auf die hier vorliegende 3. Auflage des Romans.

76 Maria Lazar: *Die heilige Therese und ihr Widerspiel*. In: *Arbeiter-Zeitung* (16. 10. 1927), S. 17f. Vgl. auch Luise Rinser: *Die Wahrheit über Konnersreuth*. Ein Bericht. Zürich, Köln: Benziger Verl. 1954.

77 Vgl. die Dokumentation von Friedrich Adolf Karwald: *Mit 600.000 Volt gegen den Tod. Das enthüllte Geheimnis von*

Gallspach. Unparteiische Darstellung des Falles Zeileis. Wien u.a.: Amonesta-Verl. 1930.

78 Vgl. Soma Morgenstern: *Dramen, Feuilletons, Fragmente.* Hrsg. v. Ingolf Schulte. Lüneburg. Zu Klampen 2000, S. 388–392.

79 Vgl. Günter Prodöhl: *Kriminalfälle ohne Beispiel.* 5 Bde. Berlin: Verl. Das Neue Berlin 1960, Bd. 1, S. 105–138. Fast zeitgleich entsteht Alexander Lernet-Holenias phantastischer Roman *Der Mann im Hut* (Berlin: S. Fischer 1937), in dem ebenfalls nach Attilas Grab, allerdings in Ungarn, gesucht wird.

80 Vgl. Adolf Hitler: *Mein Kampf. Ungekürzte Ausgabe.* München: Eher Verlag 1943 (ED 1925ff.) S. 43.

81 Hitler, *Mein Kampf*, S. 20ff. Der Abschnitt „Fünf Jahre Elend" bietet die Vorlage für Vinzenz' Verachtung für die Phäakenstadt Wien.

82 Vgl. Friedbert Aspetsberger: *Literarisches Leben im Austrofaschismus: Der Staatspreis.* Königstein/T.: Hain 1980, S. 64-114.

83 Maria Lazar: *Leben verboten!* Ein Roman. Hrsg. v. Johann Sonnleitner. Wien: DVB 2020, S. 318. – Vgl. auch: Irmtraud Fidler: *„Erzähl, erzähl, berichte, warne, so lange es noch Zeit sein kann." Österreichische SchriftstellerInnen und KünstlerInnen im Exil in Dänemark 1933-1945.* Wien 2007.

84 Nielsen, *Frauen im Exil in Dänemark*, S. 162ff.

85 Vgl. Anna Di-Lena: *Zu Maria Lazars feuilletonistischem Wirken in Schweden.* Wien 2021 (Masterarbeit)

Weitere Wiederentdeckungen im Verlag

das vergessene buch

Maria Lazar (1895-1948)

VIERMAL ICH

Viermal ICH dreht sich um vier Freundinnen, die so unterschiedlich sind wie Tag und Nacht, und deren Schicksale dennoch von der Schulzeit bis ins Erwachsenenalter untrennbar miteinander verwoben bleiben. Es geht ums gemeinsame Aufwachsen und die erste Liebe in den gar nicht so goldenen Zwanziger Jahren, aber auch um die dunklen Seiten der Freundschaft, um Selbstbetrug, Verrat und Täuschung und, davon unberührt, um weibliche Emanzipation, Identitätsfindung und die Suche nach dem großen Glück.
Maria Lazars Ende der 1920er Jahre in Wien verfasster Roman galt lange als verschollen und wurde noch nie veröffentlicht. Nun ist er erstmals im Verlag Das vergessene Buch wiederzuentdecken.

Mascha Kaléko gleich [...] brilliert Lazar mit Erzählkunst, Detailkenntnis und weiblichem Sarkasmus.

— Andrea Seibel, DIE LITERARISCHE WELT

Welch lesenswerte Überraschung!

— Hedwig Kainberger, SALZBURGER NACHRICHTEN

****

Hardcover mit Lesebändchen, 224 Seiten, 24 Euro

Erstmals aus dem Nachlass herausgegeben und mit einem Nachwort versehen von Albert C. Eibl

Maria Lazar (1895–1948)

AN MEINEN UNBEKANNTEN LESER

Nebst bislang noch unveröffentlichten Porträtphotographien aus dem Nachlass enthält dieser bibliophile Band jene Gedichte Maria Lazars, die die Autorin über ihren Tod hinaus für die Nachwelt bewahren wollte. Die bislang unveröffentlicht gebliebenen Poeme weisen Lazar als Dichterin von Rang aus. Ihre Themen und Motive – ja ihre unverwechselbare Sprachmelodie – führen den „unbekannten Leser" direkt ins Zentrum des Lebens und Werks einer Schriftstellerin, die in ihrem hellsichtig-mahnenden Gestus vergeblich ihresgleichen sucht in der österreichischen Literatur der ersten Hälfte des 20. Jahrhunderts.

Jetzt präsentiert der Verlag ‚Das vergessene Buch' zum ersten Mal Gedichte der Wiener Schriftstellerin. [...] die stärksten sind die, die einen Einblick in die Lebensrealität des Exils geben.

— Kevin Junk, BUCHKULTUR

****

Edles Hardcover mit Surbalinbezug, Lesebändchen und ganzseitigen Photographien, 80 Seiten, 20 Euro

Erstmals aus dem Nachlass herausgegeben und mit einem Nachwort versehen von Albert C. Eibl